utb 2341

Eine Arbeitsgemeinschaft der Verlage

Böhlau Verlag · Wien · Köln · Weimar
Verlag Barbara Budrich · Opladen · Toronto
facultas · Wien
Wilhelm Fink · Paderborn
Narr Francke Attempto Verlag · Tübingen
Haupt Verlag · Bern
Verlag Julius Klinkhardt · Bad Heilbrunn
Mohr Siebeck · Tübingen
Ernst Reinhardt Verlag · München
Ferdinand Schöningh · Paderborn
Eugen Ulmer Verlag · Stuttgart
UVK Verlag · München
Vandenhoeck & Ruprecht · Göttingen
Waxmann · Münster · New York
wbv Publikation · Bielefeld

Werner Faulstich

Grundkurs Filmanalyse

3., aktualisierte Auflage

überarbeitet von Ricarda Strobel

Wilhelm Fink

Umschlagabbildung:
© picture alliance / PictureLux / The Hollywood Archiv /
"Casabanca", 1942 Warner Br.

Online-Angebote oder elektronische Ausgaben sind erhältlich unter
www.utb-shop.de

Bibliografische Information der Deutschen Nationalbibliothek

Die Deutsche Nationalbibliothek verzeichnet diese Publikation in der Deutschen Nationalbibliografie; detaillierte bibliografische Daten sind im Internet über http://dnb.d-nb.de abrufbar.

3., aktualisierte Auflage 2013

Printed in Germany.
Herstellung: Brill Deutschland GmbH, Paderborn
Einbandgestaltung: Atelier Reichert, Stuttgart

UTB-Band-Nr: 2341
ISBN 978-3-8252-3916-9

Inhaltsverzeichnis

Vorwort zur 3. Auflage 7

Vorbemerkungen 9

1 Der Spielfilm als Gegenstand der Filmanalyse 13

1.1 Filmanalyse als Medienanalyse (Produktion, Distribution, Rezeption) 13
1.2 Der Spielfilm als „Literatur“ 20
1.3 Der Spielfilm als Traum 23

2 Filmanalyse als Produktanalyse: Grundmodell und Genres 28

2.1 Das Grundmodell 28
2.2 Die Genres als Wahrnehmungshorizont........... 30
Western 32
Kriminalfilm 35
Melodrama.......................... 38
Science-Fiction–Film 40
Abenteuerfilm......................... 42
Horrorfilm 45
Thriller 48
Komödie............................. 51
Musikfilm 54
Erotikfilm 56
Weitere Subgenres........................ 60
„Literaturverfilmung“......................... 62

3 Die Handlungsanalyse.................... 65

3.1 Drehbuch, Filmprotokoll, Sequenzprotokoll........ 66
3.2 Zeit, Struktur, Phasen 85
3.3 Beispiele 87

4 Die Figurenanalyse 99

4.1 Charaktere: Formen, Konstellationen, Rollen, Typen, Stars, Setting 99
4.2 Beispiele 106

5 Die Analyse der Bauformen 117

5.1 Kamera/Einstellung und Montage 117
5.2 Dialog und Geräusche 135
5.3 Musik 142
5.4 Raum, Licht, Farbe 148
5.5 Beispiele 153

6 Die Analyse der Normen und Werte: Interpretationen 163

6.1 Von den Symbolen zur Message – Beispiele 164
6.2 Die film- oder literarhistorische Filminterpretation 178
6.3 Die biographische Filminterpretation 187
6.4 Die soziologische Filminterpretation 196
6.5 Die genrespezifische Filminterpretation 202
6.6 Die transkulturelle Filminterpretation 210

Literaturhinweise 218

Begriffs- und Filmregister 234

Vorwort zur 3. Auflage

Die vorliegende Neuauflage von Werner Faulstichs *Grundkurs Filmanalyse* wurde gegenüber der zweiten Auflage von 2008 vor allem aktualisiert durch inzwischen neu erschienene Literatur. Um den Umfang des Bandes nicht über Gebühr aufzublähen, finden sich dafür manche der älteren Literaturangaben in diesem Band nicht mehr.

Neben zahlreichen Einzelstudien zu Aspekten der Filmanalyse als Medienanalyse und zu den verschiedenen Genres galt das Augenmerk dabei vor allem Büchern allgemein zur „Filmanalyse". Der Band „Filmsprache. Einführung in die interaktive Filmanalyse" von Alice Bienk erschien 2008 und liegt inzwischen in der 3. Auflage vor. Er behandelt die wichtigsten Bauformen und die Handlungsstruktur von Spielfilmen. Das Buch ist in Modulform konzipiert für das Selbststudium, geht allerdings inhaltlich nicht über die bereits vorliegenden Einführungen hinaus. Der Zusatz „interaktiv" bezieht sich auf die Selbststeuerung des Lernens und auf die beigelegte DVD mit Filmausschnitten. Das ebenfalls für das Selbststudium konzipierte Lehrbuch „Filmperspektiven. Filmanalyse für Schule und Studium" von Werner Kamp und Michael Braun (2011) kommt ganz ohne Literaturangaben aus und lässt eine wissenschaftliche Kontextualisierung nicht erkennen. Ansonsten sind vor allem zwei medienwissenschaftliche Arbeiten mit unterschiedlicher Schwerpunktsetzung herauszustellen, die beide an der Universität Hamburg entstanden sind. Sie verändern das vorliegende Kategorienraster der Filmanalyse nicht, vertiefen aber detailliert jeweils einen zentralen Einzelaspekt:

2008 erschien „Die Figur im Film. Grundlagen der Figurenanalyse" von Jens Eder. Hier werden systematische Kategorien und Verfahrensweisen für die Analyse von Figuren und ihrer Rezeption entwickelt und ihr Funktionieren mit einer Beispielanalyse der Figuren in DEATH AND THE MAIDEN (Polanski 1994) belegt. Zentral ist dabei die Unterscheidung von vier Dimensionen der Figuren als „fiktive Wesen", „Artefakt", „Symbol" und „Symptom" sowie die Begriffe der „imaginären Nähe und Distanz" und der „emotionalen Anteilnahme".

Aus dem Jahr 2011 stammt Markus Kuhns „Filmnarratologie. Ein erzähltheoretisches Analysemodell". Der Autor entwickelt aus den für narrative Printliteratur gültigen Kategorien eine Filmnarratologie, die er als prinzipiell auch für andere audiovisuelle Darstellungsweisen transmedial anschlussfähig begreift. Zentrale Kategorien sind dabei die narrativen Instanzen, Fokalisierung, Zeitstrukturierung und die Struktur der Erzählebenen.

Die vorliegende Überarbeitung fiel mir zu, weil der Verfasser sich inzwischen im Ruhestand befindet. Ich bedanke mich bei ihm und dem Fink-Verlag für das Vertrauen in meine filmanalytische Fachkompetenz.

Ricarda Strobel
Lüneburg, Oktober 2012

Vorbemerkung

Die Entstehung des *Grundkurs Filmanalyse* verdankt sich einem glücklichen Zufall. Die beinahe dreißig Jahre, in denen ich mich immer wieder mit Filmanalyse befasst habe, schienen an ein Ende gekommen zu sein. Meine uralte „Einführung in die Filmanalyse", die es seit 1976 gab, zunächst noch im Schreibmaschinendruck, seit 1980 dann in vielfältigen Überarbeitungen, Neuauflagen und Nachdrucken, war vergriffen und sollte nicht noch einmal aufgelegt werden. Die damals ergänzenden „Modelle der Filmanalyse" (1977, mit Ingeborg Faulstich) waren schon seit längerem aus dem Handel, ebenso wie andere einschlägige Beiträge, etwa der Versuch über „Filmästhetik" (1982), der Aufsatz „Neue Methoden der Filmanalyse" (1983, engl. 1989), der Sammelband „Filmanalyse interdisziplinär" (1988, mit Helmut Korte) und die fünfbändige „Fischer Filmgeschichte" (1990–95, mit Helmut Korte), um nur die wichtigsten zu nennen. Und nun war auch die „Filminterpretation" (1988), ebenfalls eine Ergänzung und Erweiterung der ursprünglichen „Einführung", vergriffen und sollte vom Markt verschwinden. Vorläufer

Just zu diesem Zeitpunkt kam das Angebot, in einem *Grundkurs Filmanalyse* noch einmal all jene sachlichen Befunde und praktisch-pädagogischen Erfahrungen zu bündeln, die ich aus zahlreichen Lehrveranstaltungen an den Universitäten in Tübingen, Bamberg, Siegen, Lüneburg und Zürich, an der Hochschule für Bildende Künste in Braunschweig und der Hochschule für Fernsehen und Film in München sowie in vielen Kursen der Erwachsenenbildung und an der Akademie für Lehrerfortbildung in Dillingen hatte gewinnen können. Dieser reizvollen Aufgabe wollte ich mich nicht entziehen. Zwar gibt es inzwischen auf dem deutschen Markt auch andere Einführungen in die Filmanalyse – insbesondere die „Film- und Fernsehanalyse" von Knut Hickethier (1993, derzeit in der 3. Aufl.) und die „Einführung in die Systematische Filmanalyse" von Helmut Korte (1999, derzeit in der 2. Aufl.).[1] Ihre Verdienste und Leistungen seien nicht in Frage gestellt. Sie unterscheiden sich jedoch erheblich von dem vorliegenden *Grundkurs Filmanalyse*, der totale Anfänger ansprechen

[1] Die Bücher von Knut Hickethier und Helmut Korte sind inzwischen in die 5. bzw. 4. Auflage gegangen.

will, die mit Grundkenntnissen der Filmanalyse noch überhaupt nicht vertraut sind.

Zusammengestellt habe ich nur solche Empfehlungen, die sich nach meinen eigenen Erfahrungen bewährt haben. Aus diesem Grund wurden auch bevorzugt eigene Filmanalysen herangezogen bzw. solche, die im Umfeld des Lüneburger IfAM-Instituts für Angewandte Medienforschung entstanden sind. Das didaktische Doppelziel lautet: grundlegend Kategorien und Methoden der Filmanalyse als solche theoretisch bewusst zu machen und zugleich auch ihre konkrete Nutzung an einer Vielzahl von Beispielen zu demonstrieren. Das heißt: Die Leserinnen und Leser sollen ganz praktisch zu eigenen Filmanalysen angeregt und befähigt werden. Daß ich dabei methodologisch eine dezidiert eigene Position vertrete, sei hier zumindest erwähnt.

Ziele

In den Jahren seit der Publikation des *Grundkurs Filmanalyse* sind nicht nur weitere Auflagen der bereits erwähnten Titel von Knut Hickethier und Helmut Korte erschienen, sondern auch mehrere neue Bücher explizit zur Filmanalyse.[2] Fünf davon seien angesprochen – sie wurden mit Blick auf denkbare neue Ansätze und Analysekategorien genauer betrachtet:

– Im Jahr 2003 hat Yunju Kang ihre Dissertation vorgelegt: „Politische Filme in der Postmoderne: Filmanalyse und alternative Filmproduktionsweisen in der Dritten Welt". Hier wird Bezug genommen auf einen Beitrag von Frederic Jameson angeblich zur Filmanalyse, der sich vor allem „Allegorie" und „Raum" zuwenden soll, hierzulande aber völlig unbekannt ist und als solcher auch nicht zu ermitteln war. Die Studie von Kang verweist jedoch implizit auf eine zunehmende Bedeutung kultureller Räume, die zumindest bei „culture clash"-Filmen auch in die Filmanalyse einbezogen werden könnten.

– Im selben Jahr erschien die „Film- und Fernsehanalyse" von Lothar Mikos. Sie bedient sich freimütig nicht nur des Hickethier-Titels, sondern auch der Inhalte der Einführungen von Hickethier, Korte, Faulstich und anderen und wurde von Ralph M. Bloemer kritisch rezensiert: „Teils verquast, teils oberflächlich wird das Gewohnte aufgewärmt." (Medienwissenschaft, Jg. 1/2004, S. 100f.)

[2] Das seit langem angekündigte Buch „Filmsprache: Einführung in die interaktive Filmanalyse" von Alice Bienk war zum Zeitpunkt der Manuskriptabgabe noch nicht erschienen. Rein didaktische Handreichungen für den Schulunterricht (z.B. Peter Beicken: Wie interpretiert man einen Film? Stuttgart: Reclam, 2004), die in aller Regel stark selektiv gehalten sind und sich nicht als wissenschaftliche Beiträge betrachten, werden hier nicht eigens thematisiert.

– Ebenfalls 2003 veröffentlichten Yvone Ehrenspeck und Burkhard Schäffer (Hrsg.) das Handbuch „Film- und Fotoanalyse in der Erziehungswissenschaft“, mit Beiträgen u.a. wieder von Lothar Mikos sowie von Rainer Winter, letzterer „in der Perspektive der Cultural Studies“. Winter hebt ebenfalls ab auf die prinzipielle Brauchbarkeit von Filmanalyse als Kulturanalyse.

– Jürgen Kühnel veröffentlichte 2004 eine „Einführung in die Filmanalyse“ in zwei Teilen: 1. Die Zeichen des Films (u.a. über Licht, Kamera, Farbe, Montage, Dialog, Geräusche, Musik), 2. Dramaturgie des Spielfilms (u.a. Handlung, Figuren und Bauformen) – in deutlicher Analogie zum langjährig eingeführten Faulstich-Raster, jedoch ohne den Bereich Normen/Werte und Message und ohne Nennung der genutzten Vorlagen.

– 2005 hat Thomas Kuchenbuch seine ältere „Filmanalyse“ (1978) in überarbeiteter Fassung auf den Markt gebracht. Die in der Zwischenzeit von zahlreichen anderen Autoren vorgelegten Beiträge zur Filmanalyse fanden dabei für den eigenen Ansatz leider keine Nutzung, geschweige dass die Methoden weiter entwickelt wurden.

Als kleine Kuriosität sei angemerkt, dass der hier vorliegende *Grundkurs Filmanalyse* des Verfassers und seine zahlreichen Vorläufer fast durchgängig peinlich genau aus den Literaturangaben dieser neueren Bücher zur Filmanalyse ausgeklammert wurden. Ein wissenschaftlicher Diskurs, gemäß dem der Stand der Forschung ausgewiesen, aufgearbeitet und durch neue Erkenntnisse weiter vorangetrieben wird, liegt bei den erwähnten neueren Beiträgen zur Filmanalyse offensichtlich nicht vor. Das gilt leider auch für viele Sammelbände aus jüngster Zeit mit konkreten Analysen einzelner Filme.

In der hier vorgelegten Neuauflage sind erstens Fehler berichtigt und zweitens die Abbildungen größtenteils verbessert worden. Drittens und vor allem wurden die Literaturangaben durchgängig aktualisiert. Dabei gab es zu einigen Genres eine große Anzahl neuer Forschungsarbeiten, insbesondere zum Horrorfilm, zu anderen deutlich weniger, etwa zu Literaturverfilmungen – Spiegelbild auch der neueren Filmgeschichte. Eine Ausnahme bildet freilich der Erotik-/Pornofilm: Schon bisher das erfolgreichste Filmgenre überhaupt, legte er in Angebot und Nachfrage weiterhin zu, wird aber von der Forschung nach wie vor kaum berücksichtigt. Das lässt sich vielleicht auch darauf zurückführen, dass dieses Genre inzwischen tendenziell den Kinoraum bzw. die Video-/DVD-Form verlässt und ins Internet auswandert. Viertens sollen die vereinzelten Hinweise auf die Möglichkeit und Notwendigkeit einer „transkulturellen Filminterpretation" aufgegriffen und zumindest ansatzweise in Form eines neuen Ausblicks (Kap. 6.6) fruchtbar gemacht werden. Bei den Culture-clash-Filmen handelt es sich, ebenso wie bei den neuerdings auch hierzulande verbreiteten „Bollywood"- oder Hindi-Filmen, noch nicht um ein neues, eigenständiges Genre. Mit den bislang erprobten Interpretationsansätzen kann man diesen Filmen aber nicht mehr im Ernst gerecht werden, so dass neue Ansätze erprobt werden müssen.

Institut für Angewandte Medienforschung, Universität Lüneburg, Februar 2008

Der Spielfilm als Gegenstand der Filmanalyse 1.

Man muss zwei Arten von Filmanalyse unterscheiden. Versteht man den Film umfassend als ein hochkomplexes Medium, so weist er eine Vielzahl von Bereichen und Aspekten auf, denen eine Filmanalyse zu entsprechen hat. Filmanalyse in diesem ersten Sinn wäre eine umfassende *Medienanalyse*. Das soll noch näher erläutert werden (Kap. 1.1). Im Folgenden dagegen wird „Filmanalyse" im zweiten Sinn verstanden: als *Produktanalyse*, als die Analyse nur eines einzelnen Films.

Zwei Arten von Filmanalyse

Natürlich gibt es ganz verschiedene Filmarten: Informations- und Lehrfilme beispielsweise, wie sie in Forschung und Bildung eingesetzt werden; Dokumentarfilme, die als ein eigenständiger Teilbereich des Mediums Film gelten können; Animationsfilme; Experimentalfilme; Touristenfilme, PR-Filme und Filme in wieder anderen Verwertungszusammenhängen. Gelegentlich finden sich auch Mischformen, etwa Dokudramas. Und schließlich kennen wir auch die große Fülle an Fernsehspielen, Fernsehfilmen und Serien, die täglich über die zahlreichen Sender gehen und nicht mit Kinofilmen verwechselt werden dürfen. Wenn im Folgenden von „Film" gesprochen wird, dann ist mit dem einzelnen Film als Produkt ausnahmslos der *Spielfilm* im Kino gemeint. Auch wenn die meisten anderen Filmarten mit dem Spielfilm im Kino viel gemeinsam haben, sollen sie hier doch alle ausgegrenzt bleiben. Die Gründe dafür werden uns gleich noch beschäftigen (Kap. 1.2).

Der Film als Spielfilm im Kino

Der *Grundkurs Filmanalyse* bezieht sich also produktanalytisch ausschließlich auf Spielfilme.

Filmanalyse als Medienanalyse (Produktion, Distribution, Rezeption) 1.1

Beim Kinofilm handelt es sich um ein komplexes Einzelmedium, das heißt ein institutionalisiertes System um einen organisierten Kommunikationskanal von spezifischem Leistungsvermögen mit gesellschaftlicher Dominanz. Deshalb muss die *Film*analyse, unbeschadet mancherlei Ähnlichkeiten, auch strikt von der *Fernseh*analyse unterschieden werden.

Zur Definition von Medium:

Ulrich Saxer: Medien als problemlösende Systeme. In: SPIEL, Jg. 10 (1991), H. 1, S. 45–79.

Ulrich Saxer: Der Forschungsgegenstand der Medienwissenschaft. In: Joachim-Felix Leonhard et al. (Hrsg.), Medienwissenschaft. Ein Handbuch. 1. Teilband. Berlin, New York 1999, S. 1–14.

Heinz Bonfadelli: Was ist (Massen-)Kommunikation? In: Otfried Jarren und Heinz Bonfadelli (Hrsg.), Einführung in die Publizistikwissenschaft. Bern u. a. 2001, S. 17–45.

Werner Faulstich: Medientheorie. In: Ders. (Hrsg.), Grundwissen Medien. 5. Aufl. München 2004, S. 13–20.

Werner Faulstich: Grundkurs Fernsehanalyse. München 2008 (UTB).

Filmanalyse als Medienanalyse

Das impliziert ganz verschiedene Instanzen, Themenbereiche, Organisationsformen und Problemfelder, die allesamt Gegenstand filmwissenschaftlicher Bemühungen sein können. Filmanalyse in diesem weiteren Sinn umfasst demnach neben den einzelnen Filmen selbst Filmästhetik, Filmgeschichte, Filmförderung, Filmzensur, Filmpolitik, Filmwirtschaft oder Filmethik. Auch Bemühungen speziell um eine „Filmtheorie“, eine Grammatik der „Filmsprache“ oder eine „Filmsemiologie“ müssen zur Filmanalyse als Medienanalyse gerechnet werden.

Weiterführende Literatur:

Dieter Prokop (Hrsg.): Materialien zur Theorie des Films. Ästhetik, Soziologie, Politik. München 1971.

Andrew Tudor: Film-Theorien (orig. 1974). Frankfurt/Main 1977.

Werner Faulstich: Medientheorien. Göttingen 1991, S. 18–91.

Robert Stam: Film Theory. An Introduction. Malden, Mass. 2000, 17. Aufl. 2010.

Franz-Josef Albersmeier (Hrsg.): Texte zur Theorie des Films. 5. Aufl. Stuttgart 2005.

Helmut H. Diederichs (Hrsg.): Geschichte der Filmtheorie. Kunsttheoretische Texte von Méliès bis Arnheim. Frankfurt/Main 2005.

Shohini Chaudhuri: Feminist film theorists: Laura Mulvey, Kaja Silverman, Teresa de Lauretis, Barbara Creed. London 2006.

Thomas Elsaesser und Malte Hagener: Filmtheorie. Zur Einführung. Hamburg 2007, 3. Aufl. 2011.

Nina Heiß: Erzähltheorie des Films. Würzburg 2011.

Häufig unterscheidet man bei dieser Art Filmanalyse nach den Schwerpunkten Produktion, Distribution und Rezeption:

Die Filmproduktion

- Bei der *Filmproduktion* sind weniger die einzelnen Produktionsabläufe Gegenstand der Aufmerksamkeit – vom Exposé und

Treatment über das Drehbuch bis zum Drehplan und den Einflüssen der konkreten Drehbedingungen und Umstände am Set –, obwohl vor allem Drehbücher und ihre Modifikationen im fertigen Film schon häufiger untersucht wurden. Neben dem Drehbuchautor, dem Drehbuchdramaturgen, dem Kameramann, der Cutterin oder dem Produzenten geht es vielmehr vor allem um den Regisseur, der als der künstlerisch ausschlaggebende „Macher" des Films die zentrale kreative Verantwortung trägt. Filmanalyse heißt hier Regieanalyse.

Filmanalyse als Regieanalyse

Das gilt nicht immer nur für den einzelnen Regisseur. „Filmemacher" entwickeln gelegentlich auch gemeinsam künstlerische Programme (z. B. in Frankreich das „Cinéma d'auteurs" und die „Nouvelle vague" Ende der fünfziger Jahre, in Deutschland der „Junge deutsche Film" nach dem Oberhausener Manifest 1962 oder in Dänemark die Gruppe der sogenannten „Dogma"-Filmer Anfang der neunziger Jahre).

Beispiele zur Veranschaulichung:

John Baxter: John Ford, der legendäre Hollywoodregisseur. München 1980.
Robert Fischer und Joe Hembus: Der Neue Deutsche Film, 1960–1980. München 1981.
Donald Spoto: Alfred Hitchcock. Die dunkle Seite des Genies. Hamburg 1984.
Krischan Koch: Die Bedeutung des „Oberhausener Manifestes" für die Filmentwicklung in der BRD. Frankfurt/Main 1985.
Helmut Korte und Werner Faulstich (Hrsg.): Action und Erzählkunst. Die Filme von Steven Spielberg. Frankfurt/Main 1987.
David Robinson: Chaplin. Sein Leben, seine Kunst. Zürich 1989.
Stephan Hoffstadt: Black Cinema: Afroamerikanische Filmemacher der Gegenwart. Marburg 1995.
Marcus Stiglegger: Splitter im Gewebe. Filmemacher zwischen Autorenfilm und Mainstreamkino. Mainz 2000.
Thomas Elsaesser: Rainer Werner Fassbinder. Berlin 2001, 2. Aufl. 2011.
Angelika Janssen: Deconstructing Woody Allen. Ein amerikanischer Filmemacher zwischen Kunst und Kommerz. Frankfurt/Main u.a. 2002.
Matthias Lorenz (Hrsg.): DOGMA 95 im Kontext. Wiesbaden 2003.
Simon Frisch: Mythos Nouvelle Vague. Marburg 2007, 2. Aufl. 2011.

Die große Bandbreite der Filmproduktion reicht dabei von den Abschlussklassen der diversen deutschen Hochschulen für Fernsehen und Film wie in München, Babelsberg, Hamburg oder Köln bis hin zur amerikanisch-kommerziellen Filmindustrie Hollywoods mit Blick auf den gesamten Weltmarkt, für die Filme primär unter dem Gesichtspunkt der kapitalistischen Verwertung

Filmanalyse als Studioanalyse, Produktionsanalyse, Marktanalyse

hergestellt werden. Filmanalyse ist hier Studioanalyse, Produktionsanalyse oder Marktanalyse. Wie tief sich dieser Warencharakter in die Ästhetik des einzelnen Spielfilms eingegraben hat, verdeutlichen Kategorien wie „universal appeal“, das heißt die Akzeptanz eines Films durch die größtmögliche Zahl von Konsumenten quer zu den verschiedensten Kulturen und Mentalitäten der Welt, oder der Filmstar mit einem spezifischen „boxoffice value“, womit die Höhe der Einnahmen und Gewinne kalkulierbarer gemacht wird.

Beispiele zur Veranschaulichung:

Peter Bächlin: Der Film als Ware (orig. 1945). Frankfurt/Main 1975.

Walter Dadek: Die Filmwirtschaft. Grundriß einer Theorie der Filmökonomik. Freiburg 1957.

Dieter Prokop: Soziologie des Films. Darmstadt, Neuwied 1970.

Georg Roeber und Gerhard Jacoby: Handbuch der filmwirtschaftlichen Medienbereiche. Pullach 1973.

Adolf Heinzlmeier et al.: Die Unsterblichen des Kinos. 3 Bde. Frankfurt/Main 1980, 1982.

Gerhard Neckermann: Filmwirtschaft und Filmförderung. Strukturveränderungen – Daten. Berlin 1991.

Clice Hirschhorn: The Columbia Story. New York 1989.

Hans-Michael Bock und Michael Töteberg (Hrsg.): Das Ufa-Buch. Frankfurt/Main 1992.

Klaus Kreimeier: Die Ufa-Story. München 1992.

Dieter Prokop: Medien-Macht und Massen-Wirkung. Ein geschichtlicher Überblick. Freiburg 1995.

Stephen Lowry und Helmut Korte: Der Filmstar. Stuttgart 2000.

Manfred Plinke (Hrsg.): Skript-Markt. Mit allen wichtigen Anschriften von Drehbuchagenturen, Filmproduktionen, Sendern und der Filmförderung. Berlin 2003.

Bastian Clevé: Gib niemals auf. Filmökonomie in der Praxis. Konstanz 2004.

Alexander Loskant: Der neue europäische Großfilm. Ökonomie und Ästhetik europäischer Großfilmproduktionen der 90er Jahre. Frankfurt/Main u.a. 2005.

Vinzenz Hedinger und Patrick Vonderau: Demnächst in ihrem Kino. Grundlagen der Filmwerbung und Filmvermarktung. Marburg 2005.

Stefan A. Duvvuri: Öffentliche Filmförderung in Deutschland. Versuch einer ökonomischen Erfolgs- und Legitimationsbeurteilung. München 2007.

Ursula Reber: Ökonomie des digitalen Kinos. Wirtschaftliche Analyse aktueller Marktanbieter. Saarbrücken 2007.

Eckhard Wendling: Recoup! Filmfinanzierung – Filmverwertung. Konstanz 2012.

Filmgeschichten sind hier häufig Geschichten der Filmproduktionen einzelner Regisseure, der Produktionsgeschichte einzelner Filmstudios oder von bestimmten Filmstilen, meist mit nationalspezifischer Begrenzung. Die Faszination von produktionsorientierten Filmanalysen liegt vor allem in der Bewunderung „genialer" Filmemacher, aber auch in der Untersuchung der Vermischung künstlerischer und kommerzieller Momente und in dem historischen Wandel, der den Einfluß des jeweiligen gesellschaftlichen Kontextes häufig gut erkennen lässt.

Die Filmdistribution

– Bei der *Filmdistribution* ist das sehr viel weniger der Fall. Hier dominieren wirtschaftliche Aspekte vor publizistischen und soziologischen Fragestellungen. Der Bereich des Filmhandels impliziert das gesamte Verleihsystem von den großen marktbeherrschenden Verleihgesellschaften mit ihren differenzierten Regeln zu Auswertungspflicht, Spieltermin, Vorführdauer, Beiprogramm usw. bis hin zu lokalen Initiativen im Rahmen von „Kommunalem Kino" oder „Arsenal", die dem künstlerischen Wert des Films Priorität einräumen.

Filmanalyse als Kinoanalyse

Filmanalyse als Kinoanalyse ist trotz einer größeren Zahl von Fallstudien immer noch ein großes Desiderat der Filmwissenschaft, insbesondere mit dem umfassen-deren Blick auf Filmmärkte. Neue Distributionsformen wie DVD und digitaler Film traten dagegen in den letzten Jahren vermehrt ins Blickfeld wissenschaftlicher Forschung. Wenig erforscht ist auch die Filmkritik, die jeden neu anlaufenden Film bekannt zu machen hat und publizistisch vor allem als Distributionsfaktor gelten muss, und noch mehr der Kinobesuch als eine soziale Institution. Speziell über die sozialen Funktionen des Kinobesuchs – z. B. Alter der Besucher, Erwartungen, Zufriedenheit, Schichtzugehörigkeit, Geschlecht, Freizeitwert, Single-, Paar- oder Gruppenbesuch usw. – und ihren Wandel gibt es heutzutage nur wenige aktuelle repräsentative Informationen. Allerdings könnte der Kinobesuch auch bereits zur Rezeptionsanalyse gerechnet werden.

Filmananalyse als Zuschaueranalyse

Beispiele zur Veranschaulichung:

Karsten Witte (Hrsg.): Theorie des Kinos. Ideologiekritik der Traumfabrik. Frankfurt/Main 1972.

Anne Paech: Kino zwischen Stadt und Land. Geschichte des Kinos in der Provinz: Osnabrück, Marburg 1985.

Ricarda Strobel (Hrsg.): Film- und Kinokultur in Lüneburg (1896–1993). Bardowick 1993.

Horst Reimers: Von der Kaiserkrone zum CinemaxX. Die Geschichte der Kieler Filmtheater. Husum 1999.

Judith Protze: Oldenburger Lichtspiele. Film- und Kinogeschichte(n) der Stadt Oldenburg. Oldenburg 2004.

Monika Lerch-Stumpf (Hrsg.): Für ein Zehnerl ins Paradies. Münchner Kinogeschichte 1896 bis 1945. München 2004.
Sabine Lenk: Vom Tanzsaal zum Filmtheater. Eine Kinogeschichte Düsseldorfs. Düsseldorf 2009.
Rüdiger Steinmetz (Hrsg.): Das digitale Dispositif Cinéma. Untersuchungen zur Veränderung des Kinos. Leipzig 2011.
Jan Distelmeyer: Das flexible Kino. Ästhetik und Dispositiv der DVD & Blue-ray. Berlin 2012.

Filmanalyse als Distributionsanalyse schließt die Untersuchung anderer Vermittlungswege ein – etwa die Ausstrahlung von Kinospielfilmen im Fernsehen, die Vermietung über Videotheken, und nicht zuletzt auch den Verkauf als Videokopie oder als DVD. Die historische Komponente, die hier in den Blick kommt, gilt selbstverständlich auch für das traditionelle Kino, das sich z. B. von den alten großen „Filmtheatern" mit Orchestergräben über die sogenannten „Schachtelkinos" mit jeweils nur wenigen Stuhlreihen vor schmaler Leinwand bis hin zu den „Multiplex-Kinos" heutiger Zeit mit Restaurants und weiteren Unterhaltungsmöglichkeiten gewandelt hat.

Die Filmrezeption

– Die *Filmrezeption* schließlich meint nicht nur die speziellen Präferenzen des Kinopublikums, sondern vor allem den Kinobesuch und den Filmgenuss als psychisches Erlebnis. Es hat ja einen Grund, dass weiche Teppiche, schwere Vorhänge vor den Türen und tiefe Sessel mit sanften Lichtdimmern den Besucher ganz auf die Filmwelt ausrichten. Filmanalyse ist hier Analyse des Films als Erlebnis. „Filmpsychologie" und insbesondere der Mechanismus der Identifikation (unterscheidbar nach Projektion, Introjektion und Substitution) werden allerdings heute kaum noch diskutiert, und auch die Geschichte der Filmrezeption als Wirkungsgeschichte und die Geschichte der Filmwirkungsforschung einschließlich der Filmzensur stehen kaum noch zur Debatte. In den letzten Jahren wurde jedoch vermehrt zum Thema der „Toleranz" gegenüber offensichtlich unglaubwürdigen Inhalten von Filmen geforscht.

Filmanalyse als Rezeptionsanalyse

Die Rezeptionsanalyse hat vor allem methodologisch nach wie vor Gewicht im Rahmen der Filmanalyse, gerade bei der Produktanalyse, nämlich als Heuristik. Die Fixierung des subjektiven spontanen Filmerlebnisses hält den eigenen Erwartungshorizont fest, von dem aus man die Filmanalyse beginnt. Was hat mir an dem Film gefallen? Wie hat er auf mich gewirkt? Wie habe ich den Film emotional erlebt? Was fand ich abstoßend, was spannend, was langweilig oder sonstwie irritierend? Die Protokollierung der subjektiven Rezeption des Films erfasst den Film als Film *für mich*. Das markiert einen wesentlichen (einmaligen, weil nicht wiederholbaren) Ausgangspunkt für die Analyse dieses Films.

Film als subjektives Erlebnis

Wir können daraus ersehen: Es geht nicht darum, einen Film „endgültig" zu analysieren; die Relativierung durch einen bestimmten Rezipienten mit bestimmten Präferenzen und einer bestimmten Perspektive in einer bestimmten Zeit lässt sich nicht überwinden. Dass die Filmanalyse auch als Rezeptionsanalyse dennoch objektive Ergebnisse erbringen kann, wird dadurch nicht ausgeschlossen (Kap. 1.3).

Beispiele zur Veranschaulichung:

Hugo Münsterberg: The Film. A Psychological Study (orig. 1916). New York 1970.

Leo A. Handel: Hollywood Looks at Its Audience. A Report of Film Audience Research. Urbana, Ill. 1950.

Martha Wolfenstein und Nathan Leites: Movies. A Psychological Study. Glencoe 1950, New York 1970.

Wilhelm Salber: Film und Sexualität. Untersuchungen zur Filmpsychologie. Bonn 1970.

Edward Branigan: Point of View in the Cinema. A Theory of Narration und Subjectivity in Classical Film. Berlin 1984.

Stephanie Henseler: Soziologie des Kinopublikums. Eine sozialempirische Studie unter besonderer Berücksichtigung der Stadt Köln. Frankfurt/Main 1987.

Christian Mekunda: Kino spüren. Strategien der emotionalen Filmgestaltung. München 1986.

Peter Wuss: Die Tiefenstruktur des Filmkunstwerks. Berlin 1986.

Knut Hickethier und Hartmut Winkler (Hrsg.): Filmwahrnehmung. Berlin 1990.

Carolin Beer: Die Kinogeher. Eine Untersuchung des Kinopublikums in Deutschland. Berlin 2000.

Monika Sückfüll: Rezeptionsmodalitäten: Ein integratives Konstrukt für die Medienwirkungsforschung. Jena 2003.

Helmar Baum: Entscheidungsparameter bei der Filmauswahl von Kinogängern in Deutschland. Kommunikationsstrukturen und Meinungsführerschaft bei Kinofilmrezipienten. Eine Pilotstudie im Kommunikationsraum Berlin. Diss. Berlin 2003 (Online-Publikation).

Dagmar Beinzger: Filmerfahrung im biographischen Rückblick – Über den Zusammenhang zwischen Filmrezeption und Geschlechtsidentität. Eine erziehungs- und medienwissenschaftliche Studie. Diss. Frankfurt/Main 2004 (Online-Publikation).

Anne-Katrin Schulze: Spannung in Film und Fernsehen. Berlin 2006.

Nina Hortig: Der blanke Horror. Wie Schüler gewalthaltige Filme rezipieren. Saarbrücken 2007.

Klaus Keil und Felicitas Mile (Hrsg.): Demografie und Filmwirtschaft. Studie zum demografischen Wandel und seine Auswirkungen auf Kinopublikum und Filminhalte in Deutschland. Berlin 2007.

Saskia Böcking: Grenzen der Fiktion? Von Suspension of Disbelief zu einer Toleranztheorie für die Filmrezeption. Köln 2008.
Peter Wuss: Cinematic Narration and its Psychological Impact. Newcastle 2009.
Alexander Geimer: Filmrezeption und Filmaneignung. Wiesbaden 2010.

Filmanalyse als Medienanalyse – das sollte uns einleitend bewußt sein – ist also ein außerordentlich komplexer Wissenschaftsbereich, der nicht etwa auf den Spielfilm und die Filmanalyse im engeren Sinn, als Produktanalyse, reduziert werden darf.

1.2 Der Spielfilm als „Literatur"

Warum und wozu braucht man denn überhaupt Filmanalyse – warum müssen oder können Filme analysiert werden? Eine erste Antwort lautet: Filme brauchen überhaupt nicht analysiert zu werden. Man kann selbstverständlich ins Kino gehen, Spaß daran haben – und Schluss. Der normale Kinobesucher begegnet dem Film als Freizeitunterhaltung. Man sieht sich den Film an, hat seine spontanen Eindrücke, sein Erleben, und nur im Ausnahmefall macht man sich nachher noch viel Gedanken darüber. Anders die Wissenschaftler, die sich professionell mit dem Film beschäftigen. Sie systematisieren dieses Nachdenken, sie reflektieren möglichst gezielt, interessegeleitet, rational, logisch, intersubjektiv nachvollziehbar, sie analysieren. Es besteht also ein grundsätzlicher Unterschied erstens zwischen dem emotionalen Erleben eines Films, gelegentlich verbunden mit einem spontanen Nachdenken über den Film, und zweitens der systematischen, methodisch reflektierten, analytischen Beschäftigung mit dem Film.

Filme brauchen nicht analysiert zu werden: Kinobesuch als Freizeitbeschäftigung

Eine zweite Antwort auf die Frage nach der Filmanalyse lautet: Filme müssen nicht, können aber in bestimmten Fällen analysiert werden. Deshalb hier die exklusive Ausrichtung auf Spielfilme. Beim Spielfilm handelt es sich um ein komplexes ästhetisches Produkt – um *„Literatur"*. Der Film ist ein Einzelmedium, vergleichbar dem Buch, dem Radio, der Zeitung oder dem Fernsehen. Und ebenso wie bei allen diesen Kommunikationsmedien oder Vermittlungskanälen kann man in der Regel zwischen primär ästhetischen und primär pragmatischen Werken unterscheiden: zwischen „fiction" und „non-fiction". Fiktion unterliegt dem literarischen Code, den es in werkspezifischer Form prinzipiell in allen Medien gibt: den Roman im Medium Buch, das Hörspiel im Medium Hörfunk, das

Filme können analysiert werden: Der Spielfilm als literarischer Code

Medium	Literatur	Nicht-Literatur
Blatt	z.B. Gedicht	z.B. Notizen
Buch	z.B. Roman	z.B. Lexikon
Computer	z.B. Computer Novel	z.B. Sortierprogramm
Fernsehen	z.B. Fernsehspiel	z.B. Nachrichten
Film	z.B. **Spielfilm**	z.B. **Wissenschaftsfilm**
Heftchen	z.B. Comic	z.B. Gebrauchsanweisung
Hörfunk	z.B. Hörspiel	z.B. Musiksendung
Chat	z.B. MUD	z.B. Live-Bericht
Plakat	z.B. Kommerzlyrik	z.B. Veranstaltungsplakat
Schallplatte	z.B. Textmusik	z.B. klassische Musik
Theater	z.B. Schauspiel	z.B. Ehestreit im Alltag
Video	z.B. Spielfilm	z.B. Informationsfilm
Zeitschrift	z.B. Kurzgeschichte	z.B. Skandalbericht
Zeitung	z.B. Fortsetzungsroman	z.B. Leitartikel
World Wide Web	z.B. Gedicht/Homepage	z.B. Bibliographie

Fernsehspiel im Medium Fernsehen, den Comic im Medium Heftchen oder auch interaktive Spiele wie MUDs (Multi User Dungeon) und MOOs (Multi User Dungeon Object Oriented) im neuen digitalen Medium Chat – und den Spielfilm im Medium Film. Dabei geht es nicht etwa um „Literaturverfilmung", sondern um den Film, insofern er mit den Formen des Mediums „spielt". Wie alle literarischen Produkte in allen Medien transportieren auch Spielfilme ihre Informationen nicht möglichst eindeutig, sondern umgekehrt gerade mehrdeutig, vielschichtig, mehrdimensional, polyvalent, und das heißt: interpretierbar.

Filme sollen analysiert werden: von der „normalen" zur wissenschaftlichen Interpretation

Das impliziert eine dritte Antwort auf die Frage nach der Möglichkeit und Notwendigkeit der Filmanalyse: Filme können nicht nur, sondern sie sollen auch analysiert werden, um Interpetationen zu überprüfen und zu objektivieren. Der Spielfilm ist ein Kommunikationsprozess, bei dem idealtypisch Produzent (Regisseur) und Rezipient (Zuschauer) miteinander in Verbindung treten und durch das jeweilige Werk ästhetische Erfahrungen vermittelt bzw. konstituiert werden. Es liegt in der Natur des ästhetischen Produkts, dass diese Erfahrungen medienspezifisch und künstlerisch funktional gestaltet, geformt, bearbeitet – eben „ästhetisiert" sind. Gegenüber der spontanen oder „normalen" Interpretation werden diese Gestaltungsformen bei der wissenschaftlichen Interpretation als solche sichtbar und lassen dabei nicht nur einzelne Produktbedeutungen, also „Sinn“, erkennen, sondern letztlich auch übergreifende Einsichten in die Wirkungsweisen des Mediums überhaupt.

Weiterführende Literatur:

Norman N. Holland: The Dynamics of Literary Response. New York 1968.

Ulrich Saxer: Literatur in der Medienkonkurrenz. In: Media Perspektiven 12 (1977), S. 673–685.

Werner Faulstich: Medienästhetik und Mediengeschichte. Heidelberg 1982.

David Bordwell: Narration in the Fiction Film. London 1985.

Klaus Kanzog (Hrsg.): Einführung in die Filmphilologie. München 1991.

Hofmann, Wilhelm (Hrsg.): Sinnwelt Film. Beiträge zur interdisziplinären Filmanalyse. Baden-Baden 1996.

Alessia Ricciardi: The ends of mourning: Psychoanalysis, literature, film. Stanford/Calif. 2003.

Jörg Helbig (Hrsg.): Camera doesn´t lie. Spielarten erzählerischer Unzuverlässigkeit im Film. Trier 2006

Nadine Dablé: Leerstellen transmedial. Auslassungsphänomene als narrative Strategie in Film und Fernsehen. Bielefeld 2012.

Filminterpretation und Filmanalyse

Was heißt dabei „Interpretation“? Dem Wortsinn nach heißt es Deutung, Auslegung und meint zunächst nichts weiter als die normale Aktivität des verstehenden Zuschauers, durch die der Film als Erlebnis „Sinn“ macht. Jeder Zuschauer also, sofern er den Spielfilm als eine Erfahrung (im Kopf, in der Phantasie) zulässt, interpretiert als Subjekt, und diese Bedeutungsgebung liegt völlig in der Natur des ästhetischen Kommunikationsprozesses. Entscheidend dabei ist jedoch, daß der normale Zuschauer sich nicht zugleich auch der Gestaltungs- und Vermittlungsformen dieser Erfahrung, dieses „Sinns“ bewusst wird. Er mag über die Bedeutung, über den Sinn eines Films inhaltsbezogen reflektieren, aber er wird kaum die spezifische Weise und Form erkennen, in der diese Bedeutung konstituiert und transportiert oder evoziert wird.

Hier nun hat Wissenschaft ihre Funktion. Die Filmanalyse als Produktanalyse widmet sich der systematischen Analyse der Gestaltungs- und Vermittlungsformen, innerhalb derer bzw. mit denen Bedeutung konstituiert und ausgedrückt wird. Damit ist nicht nur gesagt, dass die Aktivität des Filmwissenschaftlers die Aktivität des „normalen“ Kinobesuchers bei weitem übersteigt, sondern auch umgekehrt: dass die intuitive oder „normale“ Interpretation unverzichtbarer Ausgangs- und Ansatzpunkt ist für die analytische Arbeit.

Die Analyse eines Films strebt allerdings weiter, ist auf zusätzliche Einsichten ausgerichtet. Das Ziel einer Filmanalyse besteht nicht etwa darin, Inhalte eines Films nachzuerzählen und mit eigenen Assoziationen anzureichern; das wäre bloß deskriptiv, nicht analytisch. Sondern Ziel ist es, etwas über den Film in Erfahrung zu bringen, das vorher nicht bekannt war. Das kann durch die Nutzung von fachspezifischen Methoden und Instrumenten als systematischen Wegen zur Beschreibung und Analyse von Gestaltungs- und Vermittlungsformen gelingen. Im Falle einer gezielten Nutzung des filmanalytischen Instrumentariums wird also die erste, die spontane oder „normale" Interpretation von einer zweiten, einer reflektierteren, umfassenderen Interpretation abgelöst. Diese wissenschaftliche Filminterpretation ist methodengesteuert und analytisch fundiert und kann deshalb auch eher als „objektiv" bezeichnet werden.

Dabei gibt es eine wichtige Unterscheidung: Grundsätzlich ist davon auszugehen, dass in einem Spielfilm jedes Moment, jeder Baustein, jedes Bild, jedes Wort – schlichtweg alles funktional ist für die Bedeutung, den „Sinn" dieses Films. Es ist also nicht legitim, einen Film etwa so zu interpretieren, dass ein Teil oder auch nur eine Dimension dieses Films, die in die gewählte Interpretation „nicht hineinpasst", einfach ausgelassen wird. Da gibt es nur zwei Alternativen: Entweder ist die Interpretation falsch, eben weil sie nicht dem Film in seiner Totalität gerecht wird, oder es gibt konträre, widersprüchliche, unlogische, unausgegorene Sachverhalte beim Film, das heißt, entweder ist der Filmwissenschaftler schlecht oder der Film.

Entweder ist der Filmwissenschaftler schlecht oder der Film

1.3 Der Spielfilm als Traum

Mit dem Streben nach Objektivität gibt die wissenschaftliche Filmanalyse ihren Subjektbezug aber keineswegs auf. Eine vierte und letzte Antwort auf die Frage nach dem Sinn der Filmanalyse lautet vielmehr: Filme müssen analysiert werden, weil es sich beim Spielfilm um ein emotionales Erlebnis, eine Art Traum handelt, aus dem man gleichsam „erwacht", wenn der Film zu Ende ist und das Licht im Kino langsam wieder hell wird.[1] Das heißt: Wie im Traum äußert sich auch im Spielfilm über Identifikation und Projektion das Unterbewußte, das Verdrängte: Ängste, Wunschvorstellungen usw., die aus den viefältigsten Ursachen

Filme müssen analysiert werden: Der Spielfilm als kollektiver Traum

1 Werner Faulstich: Der Spielfilm als Traum. Interpretationsbeispiel: George A. Romeros „Zombie". In: Ders., Medienkulturen. München 2000, S. 57–72.

entstehen, vor allem aus Versagungen, Triebverzicht, Aufschub der Befriedigung. Das Verdrängte ist darauf angelegt, früher oder später herauszukommen, weil es in Gegensatz, im Widerspruch steht zum Bewußten, zum Wirklichen. Wenn wir träumen, bringen wir gewissermaßen unsere gestörte psychische Einheit wieder ins Gleichgewicht. Deshalb würde es zu psychischen Störungen führen, wenn man dem Menschen nicht mehr erlaubte, nachts zu träumen.

manifest und latent: Filmanalyse als Traumanalyse

Es gehört aber zur Natur des Verdrängten, sich nicht offen im Bewusstsein zu zeigen – es hat ja seinen guten Grund, dass etwas verdrängt wurde, das heißt weggeschoben, weil man es nicht wahr-haben wollte, weil man sich dessen eben *nicht* bewusst werden wollte. Da das Verdrängte herauskommen will und muss, kommt es nur maskiert heraus, verkleidet, verändert bis zur Unkenntlichkeit. Hier haben die beiden Begriffe „latent" und „manifest" ihren Platz. Das Latente ist die Wahrheit darüber, was und warum verdrängt wurde; das Manifeste ist die Gestalt, in der das Latente an die Oberfläche, ins Bewusstsein tritt. Der Prozess, in dem das Latente zum Manifesten wird, heißt bei Sigmund Freud „Traumarbeit". In der Traumarbeit geschieht die Umgestaltung, die Bearbeitung, die Maskierung, die Verkleidung des Verdrängten, so dass es sich ohne Gefahr mit dem bewussten Teil der Psyche versöhnen kann. Hier wird beim Träumen das Latente so bearbeitet, dass wir es in seinem latenten Kern nicht mehr wiedererkennen, selbst wenn wir uns nach dem Aufwachen an den Traum noch erinnern können. So auch nach dem Verlassen des Kinos, wenn sich die fiktionalen Bilder angesichts einer „wirklichen" Wirklichkeit wieder verflüchtigt haben.

Weiterführende Literatur:

Sigmund Freud: Die Traumdeutung. 1900.

Paul G. Cressey: Der soziale und psychische Hintergrund der Filmerfahrung. In: Dieter Prokop (Hrsg.), Materialien zur Theorie des Films. München 1971, S. 382–388.

Uwe Gaube: Film und Traum. Zum präsentativen Symbolismus. München 1978.

Werner Faulstich: Filmästhetik. Untersuchungen zum Science Fiction-Film „Kampf der Welten" (1953/54) von Byron Haskin. Tübingen 1982.

Michael Kötz: Der Traum, die Sehnsucht und das Kino. Film und die Wirklichkeit des Imaginären. Frankfurt/Main 1986.

August Ruhs et al. (Hrsg.): Das Unbewußte sehen. Texte zu Psychoanalyse, Film, Kino. Wien 1989.

Peter Wuss: Filmanalyse und Psychologie. Strukturen des Films im Wahrnehmungsprozeß. Berlin 1993.

Stefan Cordes: Filmerzählung und Filmerlebnis. Zur rezeptionsorientierten Analyse narrativer Konstruktionsformen im Spielfilm. Münster 1997.
Torben Grodal: Moving Pictures. A New Theory of Film, Genres, Feelings, and Cognition. Oxford 1997.
Stephan Schwan: Filmverstehen und Alltagserfahrung. Grundzüge einer kognitiven Psychologie des Mediums Film. Wiesbaden 2001.
Henrike Hölzer: Geblendet. Psychoanalyse und Kino. Wien 2005.
Thomas Ballbausen, Günter Krenn und Lydia Marinelli (Hrsg.): Siegmund Freud und der Film. Wien 2006.
Mechthild Zeul: Das Höhlenhaus der Träume: Filme, Kino & Psychoanalyse. Frankfurt/Main 2007.
Veronika Rall: Kinoanalyse. Plädoyer für eine Re-Vision von Kino und Psychoanalyse. Marburg 2011.

Wichtige Techniken der Traumarbeit sind etwa die Verdichtung und die Verschiebung bzw. beim Spielfilm die Symbolisierung und das Splitting. *Symbolisieren* heißt, einem Objekt oder einer Person eine zusätzliche, auf ein anderes Phänomen hindeutende Bedeutung zu verleihen; etwas meint auf einmal etwas ganz anderes als das, was es eigentlich ist. Die Funktion der Symbolisierung ist deutlich eine Verschiebung, um Zusammenhänge neu zu verorten, ein Hinweis auf „Eigentliches", eine bedeutungsträchtige Verfremdung. *Splitten* heißt Verschleiern durch Aufspalten und Verteilen auf verschiedene Gegenstände oder Ereignisse oder Personen. Auch beim Splitting ist die Funktion deutlich das Bemühen, die eigentliche Bedeutung zu zerreißen, Zusammenhänge auszuklammern, Aspekte neu zu verschachteln und damit das eigentlich Gemeinte „unkenntlich" zu machen.

Symbolisieren

Splitten

Das heißt: Filmanalyse macht den Prozess der Traumarbeit bewusst. Dem einzelnen Spielfilm – nicht umsonst gilt Hollywood als „Traumfabrik" – wird seine latente spezifische Bedeutung abverlangt. Denn die Prozesse der Encodierung durch den Regisseur und sein Team und der Decodierung durch den Kinobesucher verlaufen ja überwiegend unterbewusst. Natürlich ist der Film kein individueller, sondern ein kollektiver Traum, der im Filmerlebnis von allen Zuschauern geträumt wird; es ist nicht originär mein eigener Traum. Tatsächlich aber mache ich ihn zu meinem eigenen Traum in dem Maße, in dem ich mich in ihm verliere, in dem ich mich identifiziere. Wer im Kino gelangweilt auf die Uhr sieht, um zu sehen, wie lange die Filmvorführung noch dauert, wer an Ketchup denkt, wenn Blut fließt, oder wer das Liebespaar in der nächsten Reihe beobachtet, statt auf die Leinwand zu sehen, lässt das Filmerlebnis, lässt Selbstvergessen, lässt den Film als Traum nicht zu. Filmanalyse dürfte dann sehr schwer fallen.

Je weniger inhaltlich die Erfahrungen bzw. die Vermittlungsformen den Zuschauer ansprechen, desto „langweiliger" scheint ihm der Film. Das kann an der Qualität des Films liegen, an der fehlenden Übereinstimmung zwischen dem Film als Traum und meinen eigenen Träumen, aber auch an einer „gefährlichen" Nähe des kollektiven Filmtraums zu meinem eigenen privaten Traum. Je mehr mich solche kollektiven Träume nämlich ansprechen, desto größer ist mein Involvement beim Filmerlebnis. Im letzten Fall wird die Filmanalyse häufig mit dem Argument abgewehrt, dass die Reflexion und „Analyse", das heißt wörtlich: die Zerlegung eines künstlerischen Werks, dieses zerstören und den Spaß daran, seinen Genuss unmöglich machen würde; der Traumcharakter würde verlorengehen. Beliebtes Beispiel dafür ist übrigens die Poesie – weil sich das „Zarte", „Emphatische", „Emotionale" des lyrischen Werks angeblich vor dem „kalten", „rationalen" Zugriff der „wissenschaftlichen Vernunft" verflüchtigen würde. Tatsächlich ist das Gegenteil der Fall, bei der Literatur, bei der Kunst, bei der Musik und auch beim Film: Die Bauformen eines Films zu erkennen, seine Bedeutungsschichten und Sinndimensionen in ihrer ganzen Komplexität zu durchschauen erhöht den Spaß, steigert den Genuß bei der Filmrezeption. Warum?

Filmananalyse als Selbstanalyse

Die Abwehrtendenzen gegenüber der Filmanalyse haben Defensivfunktion: Wenn der Filmwissenschaftler seine eigene Rezeption, seine private Person einbezieht und zum Ausgangspunkt der Filmanalyse macht, dann wird Filmanalyse als Traumanalyse zu einem Stück *Selbstanalyse*. Das hat durchaus seine Ambivalenz: Je mehr ein Film einen selbst emotional zutiefst tangiert, desto mehr widersetzt er sich auch unserem Bemühen um Aufklärung. Darin bestehen Chance und Gefahr zugleich: die Gefahr, mit der nahegelegten Erkenntnis des eigenen Filmerlebnisses, des eigenen Selbst auch die Einsicht in die Bedeutung des Films selbst zu blockieren, und die Chance, mehr über sich selbst zu erfahren, wenn man den Film als selbst erlebten decodiert und das eigene Latente ins Bewußtsein hebt. In der Praxis hilft es deshalb häufig, einen Film zu zweit zu analysieren und zu interpretieren, speziell unter Einbeziehung beider Geschlechter. Der Genuss des erfolgreich analysierten Films als Analyse eines Filmerlebnisses besteht letztlich im Genuss an der Selbsterkenntnis.

Abschließend soll ausdrücklich noch darauf hingewiesen werden, dass der Spielfilm als „Literatur" im Medium Film, als ästhetisches Produkt, zwar komplex, vielschichtig, mehrdimensional und deshalb interpretierbar ist, dass er aber als individuelles emotionales Erlebnis, als subjektiver Traum in aller Regel auf nur *eine*

Verständnisweise, auch auf nur *eine* Interpretation zusteuert. Wohlgemerkt: Verschiedene Rezipienten können durchaus verschiedene Interpretationen ein und desselben Spielfilms generieren, aber *ein* Rezipient, sofern er den Film in seinem *individuellen* Kontext wahrnimmt und decodiert, nur *eine* Interpetation. Wenn man einen Film „geknackt" hat, dann ist genau dieses gemeint: dass man die für einen selbst zutreffende Interpretation ermitteln konnte. Dass sich auch diese individuelle einzelne Interpretation wieder wandeln kann – etwa wenn man einen Film zwanzig Jahre später noch einmal (neu) sieht und interpretiert –, versteht sich von selbst. Die Geschichtlichkeit des Films ist auch eine Geschichtlichkeit seiner Wahrnehmung und Interpretation.

Was heißt: man hat einen Film „geknackt"?

2. Filmanalyse als Produktanalyse: Grundmodell und Genres

Der *Grundkurs Filmanalyse* bietet ein Instrumentarium an, dessen Brauchbarkeit an jedem neuen Filmbeispiel erst erprobt werden muss. Nicht jede Kategorie oder Fragestellung, nicht jedes „Werkzeug" eignet sich für jeden Film. Wenn in einem Film beispielsweise keine Musik eingesetzt ist, dann entfällt bei diesem Fall naturgemäß die gesamte Gruppe musikbezogener Analysekategorien; wenn es sich um einen Horrorfilm handelt, dann bedarf es anderer Vorkenntnisse als bei einem Western; oder wenn die differenzierte Entwicklung einer komplexen Heldin im Mittelpunkt des Films steht, dann müssen in besonderem Ausmaß personenbezogene Analysekategorien genutzt werden. Grundsätzlich gilt: Es müssen jene Kategorien ausgewählt und eingesetzt werden, die am ergiebigsten sind, das heißt, die Verwendung des konkret eingesetzten Instrumentariums rechtfertigt sich aus den Resultaten.

Das Analyseinstrumentarium der Filmanalyse als Option

2.1 Das Grundmodell

In zahlreichen Bemühungen um die verschiedensten Filme hat sich ganz pragmatisch eine Art Grundmodell der Filmanalyse herausgebildet. Es lässt sich problemlos variieren, z. B. verkürzen oder auch ausweiten, aber es hat sich in den allermeisten Fällen in dieser Form dabei bewährt, Interessierten die Filmanalyse als eine arbeitsökonomisch sinnvolle und ergiebige Annäherung an einen Film zu vermitteln.

Man unterscheidet dabei vier verschiedene Zugriffe auf den Film, deren Reihenfolge der lernpsychologisch bewährten Abfolge „vom Leichteren zum Schwereren" entspricht und im übrigen auch einer objektbezogenen Logik folgt:

Die Handlungsanalyse

– Erstens geht es um das WAS im Film, um die *Handlung*. Was geschieht im Film in welcher Reihenfolge?

Die Analyse der Figuren

– Zweitens steht das WER im Vordergrund. Welche *Figuren* oder Charaktere spielen im Film eine Rolle?

Die Analyse der Bauformen

– Drittens wird nach dem WIE gefragt. Welche *Bauformen* des Erzählens werden im Film verwendet?

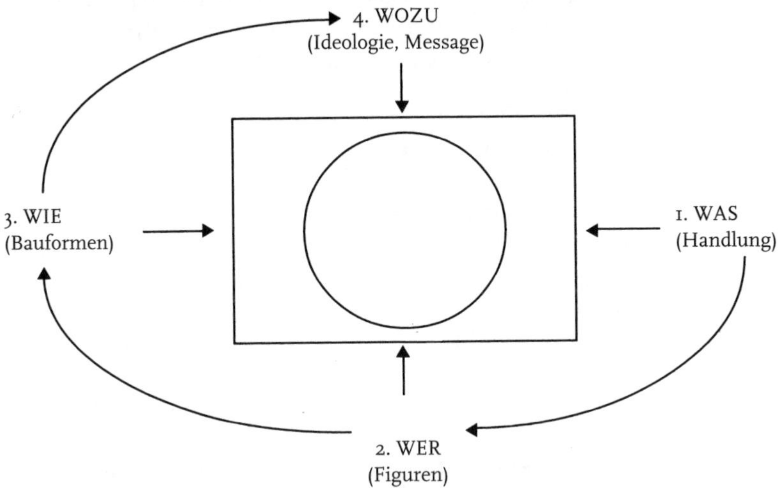

– Und viertens schließlich gipfelt die Analyse im WOZU, in der Frage nach den Normen und Werten, der *Ideologie*, der *Message* des Films.

Die Analyse der Normen und Werte

Natürlich gibt es keine Handlung ohne Handelnde, das heißt Figuren, ebensowenig wie Handlungen oder Figuren etwa ohne Bauformen vorstellbar sind, das heißt, alles hängt miteinander zusammen. Die vier Zugangsweisen thematisieren nicht etwa vier verschiedene „Teile" des Films. Es muss vielmehr bewusst bleiben, dass es sich dabei nur um verschiedene Blickweisen auf ein und dasselbe Objekt handelt, das man gleichsam nur von unterschiedlichen Seiten aus betrachtet. Wie mit einer speziellen „Brille" kommen dabei manche Aspekte zwar deutlicher in den Blick, andere werden dafür aber unterdrückt oder ausgeblendet. Es ist also prinzipiell so wenig legitim, eine der vier Blickweisen einfach auszulassen, wie es legitim wäre, bei der Filmanalyse Teile des Films, die dem gewählten Instrumentarium oder gar der abschließenden Interpretation nicht entsprechen, einfach wegzulassen. Die Analyse bezieht sich immer auf den ganzen Film und prinzipiell immer unter Nutzung aller Zugangsweisen. Unbeschadet der Tatsache, dass die spezifischen, charakteristischen Merkmale eines Films je nach Zugangsweise unterschiedlich deutlich sichtbar werden, gilt als Grundsatz, dass im Prinzip die latente Bedeutung des Films auf allen vier Wegen ermittelt werden kann.

Der *Grundkurs Filmanalyse* präsentiert im Folgenden die wichtigsten der bislang erfolgreich erprobten analytischen Begriffe, Kategorien, Instrumente nach diesen vier Zugangsweisen.

2.2 Die Genres als Wahrnehmungshorizont

Zuvor muss jedoch noch etwas reflektiert werden, das jeder Filmanalyse bzw. Filmrezeption und in vielerlei Hinsicht auch dem Film selber vorgängig ist – das Genre, das letztlich auf die Grundformen des griechischen Theaters, die Tragödie und die Komödie, zurückgeführt werden kann. Es wird hier vor allem deshalb thematisiert, weil entsprechende Kenntnisse in vielen Fällen ganz praktisch die Filmanalyse leichter machen können. Wohlgemerkt: Damit wird nicht etwa behauptet, alle Filme ließen sich in ein Genre einordnen. Ganz im Gegenteil charakterisieren sich viele, besonders neuere Filme dadurch, dass sie einen kalkulierten Genre-Mix darstellen oder dass die Genrezugehörigkeit weitgehend bedeutungslos ist. Aber für einen Großteil der Spielfilme ist die Genrezugehörigkeit ein charakteristisches Merkmal, dessen Kenntnis das Verständnis des konkreten Einzelfilms befördern kann.

Was heißt Genre?

Was ist überhaupt ein Genre, wieviel Genres kann man unterscheiden, und wie lassen sich die einzelnen Genres beschreiben? Alle drei Fragen sind wissenschaftlich problematisch und sollen hier nur pragmatisch behandelt werden.

Um den problematischen Charakter des Genrebegriffs aber zumindest anzudeuten, sei auf seine Zirkularität, seine Kategorienvermischung und seine Sujetverhaftetheit hingewiesen. Zirkularität heißt: Jeder von uns weiß zwar, was ein Western ist, aber zugleich müssen wir zugeben, dass wir einen Film nur dann dem Genre Western zuordnen können, wenn wir vorher bereits wissen, was denn nun einen Western ausmacht. Wir müssen also über bestimmte Zuordnungskriterien verfügen, um Filme als Western bestimmen zu können. Andererseits aber können wir diese Kriterien nur wieder aus den Filmen selber gewinnen, das heißt, der Genrebegriff ist zirkulär. Hinzu kommt, dass wir Genres nach ganz unterschiedlichen Kriterien zu begründen pflegen.

Zum problematischen Charakter des Genrebegriffs

Beim Western beispielsweise sind es geographische und historische Merkmale (der amerikanische Westen, die Zeit zwischen 1860 und 1900). Beim Ritterfilm sind sie definitiv zeitlicher Natur (Mittelalter). Beim Kriegs- oder Liebesfilm dagegen wird thematisch definiert, beim Epischen Film dramaturgisch, beim Ausstattungsfilm produktionstechnisch oder beim Horrorfilm und Thriller nach seiner Wirkung. Und was genau verrät uns denn das Sujet des „Wilden Westens" im Western? Kann es sich bei einem Film, der im amerikanischen Westen Ende des 19. Jahrhunderts spielt, nicht eigentlich auch um einen Liebesfilm oder ein Melodrama oder einen Abenteuerfilm handeln? Oder lässt sich eine klassische Westernhandlung nicht auch in einen Science-Fiction-Film verpacken? Oder wann genau „kippt" ein Krimi mit erotisch-sexuellen Sequenzen in einen Erotikfilm?

Weiterführende Literatur zum Genre:

Stanley Solomon: Beyond Formula. American Film Genres. New York 1976.
Barry K. Grant: Film Genre: Theory and Criticism. Metuchen, NJ., London 1977.
Stephen Neale: Genre. London 1980.
Thomas Schatz: Hollywood Genres. New York 1981.
Heather Dubrow: Genre. London 1982.
Stuart M. Kaminsky: American Film Genres. Chicago 1984.
Barry K. Grant (Hrsg.): Film Genre Reader. Austin 1986.
Joseph W. Reed: American Scenarios. The Uses of Film Genre. Middletown, Conn. 1989.
Benjamin Scott: On the Notion of Genre in Cinema. Paris 1996.
Rick Altman: Film/Genre. London 2000. Repr. 2009.
Stephen Neale: Genre and Hollywood. London 2000.
Wheeler Winston Dixon: Film Genre 2000. New Critical Essays. Albany 2000.
Claudia Liebrand und Ines Steiner (Hrsg.): Hollywood hybrid. Genre und Gender im zeitgenössischen Mainstream-Film. Marburg 2004.
Mark A. Graves und F. Bruce Engle: Blockbusters. A reference guide to film genres. Westport/Conn. 2006.
Cornelia Ruhe: Cinéma beur. Analysen zu einem neuen Genre des französischen Films. Konstanz 2006.
Garin Dowd, Lesley Stevenson & Jeremy Strong (Hrsg.): Genre matters. Essays in theory and criticism. Bristol, Portland/Or. 2006.
Barry Langford: Film Genre. Hollywood and beyond. Edinburgh 2007.
Andrea B. Braidt: Film-Genus. Gender und Genre in der Filmwahrnehmung. Marburg 2008.

Das Genre ist ein Erzählmuster nach bestimmten Konventionen

Dennoch lässt sich ein Diskussionsstand verlässlich konstatieren: Ein Genre ist ein spezifisches Erzählmuster mit stofflich-motivlichen, dramaturgischen, formal-strategischen, stilistischen, ideologischen Konventionen und einem festgelegten Figureninventar. Es handelt sich bei Genres um kulturell ausgebildete Rahmensysteme oder Schemata, die zwar relativ stabil sind, aber nicht unveränderbar festliegen, sondern sich ihrerseits historisch auch wandeln (können). Systematische Überblicke über Genres unterscheiden sich deshalb durchaus voneinander, zumal die Ausbildung von Subgenres ganz verschiedene Akzentuierungen zulässt. Subgenres sind oft zeitlich relativ festgelegt oder verdanken sich historischen Häufungen strukturell ähnlicher Filme – so waren beispielsweise die dreißiger Jahre des amerikanischen Kinos die Zeit der Gangsterfilme, die fünfziger Jahre die Zeit der Science-Fiction-Filme oder die siebziger Jahre die Zeit der Katastrophenfilme. Tatsache ist, dass sehr viele Filme ihre Geschichten im Rahmen solcher strukturellen Muster erzählen und dies auch von den Zuschauern, als eine Art Orientierungsraster, in diesem Rahmen erwartet, nachgefragt und decodiert wird. Genres sind also kulturelle Stereotype, die nicht nur für einzelne Individuen, sondern für Kollektive gestaltungs-, wahrnehmungs-, erwartungs- und interpretationsrelevante Bedeutung haben (können). Insbesondere bei populären Mainstream-Filmen spielen Genres eine große Rolle.

Zehn Filmgenres

Im Folgenden sollen erste Anregungen zum Verständnis der wichtigsten zehn Filmgenres vermittelt werden. Die Unterscheidung gerade in zehn Genres hat nur heuristische Funktion. Gelegentlich sind die Grenzen keineswegs eindeutig – etwa zwischen Science-Fiction-Film, Fantasy und Märchen, oder zwischen Horrorfilm, Kriminalfilm und Thriller, oder zwischen Gangsterfilm, Polizeifilm und Detektivfilm. Spätestens seit den 1980er Jahren werden auch verschiedene Genres verstärkt und programmatisch miteinander verknüpft – man spricht vom Genremix oder vom hybriden Film. Es soll gleichwohl deutlich werden, dass die Nutzung genrespezifischer Konzepte bei der Filmanalyse hilfreich sein kann. Die jeweils angebotene Auswahlliteratur, aus der die Anregungen entnommen sind – lediglich Monographien und Sammelbände, ohne die zahlreichen, nicht minder ergiebigen Aufsätze und Zeitschriftenbeiträge –, präsentiert deshalb auch keinen Kanon der wissenschaftlich jeweils wichtigsten Beiträge, sondern soll eher die Bandbreite skizzieren, in der Beiträge zum jeweiligen Genre bereits vorgelegt wurden.

Western

Aspekte des klassischen Western

Beginnen wir mit dem *Western*, gewissermaßen dem amerikanischen Heimatfilm. Der klassische Western ist räumlich-geographisch und zeitlich klar begrenzt: auf den Westen des nordamerikanischen Kontinents und im Kern auf die Zeitspanne von 1860 bis 1900. Im Western gibt es Rancher, Cowboys, Sheriffs und Marshals, Eisenbahnarbeiter und Siedler, manchmal auch Indianer und die Kavallerie. Planwagen und Scouts spielen eine Rolle,

Pferdekutschen, Desperados und Revolverhelden, Gesetzlose, Trapper, Goldgräber. Das Pferd so gut wie der Colt, das Gewehr und das einsame Lagerfeuer, das lokale Gefängnis und die Hauptstraße in der kleinen Stadt mit den hölzernen Vorbauten und dem Saloon, der Doc, der Banker und der Richter – das sind alles wohlbekannte Versatzstücke dieser Welt. Mitunter handelt es sich beim Western nur um einen klassischen Abenteuerfilm, der eben im Wilden Westen angesiedelt ist. Zumeist aber werden charakteristische Merkmale des Genres gebündelt eingesetzt.

Auswahlliteratur zum Western:

Jim Kitses: Horizons-West: Anthony Mann, Budd Boetticher, Sam Peckinpah. Studies of Authorship within the Western. Bloomington 1969.
John G. Cawelti: The Six-Gun Mystique. Bowling Green/Ohio 1971.
Friedemann Hahn: Der Italo-Western. Berlin 1973.
Philip French: Westerns. Aspects of a Movie Genre. New York 1974.
Will Wright: Sixguns and Society: A Structural Study of the Western. Berkely 1975. Repr. 2001.
Jenni Calder: There Must Be a Lone Ranger. The American West in Film and in Reality. New York 1975.
Joe Hembus: Western-Geschichte. München 1979.
Christopher Frayling: Spaghetti Westerns: Cowboys and Europeans from Karl May to Sergio Leone. London 1981.
Michael Hanisch: Western. Die Entwicklung eines Filmgenres. Berlin (Ost) 1984.
Thomas Jeier: Der Western-Film. München 1987.
William K. Everson: The Hollywood Western. 90 years of cowboys and indians, train robbers, sheriffs and gunslingers, and assorted heroes and desperados. New York 1992.
Bernd Kiefer (Hrsg.): Western. Stuttgart 2003.
Arnd Dopheide: Die Apachen im Film: Mythen und Realitäten und ihre politische Funktion. Hamburg 2004.
Kurt Bayertz, Margrit Frölich, Kurt W. Schmidt (Hrsg.): I´m the law. Recht, Ethik und Ästhetik im Western. Frankfurt/Main 2004.
Martin Weidinger: Nationale Mythen – männliche Helden. Politik und Geschlecht im amerikanischen Western. Frankfurt/Main 2006.
Ulrich P. Bruckner: Für ein paar Leichen mehr. Der Italo-Western von seinen Anfängen bis heute. Berlin 2002, Neubearb. 2006.
Bert Rebhandl: Western Genre und Geschichte. Wien 2007, 2. Aufl. 2008.
Mark Cronlund Anderson: Cowboy imperialism and Hollywood film. New York u.a. 2007.
Georg Seeßlen: Filmwissen. Western. Marburg 2011.
Bernd Desinger: Der Schatz im Silbersee. Der Mythos des amerikanischen Westens in Deutschland. Düsseldorf 2011.

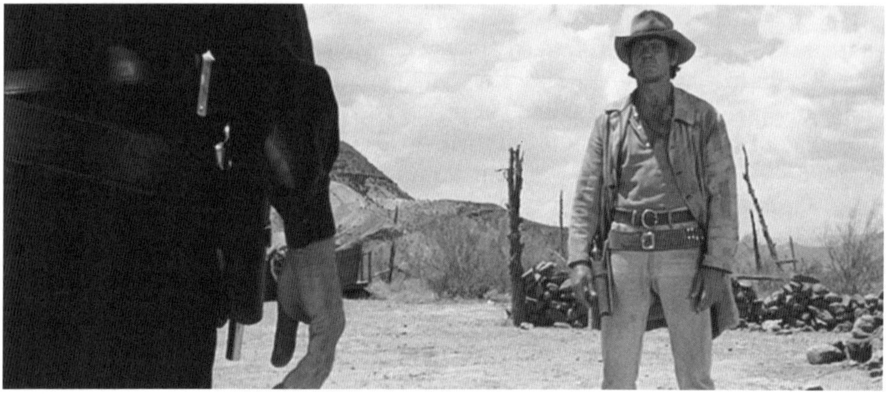

Abb. 1: Der Showdown am Ende von SPIEL MIR DAS LIED VOM TOD

Eine lange Rachegeschichte findet ihren Höhepunkt: Mundharmonika fordert auf einem staubigen Hinterhof einer Farm im Wilden Westen den sadistischen Gangster Frank zum Duell. Das Gute siegt – aber der Anachronismus ist offensichtlich. Längst schon hämmern die Schienenbauer und legen die Gleise zum Pazifik, entsteht in „Sweetwater" mitten in der Wüste ein Bahnhof, eine kleine Stadt, längst schon wird Natur transformiert durch Zivilisation, wird Moral ersetzt durch Recht und Gesetz.

Der Wilde Westen ist geprägt von weiten, naturbelassenen Landschaften, von der unberührten Schönheit der Wälder, Flüsse und Prärien, von Grizzlys und anderen wilden Tieren, von Männerfreundschaften und traditionellen Frauenrollen, nur selten von starken Frauen, statt dessen von den Saloons mit ihren Bardamen, Huren und Falschspielern, von Alkohol, Streit und Schlägereien, von der Eisenbahn, Telegraphenlinien und aufstrebenden Städten.

Und im Western gibt es Anarchie und Gewalt: Konfrontationen von weißen Einwanderern und Indianern, von Viehzüchtern und Siedlern, von guten Cowboys und bösen Viehdieben, von braven Bürgern und terrorisierenden Revolverhelden, die Geschichten von einsamer Suche nach Rache und Vergeltung, von Überfällen, Härte, Aggressivität, nicht zuletzt die Vater-Sohn-Konflikte und die Familientragödien. Ideologisch sind die Gegensätze oft bestimmt von der Ambivalenz von Freiheit und Domestizierung, von Natur und Zivilisation. Aber die Gesetze sind simpel, und jeder kennt sie: Man darf den Gegner nicht in den Rücken schießen. Man mischt sich nirgendwo ein. Man spielt nicht falsch. Wer schneller schießt, überlebt. Man hat bürgerliche Frauen zu achten wie seine Mutter. Der Protagonist ist schweigsam, stark und schnell. Das Gute gewinnt immer. Und am Schluß reitet der einsame Held in die untergehende Sonne. Die moralische Arena ist abgesteckt. Gut und Böse sind klar definiert.

Im großen und ganzen steht der Wilde Westen für Bewegung, Veränderung, für Hoffnung und Utopie, für den Pionier, den Grenzgänger, den Eroberer. Die Lehrerin kommt von der Ostküste und bringt die Kultur. Der Böse sinkt im Show-down in den Straßenstaub. Im Western verkörpert der männliche Held die Sehnsucht nach Ordnung, Frieden, Recht und Gesetz, nach Gemeinschaft und der Geborgenheit eines Zuhauses. Darin besteht sein überwältigendes Glücksversprechen, sein Happy End. Das gilt in gewisser Hinsicht selbst noch für den „Eastern", die explizite Nutzung westerntypischer Merkmale in anderer geographisch-kultureller und zeitlicher Situierung. Erst im Italo-Western wird der Held dann ein kaputter, zynischer Held – wenn er nicht gleich zum Komiker und Rabauken regrediert wie bei den Parodien um Bud Spencer und Terence Hill.

Kriminalfilm

Ein zweites Genre ist noch viel stärker in phasenspezifische Subgenres aufgegliedert: der *Kriminalfilm*. Das reicht von den amerikanischen Gangstern und britischen Detektiven über die Agatha-Christie-Protagonisten und die amerikanischen Privatdetektive bis zu den deutschen Edgar-Wallace-Helden und den französischen Flics, von den frühen Fahndern wie Kommissar Maigret über die amerikanischen Helden vom Typ des Dirty Harry und die englischen Helden vom Typ des James Bond bis zu den italienischen Commissarios etwa im Kampf gegen die Mafia.

Krimi-Typologie

Sofern im Genre nicht die Perspektive des Täters selbst in den Vordergrund gerückt wird, wie das etwa beim Gangsterfilm der Fall ist, kann man vielleicht drei Grundtypen unterscheiden: den einsamen Detektiv nach Art von Sherlock Holmes, der durch logische Gedankenkombinationen seinen Mitarbeiter Watson zur Problemlösung führt; den Privatdetektiv, der nicht minder einsam in einer korrupten, kaputten Welt Recht und Ordnung wiederherstellt, meist zu seinen eigenen Lasten; schließlich den Polizisten in vielfältigsten national- und kulturspezifischen Formen und Kontexten. Die Sonderformen des Polizisten umfassen unter anderem den FBI-Agenten, den Undercover-Polizisten, den realistischen Scotland-Yard-Vertreter, den „schmutzigen" oder kaputten Polizisten, den braven Cop in der Unterwelt von Chicago, zeitlich begrenzt auch den Westernheld in der Großstadt New York, ferner den Komiker, den Rächer, den faschistoiden „law and order"-

Sonderformen des Polizisten

Vertreter, den Indianer-Cop, den Wachmann an der mexikanischen Grenze, den Bodyguard, die Kampfmaschine, den Karate-Cop, den farbigen Cop, die „Buddies" (um nur die wichtigsten zu nennen), schließlich auch die weibliche Polizistin in verschiedenen Varianten.

Auswahlliteratur zum Kriminal-, Gangster-, Detektiv- und Polizeifilm:

John Gabree: Der klassische Gangsterfilm. München 1981.
Spencer Selby: Dark City: The Film Noir. Jefferson City, NC 1984.
Nick McAlary: Buddy Boy. When Good Cops Turn Bad. New York 1987.
Hans Gerhold: Kino der Blicke. Der französische Kriminalfilm. Eine Sozialgeschichte. Frankfurt/Main 1989.
Wolfgang Schweiger: Der Polizeifilm. München 1989.
James Robert Parish und Michael R. Pitts: The Great Detective Pictures. Metuchen 1990.
Michael R. Pitts: Famous Movie Detectives II. Metuchen, London 1991.
Alain Charlot: Die 100 besten Kriminalfilme. München 1991.
Ian Cameron (Hrsg.): The Book of Film Noir. New York 1993.
Ken Greenald: The Lost Adventures of Sherlock Holmes. New York 1993.
Holger Wacker (Hrsg.): Enzyklopädie des Kriminalfilms. Meitlingen 1995–2008.
Allen Scott Nollen: Sir Arthur Conan Doyle at the Cinema. Jefferson 1996.
Georg Seeßlen: Copland. Geschichte und Mythologie des Polizeifilms. Marburg 1999.
Joachim Kramp: Hallo – hier spricht Edgar Wallace. Die Geschichte der deutschen Kriminalfilmserie von 1959–1972. Berlin 1998, 2. Aufl. 2001.
Michael Sellmann: Hollywoods moderner „film noir". Tendenzen, Motive, Ästhetik. Würzburg 2001.
Fran Mason: American gangster cinema. From „Little Caesar" to „Pulp Fiction". Basingstoke 2002.
Sebastian Hesse: Kamera-Auge und Spürnase. Der Detektiv im frühen deutschen Kino. Basel 2003.
Ronald Schwartz: Neo-noir. The new film noir style from Psycho to Collateral. Lanham, Md. 2005.
Knut Hickethier (Hrsg.): Kriminalfilm. Stuttgart 2005.
M. Ray Lott: Police on screen. Hollywood cops, detectives, marshals and rangers. Jefferson, NC 2006.
Lisa M. Dresner : The female investigator in literature, film, and popular culture. Jefferson, NC 2007.
Michael Flintrop: Der Action-Cop als populäres Filmgenre. München 2010.
Rainer Rother (Hrsg.): Die Lust am Genre. Verbrechergeschichten aus Deutschland. Berlin 2011.
Georg Seeßlen: Filmwissen. Detektive. Marburg 2011.
Philipa Gates: Detecting Women. Gender and the Hollywood Detective Film. Albany 2011.

Im Mittelpunkt dieses Genres steht gleichermaßen das Verbrechen – meistens ein Mord, aber auch Einbruch, Diebstahl, Vergewaltigung, Raub, Betrug, Bandstiftung und dergleichen. Der Kriminalfilm handelt von der Verletzung rechtlicher, gesetzlicher Regeln des bürgerlich-gesellschaftlichen Zusammenlebens, von der kriminellen Tat und ihrer Aufklärung. Es geht um die Suche nach dem Täter: das „whodunit", gelegentlich auch um das Wie und das Warum; im Prinzip reicht der denkbare Fokus vom Tathergang selbst bis zur Gerichtsverhandlung.

Aspekte des klassischen Kriminalfilms

Wichtige Bestandteile des Genres sind Schuld und Unschuld, das Ordnungsschema von Böse und Gut, unterschiedliche Verdächtige und falsche Fährten, Tatorte, Indizien und Beweise, das Tatmotiv und Alibis, Wahrscheinlichkeiten bei der Rekonstruktion von Möglichkeiten des Tathergangs, das Opfer (in der Regel eine Leiche) – und vor allem der Antagonismus von Täter und Detektiv oder Kriminalkommissar. Sowohl bei der Struktur der Handlung als auch beim Personeninventar gibt es also klare Regeln, nach denen sich der Krimi richtet. In jedem Fall stehen Jagd und Jäger bzw. Gejagter im Zentrum.

Die Gesellschaft hat in ihrer Geschichte immer neue Versionen und Visionen der „Ordnungsmacht" ausgebildet, um den Spielraum zwischen sozialer Kontrolle und individueller Freiheit zu regulieren und das jeweilige Ordnungssystem zu rechtfertigen. Der Kriminalfilm erlaubt es, sie anhand seiner Ideologien zu rekonstruieren. Seine Grundideologie ist gleichwohl unverändert: die Restaurierung der gesellschaftlichen Sicherheit und Ordnung,

Abb. 2: Eliot Ness und seine Freunde (Die Unbestechlichen) im Kampf gegen Al Capone im Chicago der 30er Jahre

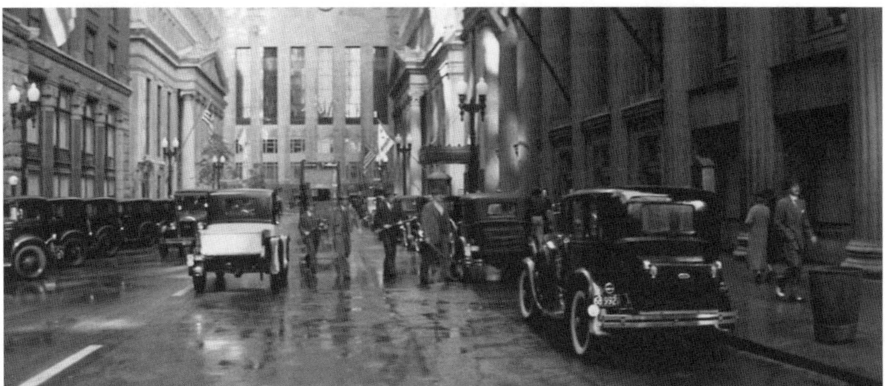

die Errettung der Zivilisation. Der Held, der das leistet, bezeugt letztlich die Illusion, individuelles Handeln löse die gesellschaftlichen Probleme.

Melodrama

Das Melodrama ist weiblich

Western und Krimis sind insbesondere bei Männern beliebt. Frauen bevorzugen eher das *Melodrama*, den Liebesfilm, die Romanze. Es geht hier um das Kino der Gefühle: um „Liebe, Schmerz und das ganze verdammte Zeug“ (Georg Seeßlen). Dieses dritte Genre meint nicht nur ein anderes Sujet, andere Motive und eine andere Zielgruppe, sondern auch eine ganz andere Ästhetik.

Auswahlliteratur zum Melodrama/Liebesfilm:

John Kobal: Romance in the Cinema. London 1973.
Marjorie Rosen: Popcorn Venus. Women, Movies and the American Dream. New York 1973.
Lawrence J. Quirk: The Great Romantic Films. Secaucus 1974.
The University of Connecticut Film Society (Hrsg.): Douglas Sirk. The Complete American Period. 1974.
John G. Cawelti: Adventure, Mystery, and Romance. Formula Stories as Art and Popular Culture. Chicago, London 1976.
Martin Auty (Hrsg.): Melodrama in the Cinema. Glasgow 1977.
Jerry Vermilye: Bette Davis. Ihr Leben – ihre Filme. München 1979.
Daniel Gerould (Hrsg.): Melodrama. New York 1980.
Georg Seeßlen: Kino der Gefühle. Geschichte und Mythologie des Film-Melodrams. Reinbek 1980.
Ricarda Strobel: Propagandafilm und Melodrama. Rottenburg-Oberndorf 1984.
Christine Gledhill (Hrsg.): Home is where the heart is. Studies in melodrama and the woman´s film. London 2002.
Simone Wernet: „Leben ohne Liebe bleibt Imitation.“ Melodramatische Leinwandheldinnen. Sankt Augustin 2003.
Hermann Kappelhoff: Matrix der Gefühle: Das Kino, das Melodrama und das Theater der Empfindsamkeit. Berlin 2004.
John Mercer und Martin Shingler: Melodrama: Genre, style and sensibility. London 2004.
Thomas Koebner und Jürgen Felix (Hrsg.): Melodram und Liebeskomödie. Stuttgart 2007.
Anette Kaufmann: Der Liebesfilm. Spielregeln eines Genres. Konstanz 2007.
Frank Kelleter: Melodrama! The Mode of Excess from early America to Hollywood. Heidelberg 2007.
Katrin Bornemann: Carneval der Affekte. Eine Genre-Theorie des Amour-fou-Films. Marburg 2010.

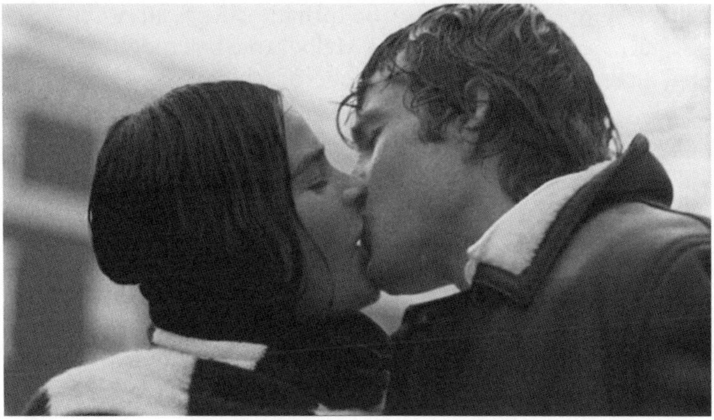

Abb. 3: Oliver und Jenny entdecken ihre Liebe zueinander (LOVE STORY)

Das Melodrama als Filmgenre spielt in der Kleinstadt oder in der Familie, ist das Drama der Mittelklasse, dramatisiert kleinbürgerliche Ideologie und patriarchalisches Recht. Im Mittelpunkt steht die weibliche Heldin, die passiv ist, leidend und exzessiv emotional. Es geht um Sentimentalität und Moralität, um leidenschaftliche oder herzerweichende Gefühle, um Sinnstiftung im alltäglichen Unglück, um die Erfüllung im Privaten.

Zum Melodramatischen gehören Sensationen aller Art, Aufruhr, Spektakel, Tränen, Glücksgefühle, Unterdrückung, die Suche nach einem Ausweg aus der Bedrängnis, der Kampf um die Liebe, auch gegen die von Männern bestimmten gesellschaftlichen Konventionen. Hier stirbt man nicht am Indianerpfeil wie im Western oder an der Revolverkugel wie im Krimi, sondern an einem gebrochenen Herzen (Georg Seeßlen). Der Innenraum als beliebter Schauplatz der Handlung wird oft mit zeitgeschichtlichen Versatzstücken verknüpft, um Realismus zu beglaubigen und die Ausrichtung auf das ganz und gar Private zu legitimieren.

Die Grundstruktur des Melodramas

Die Grundstruktur der melodramatischen Handlung läßt sich leicht in eine Formel fassen: Die Heldin fällt in die Hände des Bösewichts und wird vom Helden gerettet. Alternativen werden durch Personenkonstellationen erzeugt: die Wahl einer Frau zwischen zwei Männern, der Kampf zweier Frauen um einen Mann, die Ablösung der Tochter vom Vater, die Bewährung der Unschuld gegen den sadistischen Schurken usw. Oft steht ein Generationenkonflikt im Vordergrund. In jedem Fall geht es beim Melodrama um die Initiation der Frau in der kleinbürgerlichen Gesellschaft. Das Melodrama behandelt das Frauenschicksal, es erzählt eine Liebesgeschichte aus weiblicher Sicht.

Die Handlung, die mit ihrem Plot im Mittelpunkt steht, ist oft atemberaubend und spannend, durchsetzt mit „comic relief"-Szenen, aber einsträngig. Sie ist episodisch angelegt. Charakteristisch ist die 5- oder 3-Akt-Struktur mit Happy End. Die Figuren sind typisiert und standardisiert – eine Individualisierung findet nicht statt. Zur Ästhetik des Melodrams gehören der besondere Einsatz der Musik (als Ausdruck emotionaler Innerlichkeit) und der „mise-en-scène" (als Bühne familiärer Intimität). Ideologisch dominiert die kleinbürgerliche Weltsicht, das heißt Normen und Werte und ein Moralkodex, die den autoritären Charakter erkennen lassen: ein ausgeprägter Konformismus, die Ablehnung von allem, was „anders" ist, ein Denken in Stereotypen, die Unterwerfung unter den Mächtigen, ein blinder Glaube an die Autorität, Ideale wie Pflicht, Ehre, Sauberkeit, Sparsamkeit und Ordnungssinn. Das Melodrama ist evasiv und affirmativ zugleich. Auf der einen Seite protestiert es gegen dieses Gesellschaftsbild, besteht auf Erfüllung des persönlichen Glücks, wirkt in der Loslösung von allen sozialen Bezügen als Ventil in einer defizitären Wirklichkeit, auf der anderen Seite aber werden die Gesetze der patriarchalen Gesellschaft nur wieder als Schicksal mythisiert, denn es wird auf ein Gerechtigkeitssystem gebaut, nach dem das Gute belohnt und das Böse bestraft wird und die Welt damit letztlich als sinnvoll und bedeutsam erscheint, so wie sie ist.

Science-Fiction-Film

Als viertes Genre soll, ohne daß die Reihenfolge eine begründete Hierarchie zum Ausdruck bringen soll, der *Science-Fiction-Film* vorgestellt werden – ein Genre, das in den meisten Genreüberblicken einfach fehlt. Science Fiction (SF) ist freilich mehr als nur Raumschiffe, Technikeuphorie, Zeitreisen, Männchen vom Mars, Weltuntergang und fremde Galaxien. Vielmehr bietet der Science-Fiction-Film neben solchen neuen Motiven und Sujets explizit die Spekulation mit dem Möglichen – das Phantastische als Gestaltungsweise der Utopie. Der SF-Film beschreibt etwas, das nicht geschehen ist, so, als ob es in unserer Wirklichkeit geschehen wäre.

Aspekte des klassischen Science-Fiction-Films

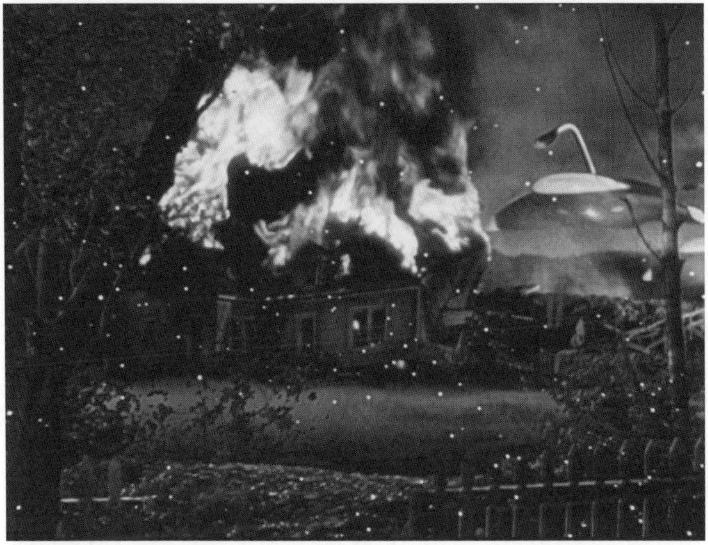

Abb. 4: Die „Marsmonster" erobern mit ihren Kampfmaschinen die Erde (KAMPF DER WELTEN)

Auswahlliteratur zum Science-Fiction-Film:

John Baxter: Science Fiction in the Cinema. New York 1970.

Edward Edelson: Visions of Tomorrow. Great Science Fiction from the Movies. New York 1975.

Claudius Weil und Georg Seeßlen: Kino des Phantastischen. München 1976.

John Brosnan: Future Tense. The Cinema of Science Fiction. New York 1978.

Georg Seeßlen: Kino des Utopischen. Geschichte und Mythologie des Science Fiction-Films. Reinbek 1980.

Rolf Giesen: Science Fiction. 50 Klassiker des SF-Kinos. Schondorf/Ammersee 1981.

Werner Faulstich: Filmästhetik. Untersuchungen zum Science Fiction-Film „Kampf der Welten" (1953/54) von Byron Haskin. Tübingen 1982.

Rolf Giesen: Lexikon des phantastischen Films. 2 Bde. Frankfurt/Main 1984.

Phil Hardy: Science Fiction. The Complete Film Sourcebook. New York 1984.

Norbert Stresau und Heinrich Wimmer (Hrsg.): Enzyklopädie des Phantastischen Films. Loseblattsammlung, Bd. 1–10. Meitingen 1986 ff.

Thomas Koebner (Hrsg.): Science Fiction. Stuttgart 2003.

Georg Seeßlen und Fernand Jung: Science Fiction. Geschichte und Mythologie des Science-Fiction-Films, 2 Bde. Marburg 2003.

Steven M. Sanders: The Philosophy of Science Fiction Film. Lexington 2008.
Adilifu Nama: Black Space. Imagining Race in Science Fiction Film. Austin 2008.
Maud E. Sieprath: Der Mensch als Schöpfer künstlicher Intelligenz. Implizite Religion im Science Fiction Film. Berlin 2010.
Keith Johnston: Science Fiction Film. A Critical Introduction. Oxford 2011.
Steven Jay Schneider: 101 Science Fiction Filme. Zürich 2012.

Die Welt des SF-Films ist dabei nicht die Welt des Individuums, sondern die Welt der Ideen und Möglichkeiten. Nicht der Mensch ist komplex, sondern die Welt, in der er sich bewegt und auf die er reagiert. Der SF-Film hat es also ebenfalls weniger mit individuellen Menschen als mit Handlungsträgern und Typen zu tun, aber auch weniger mit Beziehungen von Mensch zu Mensch als vielmehr mit Beziehungen von Mensch zu Nicht-Mensch (Alien, Roboter, Mutant, Computer usw.), weniger mit unserer gegenwärtigen realen als mit unserer fiktiven Welt von morgen und dabei ganz neuen, alternativen Wahrnehmungs- und Erlebnisräumen, weniger mit humanen Emotionen als mit wissenschaftlich-technischen Zukunftsvisionen. Vielleicht deshalb findet der SF-Film als Genre fast ausschließlich bei Männern Interesse.

Zumindest potentiell setzt der SF-Film, als ein spezifisches Genre, die bekannten Raum- ebenso wie die Zeitkoordinaten außer Kraft und eröffnet damit Handlungsdimensionen, die bei den Kinobesuchern weniger das Wahrgenommene als vielmehr den Wahrnehmungshorizont selbst aufbrechen können. Faktisch folgt er freilich in den meisten Fällen den klassischen Erzählstrategien anderer Genres – des Märchen- bzw. Phantasiefilms oder des Horrorfilms, unter denen er denn auch häufig genug verrechnet wird.

Abenteuerfilm

Der Abenteuerfilm ist männlich

In vielfacher Hinsicht gegenläufig ist der traditionelle *Abenteuerfilm* als fünftes Genre. Man kann die Auffassung vertreten, dass das Abenteuer die allermeisten Genres durchzieht oder sogar überlagert – vom Wild-West-Abenteuer und Liebesabenteuer über das Abenteuer im Weltraum und das erotische Abenteuer bis hin etwa zum Krieg als Abenteuer. Andere verstehen den Abenteuerfilm übergreifend als Actionfilm. In unserem Zusammenhang soll das Genre jedoch im engeren Sinn auf bestimmte Sujets begrenzt werden – insbesondere den Sandalenfilm, den Ritterfilm, den Piratenfilm, den Mantel-und-Degen-Film, auch den Tarzan-Film und die Indiana-Jones-Filme.

Auswahlliteratur zum Abenteuerfilm (Sandalen-, Ritter-, Piraten-, Mantel- und-Degen-, Tarzanfilm, Road Movie):

John G. Cawelti: Adventure, Mystery and Romance. Formula Stories as Art and Popular Culture. Chicago, London 1976.
Jon Solomon: The Ancent World in the Cinema. Cranbury, London 1978.
Jeffrey Richards: Swordsmen of the Screen. From Douglas Fairbanks to Michael York. London 1980.
Tony Thomas: The Great Adventure Films. Secausus, London 1980.
Burckhardt Heer: Der Abenteuerfilm. Eine Untersuchung. Aachen 1981.
William Rotsler: The Pirate Movie. New York 1982.
Manfred Bernhard: Die Tarzanfilme. München 1983.
Derek Elley: The Epic Film. London 1984.
Bill Yenne: Zorro. Rastatt 1992.
Yvonne Pollnick: Der Terminator als Messias. Amerikanisches Actionkino als moderner Kulturträger. Taunusstein 2000.
David Laderman: Driving visions: Exploring the road movie. Austin, Texas 2002.
Amelie Soyka: Raum und Geschlecht. Frauen im Road-Movie der 90er Jahre. Frankfurt/Main 2002.
Bodo Traber und Hans. J. Wulff (Hrsg.): Abenteuerfilm. Stuttgart 2004.
Norbert Grob und Thomas Klein (Hrsg.): Road movies. Mainz 2006.
Jeffrey Richards: Hollywood's Ancient Worlds. London 2008.
Lisa Purse: Contemporary Action Cinema. Edinburgh 2011.
Georg Seeßlen: Filmwissen. Abenteuer. Marburg 2011.

Abb. 5: Indiana Jones findet seinen aufgespießten Gefährten, der ihn egoistisch im Stich gelassen hatte (JÄGER DES VERLORENEN SCHATZES)

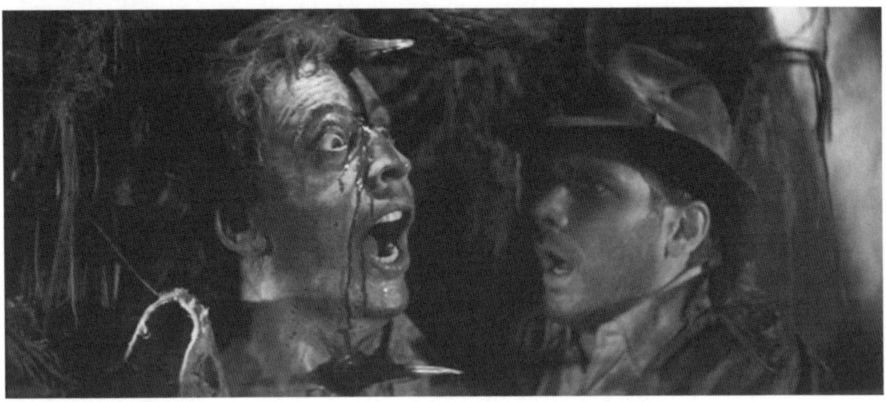

Gemeinsam ist allen diesen Subgenres der Held als Abenteurer. Die Aventüre ist sein Schicksal – die Begegnung mit dem Fremden auf der Suche nach sich selbst. Der Abenteuerfilm zeigt mit seinem Protagonisten die Eroberung des Unbekannten als die Form, in der er sich bewährt, Proben besteht, Bedrohungen überlebt, Aufgaben löst und reift. Deshalb hat das Genre auch durchaus eine romantische Seite.

Die Schlüsselkategorie des Abenteuerfilms

Schlüsselkategorie des Abenteuerfilms ist die Bewährung in der Relation zwischen dem Selbst und dem andern.[1] Diese ist geprägt von Abstoßung und Anziehung zugleich, von Bedrohung und Faszination, von Gefahr und Bereicherung. Das Andere in seiner Relation zum Selbst fasziniert, tröstet und ängstigt in einem – eine Herausforderung. Dabei kann das Fremde, kann die Herausforderung ganz Unterschiedliches meinen: etwa das Unbekannte, das zu Entdeckende, das zu Erobernde. Abenteuerfilme dieser Art zielen auf räumlich expansives Ausgreifen, auf neue Erfahrungen, auf ein zeitlich oder geographisch Anderes, Ungewohntes, Erregendes, auf Indienstnahme der Natur als die Beseitigung der weißen Flecken auf der Landkarte. Fremde Länder, Völker, Kulturen, vergrabene Schätze und selbst der Urwald mit seinen wilden Tieren werden erobert. Es handelt sich dabei um die Selbstausweitung des Ich und die Assimilation des exotisch anderen, das sich als Ergänzung erweist und zum Bestandteil des Selbst umwandelt.

Das Fremde als Herausforderung

Das Fremde als Erlösung

Eine andere Bedeutung hat das Fremde als Erlösendes, als zu Ersehnendes, als Transzendentes. Das meint das Heil als Himmel, als Sinn, wie ihn etwa die Sandalen- und Bibelfilme gestalten. Hier wird nicht die profane, sondern die sakrale Natur eingeholt. Hier geht es um totale Akkommodation bei der Begegnung des Selbst mit dem Andern, um Unterwerfung unter das göttliche Gebot, um die transzendentale Erfüllung des Selbst.

Das Fremde als Bewährung

Am deutlichsten freilich gestaltet der Abenteuerfilm die Bewährung im Dienst an der bedrohten Ordnung – mag es nun um Herkules, Samson oder Odysseus gehen, um die Ritter von König Artus oder um die Nibelungen, um Robin Hood in Sherwood Forest, um die drei Musketiere um D'Artagnan oder um Zorro, den Mann mit der Maske. Geschichte wird dabei zum Sittenbild – beim Monumentalfilm etwa Rom mit seiner gewaltigen Architektur, seinen Gladiatorenkämpfen und Sklavenaufständen oder der Bewährung der jungen christlichen in der heidnischen Kultur.

[1] Werner Faulstich: Zwischen Exotik, Heil und Horror. In: Ders., Medienkulturen. München 2000, S. 127–138.

Beim Ritterfilm ist es die Gralssuche, die Liebe zwischen Lancelot und Ginevra, die Magie des Schwertes Excalibur, die Pracht der höfischen Rituale und Zeremonien, der Intrigen, Festbanketts und Turniere, die das Sujet definieren. Bei den Nibelungenfilmen um Siegfried, Hagen, König Gunther und Brunhild sind es die Hunnen, die Drachen, die erbitterten Schlachten, die pompösen Hallen, die elaborierten Kostüme, welche die Bedeutung des Setting beim Abenteuerfilm erkennen lassen. Bei den Mantel-und-Degenfilmen dann die Intrigen am französischen Hof, bei den Piratenfilmen die gesellschaftliche Rangordnung beim englischen Adel usw. Die Helden hangeln sich am Rande der Weltgeschichte entlang, aber ihr Glück liegt in ihnen selbst. Und darin erweist sich der Abenteuerfilm – analog dem Melodrama für die Frau – als klassisch männliche Initiation.

Horrorfilm

Abenteuer eher innerer Art werden vom Horrorfilm und Thriller dargestellt. Im Folgenden werden die beiden Genres voneinander unterschieden, aber sie ließen sich unter dem Gesichtspunkt von Spannung und „suspense" durchaus auch zusammenfassen. Der *Horrorfilm* visualisiert den Horror. Auch hier gibt es die Begegnung mit dem Fremden, aber die Dramaturgie der Beziehung zwischen dem Selbst und dem Andern besteht im Leiden, in der Katharsis. Das Fremde ist Fremdes als Konstrukt unserer eigenen Psyche. Das Monster im Horrorfilm ist die Vergegenständlichung, die Entäußerung unserer eigenen Ängste, Wünsche und Sehnsüchte. Das Fremde ist nicht weit entfernt und muss nicht erst gesucht werden, sondern es ist hautnah und bricht ins Wohlbekannte, Vertraute ein. Es bedroht das alte Ich, es stört die gewohnte Identität, es zerschlägt die wohlige Geborgenheit.

Das Fremde als Konstrukt der eigenen Psyche

Der Horrorfilm gestaltet den Spielfilm-Traum als Alptraum. Meistens gehört deshalb zum Horrorfilm die Nacht. Vampire, Werwölfe, Zombies, reitende Leichen, besessene Kinder, Wahnsinnige und andere Schlächter kommen aus dem Verborgenen, dem Dunklen. Als Monster repräsentieren sie das archetypisch Böse, eine existentielle Bedrohung, der man nicht entkommen kann; sich zu stellen ist unvermeidlich. Denn das Böse ist drastisch bis zum äußersten und verletzt alle Regeln von Menschlichkeit und Moral.

Aspekte des klassischen Horrorfilms

Charakteristisch für den Horrorfilm ist die Auflösung von Raum und Zeit und der verbindlichen Naturgesetze. Dracula, Frankenstein, Mr. Hyde, die Mumie, die Katzenfrau, Jason, Mi-

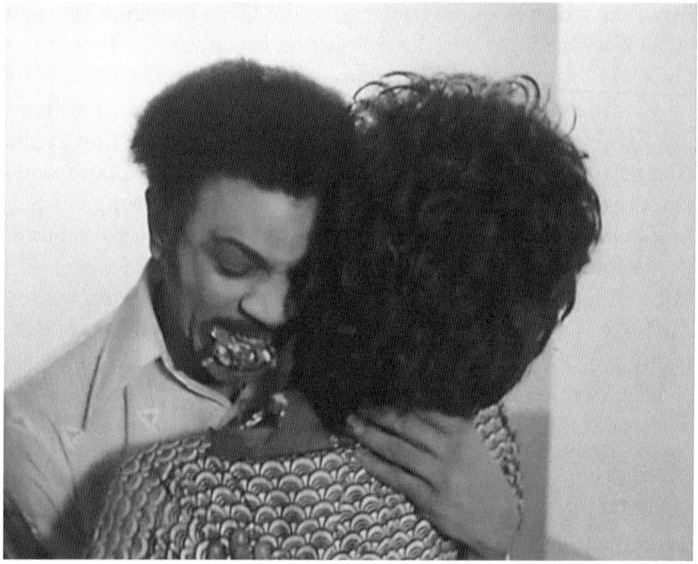

Abb. 6: Ein zum Zombie verwandelter Mann frisst seine Frau bei lebendigem Leib (ZOMBIE)

chael Myers, andere Unwesen und Halbwesen oder der Teufel höchstpersönlich mögen zwar tot sein, aber sie leben weiter. Sie sind manchmal Mensch und manchmal Tier und manchmal eine bloße Chimäre aus einem rätselhaften Zwischenreich. Sie kommen aus einer uralten Vergangenheit ins Hier und Jetzt. Es gibt keine Kausalität mehr, weder zur Erklärung des Horrors noch als sinnvolle Strategie seiner Abwehr. Harmlose Dinge und Gebrauchsgegenstände entfalten ein mörderisches Eigenleben. Masken, unlogische Wendungen von Handlungen und andere Tricks zugunsten von Verfremdung und Verwandlung durchdringen die bekannte, wohlvertraute Welt und suggerieren eine ganz andere, neue, fremdartige, deformierte Welt mit völlig unbekannten und bedrohlichen Regeln.

Das Sujet

Auswahlliteratur zum Horrorfilm (Vampir-, Werwolf-, Splatterfilm):

Klaus Völker: Von Werwölfen und anderen Tiermenschen. München 1972.

Robert Baier und Burghardt Heer: Der Horrorfilm. Aachen 1976.

Charles Derry: Dark Dreams. A Psychological History of the Modern Horror Film. South Brunswick, NY, London 1977.

David Pirie: The Vampire Cinema. New York 1977.

William K. Everson: Klassiker des Horrorfilms. München 1980.
Robert Moss: Der klassische Horror-Film. München 1982.
John McCarty: Splatter Movies. Breaking the Last Taboo. New York 1984.
Ronald M. Hahn und Volker Jansen: Lexikon des Horrorfilms. Bergisch Gladbach 1985.
Norbert Stresau: Der Horror-Film. Von Dracula zum Zombie-Schocker. München 1987.
Hans D. Baumann: Horror. Die Lust am Grauen. München 1989.
John McCarty: The Modern Horror Film. 50 Contemporary Classics. New York 1990.
Karsten Prüßmann: Die Dracula-Filme. Von Friedrich Wilhelm Murnau bis Francis Ford Coppola. München 1993.
Werner C. Barg und Thomas Plöger: Kino der Grausamkeit. Frankfurt/Main 1996.
Barry Keith Grant: The Dread of Difference. Gender and the Horrorfilm. Austin 1996, 7. Aufl. 2008.
Gerhard Larcher et al. (Hrsg.): Visible Violence. Sichtbare und verschleierte Gewalt im Film. Münster 1998.
Ursula Vossen (Hrsg.): Horrorfilm. Stuttgart 2004.
Jörg Waltje: Blood obsession: Vampires, serial murder, and the popular imagination. New York 2005.
Ann Powell: Deleuze and horror film. Edinburgh 2005.
Adam Lowenstein: Shocking representation. Historical trauma, national cinema, and the modern horror film. New York 2005.
Georg Seeßlen und Fernand Jung: Horror. Geschichte und Mythologie des Horrorfilms. Marburg 2006.
Juli Köhne, Ralph Kuschke, Arno Meteling (Hrsg.): Splatter Movies. Essays zum modernen Horrorfilm. Berlin 2006.
Arno Meteling: Monster. Zu Körperlichkeit und Medialität im modernen Horrorfilm. Bielefeld 2006.
Katrin Strübe: After nightfall. Zur Geschichte des Vampirs in Literatur und Film. Marburg 2006.
Rick Worland: The horror film. An introduction. Malden, Mass. 2007.
Han-yu Huang: Horror and evil in the name of enjoyment. A psychoanalytic critique of ideology. Bern u.a. 2007.
Thomas M. Sipos: Horror Film Aesthetics. Creating the Visual Language of Fear. Jefferson 2010.
Steffen Hantke (Hrsg.): American Horror Film. The Genre at the Turn of the Millenium. Jackson 2010.

Diese Destabilisierung, die den Eindruck von Irrealität und Halluzination erzeugt, liegt nicht nur in Themen und Motiven, sondern wird auch filmästhetisch befördert. Nicht umsonst dominieren bei den Bauformen des Horrorfilms die Nah-, Halbnah- und Großaufnahmen, die uns nur Fragmente von Welt sehen lassen und den Blick aufs Ganze verweigern. Die Handlungsräume ver-

Die Bauformen

engen sich immer wieder und werden zunehmend bestimmt von subjektiven Aufnahmen aus der Sicht des potentiellen Opfers, das heißt des Zuschauers selbst. Häufig finden sich schnelle Kamerafahrten, wabernde Nebel und Schleier und Schatten, ein diffuses Licht, Abfolgen von Einstellungen, die teilweise nur für Bruchteile von Sekunden aufblitzen – allesamt Strategien der Verunsicherung, der Irritation, der Verhüllung. Zum Horrorfilm gehört das Nicht-Sehen als Strategie, um den Zuschauer aus der Balance zu bringen und zu verstören.

Die „Angstlust"

Der Horrorfilm konkretisiert diffuse Ängste und erlaubt damit, sich mit ihnen zu konfrontieren und die Ängste zu überwinden. „Angstlust" wird das in der Psychologie genannt. Deutlicher als andere Genres zeigt sich der Horrorfilm als Genre der Triebverdrängung, in unserer repressiv-bürgerlichen Kultur speziell als Verdrängung sexueller, homoerotischer, inzestuöser Impulse. Der Biss des männlichen Vampirs in den weißen Hals der willigen Jungfrau ist dafür ein so gutes Beispiel wie die Verwandlung der jungen Schönheit in die nackte wilde Katze, die periodische Verwandlung des Dr. Jekyll in Mr. Hyde bzw. des jungen Mannes in einen Werwolf sowie alle Konzepte von „the beauty and the beast". Selbst noch der Splatterfilm mit seiner brutalen Auflösung von Körperlichkeit überhaupt wird von dieser Ambivalenz zwischen Triebentfesselung und Triebabwehr beherrscht.

Thriller

Der *Thriller* als siebtes Genre verlegt den Horror stärker in den Zuschauer selbst – er visualisiert ihn nicht, sondern induziert ihn. Das Grauen wird nicht mehr im Monster vergegenständlicht, sondern bleibt in der eigenen Phantasie jedes individuellen Zuschauers eingeschlossen. Der Thriller ist stärker als jedes andere Genre rezeptions- und wirkungsdefiniert: Ein „thrill" soll beim Zuschauer erzeugt werden. Insofern können auch manche Kriminalfilme zum Thriller gerechnet werden.

Aspekte des klassischen Thrillers

Seinen Ausgangspunkt nimmt der Thriller aus der Verwandlung des Alltäglichen, Normalen, Freundlich-Gewohnten, der etablierten Beziehungen, der Freundschaft oder Liebe ins Kalt-Gefühllose, ins Doppelbödige, in Verrat, in die „wahren" Hintergründe und Motive, ins Absurde, in das fassungslose „Das kann doch nicht wahr sein". Der freundliche Nachbar entpuppt sich als Spion, die neue Geliebte als ausgebrochener Sträfling, der Kaufmann an der Ecke als Serienmörder, der Lehrer der Tochter als Geheimagent, der eigene Mann will einen vergiften, die hübsche junge Frau von gegenüber wird als die brutale Killerin entlarvt usw. Klassisch sind Subgenres wie der Politthriller, der Agententhriller, der Justizthriller, der Erotikthriller. Das Vordergründige wird brüchig, das Selbstverständliche fragwürdig, die Oberfläche der Ereignisse zur Maske des Bösen. Unsicherheit und Misstrauen sind die Folgen. Der gesellschaftliche Konsens, sogar die eigene soziale Rolle wird in Frage gestellt. Wird man allmählich selber verrückt?

Auswahlliteratur zum Thriller:

Brian Davis: The Thriller. The Suspense Film from 1946. London 1973.
James Robert Parish und Michael R. Pitts: The Great Spy Pictures. Metuchen, NJ 1974.
Laurence Hammond: Thriller Movies. Secaucus 1975.
John Brosnan: James Bond in the Cinema. London 1981.
Leonard Rubinstein: The Great Spy Films. Secaucus 1981.
Charles Derry: The Suspense Thriller. Films in the Shadow of Alfred Hitchcock. Jefferson, NC 1988.
Adolf Heinzlmeier und Tilo Knops: Thriller. Hamburg 1991.
John McCarty: Thrillers. Seven Decades of Classic Film Suspense. New York 1992.
Georg Seeßlen: Thriller. Kino der Angst. Marburg 1995.
Britta-Karolin Öhding: Thriller der 90er Jahre. Über den Zusammenhang von Struktur, Spannung und Bedeutung an ausgewählten Spielfilmen. Bardowick 1998.
Martin Rubin: Thrillers. Cambridge 1999.
Inga Golde: Der Blick in den Psychopathen. Struktur und Wandel im Hollywood-Psychothriller. Kiel 2002.
Linda Ruth Williams: The erotic thriller in contemporary cinema. Edinburgh 2005.
Jeremy Packer: Secret Agents. Popular Icons beyond James Bond. New York 2009.
Sonja Heinrichs: Erschreckende Augenblicke. Die Dramaturgie des Psychothrillers. München 2011.

Im Unterschied etwa zum Abenteuerfilm wird im Thriller aber die Gefahr nicht gesucht, sondern sie nähert sich dem Helden, zieht ihn in den Sog des ungreifbar Anderen, setzt ihn gleichsam aus in ein Niemandsland, zwischen alle Stühle. Deshalb muss die Atmosphäre stimmen, denn sie beglaubigt die Gefahr. Das Doppelbödige bleibt stets eine Zeit lang in Balance, um seine Wirkung zu entfalten. Held oder Heldin sind sozial-rollenspezifisch gut situiert, um überzeugendes Alter Ego für den Zuschauer zu sein. Vor allem wird die Handlungsstruktur des Thrillers zur Rezeptionssteuerung eingesetzt. Daraus folgt ein narratives Grundmuster aus

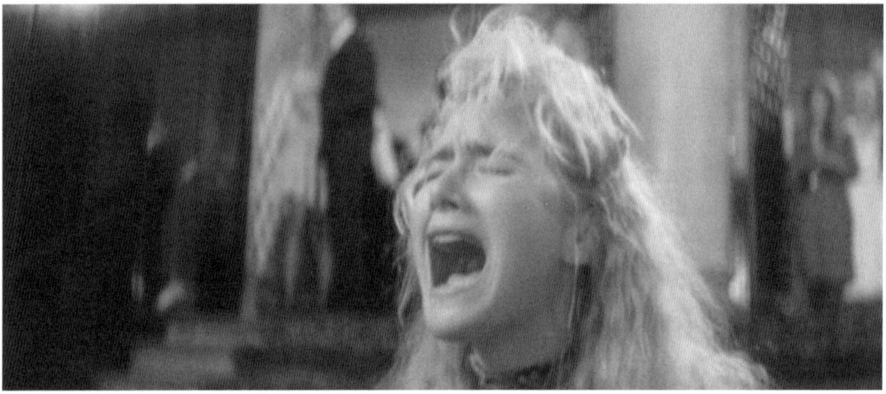

Abb. 7: Lulus „Thrill“ in der Eingangssequenz von WILD AT HEART

Informationsdefiziten, Vorabinformationen, Vor- oder Rückblenden, Handlungsverzögerungen, Konfliktvariationen, das elaborierte Spiel mit Angst und Hoffnung, die Differenz zwi-schen dem kognitiven Informationsstand des Zuschauers und der Konfliktbeherrschung durch den Helden. Spannung ist im Thriller nicht einfach formale, inhaltliche oder psychologische Spannung, sondern erscheint als ein emotionales Ungleichgewicht in einem Individuum, das mit unvereinbaren Wahrnehmungen konfrontiert wird und dessen Kontrollkompetenz durch die Unbestimmbarkeit eintretender Ereignisse außer Kraft gesetzt wird.

Im Zentrum des Thrillers steht die eigene Erregung

Im Zentrum des Thrillers steht weniger die Angst als die eigene Erregung, die durchaus mit der erotisch-sexuellen vergleichbar ist. Das Genre ist eine Form der intensiven Selbsterfahrung. Die Gefahr, der man im Thriller begegnet, ist eine Herausforderung – zum Duell, zur Neudefinition des Selbst, zur Überschreitung von Grenzen. Im Thriller ist die Identität selbst gefährdet. Das liegt vor allem daran, dass uns das Genre häufig die Perspektive des Täters abnötigt – wir sind es selbst, hinter deren harmloser Fassade die böse Absicht schlummert; wir sind beteiligt daran, wenn andere in eine Bank einbrechen, einen Mord planen, ihr Netz von Intrigen spinnen, Vorbereitungen treffen zu einem grauenhaften Verbrechen.

Unsere Erregung wurzelt in dem vagen Gefühl, dass die Konventionen ihre Gültigkeit verloren haben. Vage ist das Gefühl aber nur am Anfang. Dann häufen sich die Hinweise, verdichtet sich die Bedrohung, die Gefahr. Und am Schluss wird die Welt nie mehr so verläßlich sein, wie sie einmal war. Im Horrorfilm wird das entäußerte Böse eliminiert, im Thriller dagegen bleibt es als ewige Möglichkeit mental für immer präsent. Die Katharsis, die der Thriller verspricht, ist vor allem deshalb sehr viel wirksamer als in anderen Genres, weil sie den Zuschauer emotional so unrettbar einbindet.

Komödie

Typen der Komödie

Als achtes Genre sei die *Komödie* vorgestellt. Gelegentlich wird bestritten, dass es sich hierbei überhaupt um ein eigenständiges Filmgenre handelt, aber es findet sich auch die These von der Komödie als dem dauerhaft beliebtesten unter allen Genres. Die Filmkomödie ist angesiedelt zwischen der bissigen Satire, dem versöhnlichen Humor, dem Grotesken, dem Utopischen und dem Witz. Abgesehen von durchaus erfolgreichen Filmkomödien auf dem heutigen Kinomarkt hat die Komödie in der Filmgeschichte vor allem zwei Schwerpunkte: die Slapstick-Komödie in den zwanziger und dreißiger Jahren und die Screwball-Komödie in den dreißiger und frühen vierziger Jahren. Jeweils ist sie untrennbar mit bestimmten Namen verbunden: Komödianten wie Charlie Chaplin, Max Sennett, Buster Keaton, Harald Lloyd, Harry Langdon, Stan Laurel und Oliver Hardy oder die Marx Brothers bis hin zu Jerry Lewis und Woody Allen bzw. Regisseuren wie Ernst Lubitsch, Gregory La Cava, Frank Capra, George Cukor, Howard Hawks oder Preston Sturges bis hin zu Mel Brooks (um je nur einige amerikanische Beispiele zu nennen; in Frankreich etwa Jacques Tati, in Deutschland etwa Heinz Rühmann).

Die Slapstick-Komödie

Die Screwball-Komödie

Auswahlliteratur zur Komödie:

Allen Eyles: American Comedy since Sound. New York 1973.
Donald W. McCaffrey: The Golden Age of Sound Comedy. Comic Films and Comedians of the Thirties. South Brunswick, NJ 1973.
Gerald Mast: The Comic Mind. Comedy and the Movies, 2. Aufl. Chicago 1979.
Steve Seidman: Comedian Comedy. A Tradition in the Hollywood Film. Ann Arbor 1981.
Georg Seeßlen: Klassiker der Filmkomik. Reinbek 1981.
Leonard Maltin: The Great Movie Comedians. New York 1982.
Thomas Brandlmeier: Die Errettung des Grotesken. Frankfurt/Main 1983.
Ted Sennett: Lunatics and Lovers. The Golden Age of Hollywood Comedy. New York 1985.
Wes D. Gehring: Screwball Comedy. A Genre of Madcap Romance. New York 1986.
Andre S. Horben (Hrsg.): Comedy, Cinema, Theory. Berkeley 1991.
Richard Dyer und MacCann: The Silent Comedians. Metuchen 1993.
Karsten Witte: Lachende Erben, Toller Tag. Filmkomödie im Dritten Reich. Berlin 1995.

Wes D. Gehring: Romantic vs. screwball comedy: Charting the difference. Lanham 2002.

Margrit Frölich, Hanno Loewy und Heinz Steinert (Hrsg.): Lachen über Hitler – Auschwitz-Gelächter? Filmkomödie, Satire und Holocaust. München 2003.

Heinz B. Heller: Komödie. Stuttgart 2005.

Steve Vineberg: High comedy in American movies: Class and humor from the 1920s to the present. Lanham 2005.

Nigel Mather: Tears of laughter: Comedy-drama in 1990s British cinema. Manchester 2006.

Thomas Koebner und Fabienne Liptay (Hrsg.): Komödiantinnen. München 2006.

Karola Richter: Screwball-Comedies als Produkt ihrer Zeit. Hamburg 2009.

Tom Paula und Rob King (Hrsg.): Slapstick Comedy. New York 2010.

Leger Grindon: The Hollywood Romantic Comedy. Conventions, History, Controversy. Chichester 2011.

Ian Q. Hunter und Larcaine Porter (Hrsg.): British Comedy Cinema. Abington 2012.

Aspekte der klassischen Komödie

Die Bühne der Komödie ist das Alltagsleben der bürgerlichen Gesellschaft, mit seinen Widerwärtigkeiten und kleinen Menschlichkeiten, seinen unterdrückten und verdrängten Wünschen und Problemen, den immergleichen Versatzstücken: Verkleidung, Verstellung, Belauschung, Verwechslung, Überraschung, unerwartete Entdeckung, aber auch Prügeleien, Verfolgungsjagden, Tortenschlachten, Explosionen usw. Jede Gelegenheit wird genutzt, dem andern ein Bein zu stellen. Wie entkommt man einer brenzligen

Abb. 8: Nach einem Treppensturz sitzt der Kopf verkehrt herum auf dem Körper (in der schwarzen Komödie Der Tod steht ihr gut)

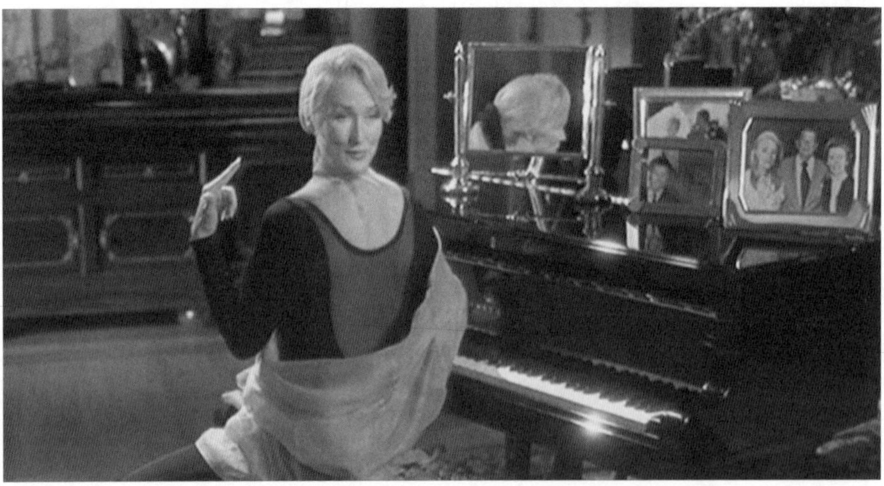

Situation? Autoritäten werden zur Zielscheibe von Spott und tätlichen Angriffen. Und jede Komödie schließt mit dem immergleichen Happy End. Das Gute triumphiert, das Lasterhafte wird bestraft, das Aufgeplusterte durch den Kakao gezogen, das Hochmütige blamiert. Meistens endet eine Komödie mit einer Hochzeit.

Zur Komödie gehört die Entstellung gewohnter Abläufe und Verhaltensweisen, die zum Lachen führt. Man kann die Grundkonfiguration mit der Formel beschreiben: Störenfried in der Gemeinschaft. Den standardisierten Situationen entsprechen die stereotypen Figuren: der Feigling, der verliebte junge Mann, der Heuchler, die geschwätzige Ehefrau, der dumme Diener usw. Asoziale Protagonisten sind der Tramp, der melancholische Clown, der liebenswerte Träumer, der unschuldige Rebell, der hoffnungslose Chaot, die dennoch ans Ziel ihrer Träume gelangen.

Die satirische und die romantische Filmkomödie

Man kann vielleicht zwei Grundtypen der Filmkomödie unterscheiden: die satirische und die romantische Filmkomödie. (Gelegentlich hilft auch die Unterscheidung in eine Situations-, eine Charakter-, eine Intrigen-, eine moralische oder eine Gesellschaftskomödie.) Die Komödie insbesondere der ersten Art hat deutlich anarchistische Züge. Im Kampf gegen die Übermacht gewinnt der Kleine – und Schadenfreude stellt sich ein. In Mimik, Gestik und Polemik wird das Missverhältnis von Verhalten des Helden und gesellschaftlicher Situation gestaltet, fast ohne Sprache. Komische Szenen werden entlarvend aneinandergereiht und von einem rudimentären Handlungsverlauf als Klammer zusammengehalten. Oft findet sich hier auch die Form des „running gag“, nicht selten explizit als Mittel der Zeitkritik eingesetzt. Anders die Komödie der zweiten Art, die Tonfilmkomödie, die stark dialoglastig ist. Auch hier dominieren skurrile Figuren, komische und peinliche Situationen, spontane Aktionen, und auch hier ist der Spinner, der Exzentriker innerhalb einer konfliktfreien Welt der Sitten gutsituierter Bürger angesiedelt. Aber das Grundthema ist anders: Es geht zentral um die Familie, um Freundschaft, um die Geschlechterproblematik, das heißt vor allem um unterdrückten Sex und das Sich-Finden zweier ungleicher Partner, widerspenstiger Frauen, weltabgewandter Männer, die trotz des Antagonismus von Klassengegensätzen vom jeweils richtigen Partner nach vielen Wirren in die Liebesheirat geführt werden.

Die Tonfilmkomödie

In beiden Fällen ist die Filmkomödie Filmtheater zum Lachen: ein Lachfilm. Lachen und Vergnügen sind die angestrebten Rezeptionsweisen: Das Lachen (wie bei der Slapstick-Komödie) drückt Überlegenheit aus, eine übergeordnete Perspektive, eine Distanz zur belachten Person. Das Vergnügen (wie bei der Screwball-Komödie) beruht auf Empathie; man fühlt sich in menschliche Schwächen ein, identifiziert sich mit den Protagonisten und freut sich mit ihnen über den glücklichen Ausgang. Der Kampf mit der Tücke des Objekts und mit den Obrigkeiten ebenso wie der Kampf zwischen den Geschlechtern dient dem Lachen als Form der Bewältigung des Lebens. Lachen bedeutet Befreiung – die Bewältigung gesellschaftlicher Umwälzungen, den Sieg der Anarchie über die hohlen Formeln, den Sieg des Kleinen über das Erhabene und die Pose, gegen alle Widrigkeiten die Erfüllung der Liebe in der Ehe.

Musikfilm

Komödien gibt es in den meisten Genres (Westernkomödie, Kriminalkomödie, Science-Fiction-Parodie, Horrorkomödie usw.), und solche Überschneidungen gelten auch für das neunte Genre: den *Musikfilm*. In sehr vielen Filmen findet sich Musik im On, allerdings steht sie nur beim Musikfilm absolut im Zentrum. Der Musikfilm zielt auf Amüsement und Unterhaltung, häufig im Medienverbund mit dem Broadway als Musiktheater, den Medien Notenblatt und Notenheft und der Schallplatte. Im Musikfilm geht es in der einen oder anderen Form vor allem um Musizieren, Träumen und Lieben.

Aspekte des klassischen Musikfilms

Der Musikfilm ist wieder von ganz unterschiedlichen Subgenres geprägt, insbesondere vom Musical in den späten zwanziger und den dreißiger Jahren als einer amerikanischen Sonderform, die im Zentrum der Genredebatte steht. Der Musicalfilm hat die Handlung meist im Showmilieu angesiedelt als plausible Begründung für die Gesangs- und Tanzszenen. Es sind Romanzen, bei denen die Liebe im Vordergrund steht. Das Nummerprinzip herrscht vor, mit einem lockeren Handlungsstrang als Verknüpfung. Zentrales Thema ist das romantische Paar in der Gesellschaft. Daraus wird bereits die affirmative Funktion des Filmmusicals ersichtlich: Ausblendung von Realität, Stabilisierung traditioneller Geschlechterstereotype, Rassentrennung, Escapismus und sexuelle Prüderie.

Der Musicalfilm

Auswahlliteratur zum Musikfilm:

John Russel Taylor und Arthur Jackson: The Hollywood Musical. New York 1971.

Arlene Croce: The Fred Astaire and Ginger Rogers Book. New York 1972.

Lee E. Stern: The Movie Musical. New York 1974.

Miles Kreuger (Hrsg.): The Movie Musical from Vitaphone to 42nd Street. New York 1975.
David Ehrenstein und Bill Reed: Rock on Film. New York 1982.
Jane Feuer: The Hollywood Musical. London 1982.
Daniel Cohen: Musicals. Greenwich, Conn. 1984.
Jürgen Struck: Rock Around the Cinema. Reinbek 1985.
Rick Altmann: The American Film Musical. Bloomington 1987.
Olaf Jubin: Die unterschätzte Filmgattung. Aufbereitung und Rezeption des Hollywood Musicals in Deutschland. Bochum 1995.
Manfred Hobsch: Liebe, Tanz und 1000 Schlager. Ein illustriertes Lexikon – mit allen Kinohits des deutschen Schlagerfilms von 1930 bis heute. Berlin 1998.
Andrea Pollach: Singen und Tanzen im Film. Wien 2003.
Günter Giesenfeld: Film und Musik. Marburg 2004.
Bernd Kiefer und Marcus Stiglegger (Hrsg.): Pop & Kino. Von Elvis zu Eminem. Mainz 2004.
Michael Wedel: Der deutsche Musikfilm. Archäologie eines Genres 1914–1945. München 2007.
Kelly Kessler: Destabilizing the Hollywood Musical. Music, Masculinity and Mayhem. Basingstoke 2010.
Daniela Schulz: Wenn die Musik spielt... Der deutsche Schlagerfilm der 1950er bis 1970er Jahre. Bielefeld 2012.
Barry Keith Grant: The Hollywood Film Musical. Chichester 2012.

Das Figureninventar ist weitgehend festgelegt: der unglücklich verliebte Künstler, die selbstsüchtige Schwester, die Nachtclubsängerin, der untreue Verlobte, ein Gangster in einer Nebenhandlung usw. Häufiger gilt auch das Starprinzip wie im Falle von Fred Astaire, Ginger Rogers und Gene Kelly. Der Musicalfilm stellt sich

Abb. 9: Die Liebenden Maria und Tony singen im Duett (Musicalfilm WESTSIDE STORY)

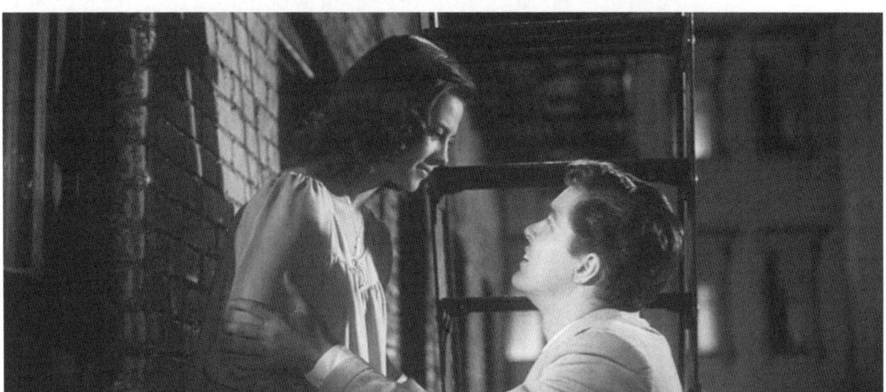

oft als Backstage-Musikdrama dar, das heißt, die Handlung ist angesiedelt in Minstrel-Shows, mit Vaudeville-Künstlern und Bauchrednern, als Burleske, spielt auch im Zirkus oder auf dem Vergnügungsdampfer. Bei den Bauformen dominieren diegetische Musik (Musik im On) und Dialoge. Rhythmische Bewegungen und realistische Handlungsteile sind miteinander kombiniert. Häufig werden auch konträre Points-of-view auf den Helden und auf die Heldin gewählt, die dann über die Konfrontation bis zur Vereinigung der beiden zusammengeführt werden. Damit ist die Ideologie bereits benannt: Musik und Tanz bilden die Gemeinsamkeit der Liebenden und führen zum romantischen Sieg über alle Hindernisse. Dies gilt ebenso für die Märchen- und die Show- wie für die Folk-Musicals. Wichtig ist neben dem ideologischen Konventionalismus jeweils das absolute Übergewicht der Musik: Der Ton dominiert über das Bild. Musikfilm-Analyse ist vor allem Musik-Analyse.

Opern-, Schlager-, Operettenfilme

Auf weitere Formen des Musikfilms kann hier nur hingewiesen werden: in den USA und England zahlreiche Musical-Verfilmungen (wie z. B. EIN AMERIKANER IN PARIS 1951, WESTSIDE STORY 1961 oder CABARET 1972), in Deutschland neben Opernfilmen vor allem die Schlager- und Operettenfilme, mit einem Boom in den fünfziger und sechziger Jahren, mit herausragenden Künstlern wie Caterina Valente, Peter Alexander, Peter Kraus, Conny Froboess, Fred Bertelmann, Gitte Haenning, Marika Rökk oder Freddy Quinn; im Prinzip reicht das aber von Hans Albers und Ilse Werner bis Roy Black, Heintje, Helge Schneider und die Comedian Harmonists. Eine wieder andere Form stellen die Popmusik- und Rockkonzertfilme dar – von den frühen Filmen Mitte der fünfziger Jahre um Bill Haley und den Rock'n'Roll über die Elvis-Presley- und Beatles-Filme der sechziger Jahre bis zu den großen Rock-Konzerten seit Woodstock und der Entwicklung des Videoclips im Fernsehen. Neuere Film-Musicals wie KÖNIG DER LÖWEN (1994), POKAHONTAS (1995) oder EVITA (1996) zeigen, dass das Genre nach wie vor aktuell ist, wenn auch überwiegend für Kinder.

Erotikfilm

Als ein explizites Genre soll zehntens der *Erotikfilm* vorgestellt werden. Der Erotikfilm ist das am meisten verbreitete und am häufigsten genutzte, aber am seltensten thematisierte Filmgenre. Auch dieses Genre zerfällt in ganz verschiedene Untergruppen – es gibt bekanntlich große Differenzen etwa zwischen einem „erotischen Film“, einem „Sexfilm“ und einem „richtigen Porno“.

Erotischer Film, Sexfilm, Porno

In der zentralen Thematisierung der körperlichen Geschlechtlichkeit von Mann und Frau (bzw. von Mann und Mann sowie von Frau und Frau) stimmen sie jedoch überein und können deshalb zusammengefasst werden. Der wichtigste Unterschied der diversen Subgenres besteht erstens im Ausmaß und zweitens in der Explizitheit der Darstellung von Körperlichkeit und Sexualität. Beides hat sich historisch gewandelt, vor allem im Mainstream-Kino. Den eigentlichen Pornofilm aber gab es von Anfang an bis heute in keinen grundsätzlichen Veränderungen. Das Genre des Erotikfilms meint im Grunde nur den Pornofilm.

Auswahlliteratur zum Erotik-, Sex- und pornographischen Film:

Hans Scheugl: Sexualität und Neurose im Film. Die Kinomythen von Griffith bis Warhol. München 1978.
Gerard Lenne: Der erotische Film. München 1981.
Karola Gramann et al.: Lust und Elend. Das erotische Kino. München, Luzern 1981.
Vito Russo: The Celluloid Closet. Homosexuality in the Movies. New York 1981.
Arthur Maria Rabenalt: Die perforierte Unzucht. Geschichte des Pornofilms. Bergisch-Gladbach 1982.
Beate Klöckner: Die wilde Ekstase des Paradieses. Der pornographische Film. Frankfurt/Main 1984.
Günter Hunold: Der Sexfilm. Rastatt 1985.
Georg Seeßlen: Der pornographische Film. Frankfurt/Main 1990.
Henner Ertel: Erotika und Pornographie. München 1990.
Berndt Schulz: Die Geschichte des erotischen Films. Hamburg 1990.
Werner Faulstich und Andreas Vogel (Hrsg.): Sex und Gewalt im Spielfilm der 70er und 80er Jahre. Bardowick 1991.
Werner Faulstich: Die Kultur der Pornografie. Bardowick 1994.
Andrea Weiss: Vampires & Violets. Frauenliebe und Kino. Dortmund 1995.
Georg Seeßlen: Ästhetik des erotischen Films. 3. Aufl. Marburg 1996.
Corinna Rückert: Frauenpornographie. Pornographie von Frauen für Frauen. Eine kulturwissenschaftliche Studie. Frankfurt/Main u.a. 2000.
Annette Miersch: Schulmädchen-Report. Der deutsche Sexfilm der 70er Jahre. Berlin 2003.
Jakob Pastötter: Erotic Home Entertainment und Zivilisationsprozess. Analyse des postindustriellen Phänomens Hardcore-Pornographie. Wiesbaden 2003.
Peter Lehmann (Hrsg.): Pornography. Film and culture. New Brunswick, NJ 2006.
Julia Marx: Erotik. Marburg 2006.
Enrico Wolf: Bewegte Körper – bewegte Bilder. Der pornografische Film. Genrediskussion, Geschichte, Narrativik. München 2008.
Oliver Denny: Sex & Subversion. Pornofilme jenseits des Mainstreams. Berlin 2010.

Filmerotik macht keinen erotischen Film

Dass zum „Erotikfilm" häufig auch Filme gerechnet werden, die lediglich das eine oder andere erotische Motiv oder eine freizügige „Bettszene" aufweisen, darf nicht verwirren. Das erklärt sich daraus, dass die Schamgrenzen historisch ebenso wie individuell höchst unterschiedlich gezogen werden. Ingmar Bergmanns Film DAS SCHWEIGEN beispielsweise ist kein „Sexualschocker", bei dem „fast den ganzen Film hindurch" geschrien, gestöhnt, geröchelt wird, wie die bundesdeutsche Kritik 1963 befand, sondern ein Film über Erwachsenwerden und Emanzipation, der in drei Szenen von zusammen viereinhalb Minuten *auch* sexuelle Handlungen zeigt, natürlich nur simulierte.[2] Solche Filme dürfen dem Erotikfilm als Genre gewiss nicht zugeordnet werden, signalisieren aber, dass die Mainstream-Filmkultur ein ungeheuer breites Inventar an ästhetischen Gestaltungskategorien entwickelt hat, das gerade auch in anderen Genres eingesetzt ist.

Die Geschichte sexueller Anspielungen, die vor allem an den weiblichen Darstellerinnen und Stars festgemacht wird, reicht von den „Sexgöttinnen" der Stummfilmära bis zu den „Sexbomben" der Nachkriegszeit. Es geht dabei bevorzugt um Reize als Tabuverletzung, um die Suggestion von Verführung und Sinnlichkeit wie bei den meist großbusigen Vamps mit immer tiefer ausgeschnittenen Dekolletés, um erotische Emanzipation und Visionen weiblicher Schönheit, um Nacktheit und sinnliche Ekstase als Versprechen. Diese „Erotikfilme" sind zwar unterschwellig weitgehend von Erotik und geschlechtlichen Rollenbildern geprägt, aber Körperlichkeit ist doch aufs äußerste zurückgenommen und oft auch noch, wie bei den „femmes fatales", dämonisiert. Vor allem über Symbole wird hier Sexualität sozialisiert und ästhetisiert.

Erst später wurden nackte Busen, nackte Körper von der Zensur freigegeben, und die Erotik wurde von Personen und Symbolen in sexuelle Handlungen übertragen – meist gespielte Kopulationen. Teils ist diese Art dargestellter Geschlechtlichkeit in romantische Weichzeichner-Bilder und zärtliche Musik eingehüllt und überhöht, teils als sogenannte „Aufklärungsfilme" maskiert oder in Teenager-Sexkomödien als Pubertätstrauma diffamiert, teils aber auch – analog zu einer durchsexualisierten Werbung – als ewiges Glücksversprechen und unendliches Vorspiel pervertiert.

---

2 Vgl. Werner Faulstich: Das Absurde als Metapher für Tabu und Emanzipation. In: Fischer Film Geschichte, Band 4: Zwischen Tradition und Neuorientierung (1961–1976), hrsg. von W. Faulstich und Helmut Korte. Frankfurt/Main 1982, S. 68–85.

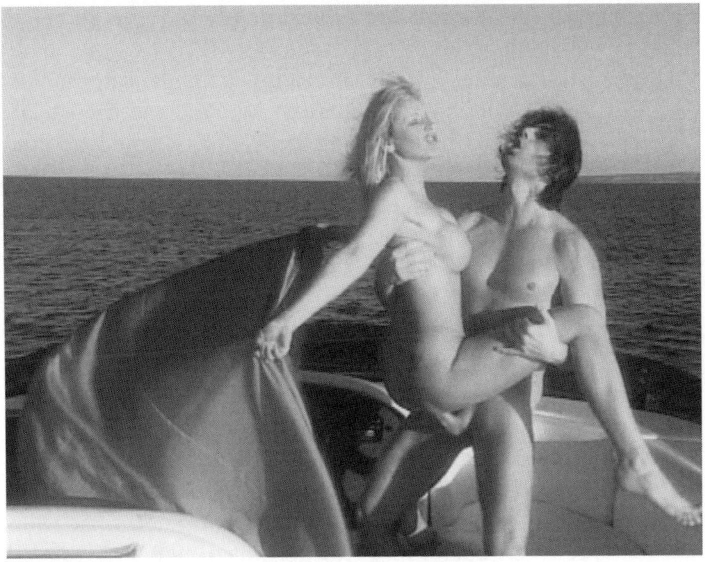

Abb. 10: Koitus im Stehen auf einem Boot im Mittelmeer (aus dem Nummern-Porno EKSTASE, Episode 3)

Spielarten wie „cross dressing“, vor allem Frauen in Männerkleidung, und „gender switch“ schließlich rutschen ab ins Komödienhafte und versprechen Befreiung eigener Geschlechtsprobleme im Lachen.

Im Kern besteht das Genre aus dem Pornofilm, den es bereits seit Ende des 19. Jahrhunderts, seit Beginn der Filmgeschichte gab. Man kann inzwischen über hundert verschiedene Varianten des Pornofilms unterscheiden, die mit ihren zahlreichen Variationen und Subformen fast jede nur denkbare sexuelle Vorliebe bedienen. Das meint vor allem unterschiedliche Stellungen, unterschiedliche Praktiken, unterschiedliche Orte sowie Kontexte und unterschiedliche Altersgruppen und Personenkonstellationen bei sexuellen Handlungen. Die klassische Rubrik „Busen“ beispielsweise bietet u.a.: riesengroß, groß, hängend, klein, flach, fehlend, natürlich, Silikon, Nippel, Piercing, Milch, nasses T-Shirt, Tittenfick, exhibitionistisch, gebräunt, geölt, gefesselt usw., jeweils bei über zwanzig verschiedenen, auf dieses Subgenre spezialisierten Anbieterseiten im Internet. Neuere Filmgruppen sind etwa „Bizarr“/„Bondage“, „Fucking Machines“ oder „Squirting“ (weiblicher Orgasmus mit Ejakulation). Die Beispiele machen deutlich, dass ein wesentlicher Aspekt des Pornofilms seine gezeigten (weil tabuisierten) Inhalte sind.

Die Ästhetik des klassischen Pornofilms

Die Ästhetik des Pornofilms läßt sich wie folgt zusammenfassen: Die Darstellung von Sexualität ist konkret und direkt. Die Figuren sind austauschbar, haben keine Psychologie und sind reduziert auf ihre bloße Geschlechtlichkeit. Setting und Räumlichkeit spielen keine Rolle. Jeder Film besteht nach dem formalen Schematismus des Nummernprinzips aus mehreren Einzelszenen, die gelegentlich durch eine lose Handlung miteinander verknüpft sind. Der Pornofilm hat eine Dramaturgie der Sexualwerkzeuge.

Es charakterisiert ihn, dass Sexualität nicht nur gespielt wird wie beim erotischen oder Sexfilm, sondern „wirklich" stattfindet, fast dokumentarisch. Subjektive Wünsche der Zuschauer werden hier als objektive Wirklichkeit inszeniert. Dabei herrscht das Prinzip des Fragmentarischen vor: Körperteile, Geschlechtsteile, Bildausschnitte (meist Nah- und Großaufnahmen), Zooms nach vorne, lüsterne Schwenks über Körper, dazu eine betäubend mechanische Musik, die der Mechanik der Körperbewegungen durchaus entspricht. Sexualität wird meist grob gezeigt, häßlich, vulgär; der Tabubruch drückt sich auch formal als Hemmungslosigkeit aus. Die Kamera agiert erstaunlich blöde, die Beleuchtung ist häufig schlecht, die Dialoge sind klischeehaft bis zum Äußersten. Triebhaftigkeit wird als ungestaltete Primitivität dargestellt.

Der Pornofilm ist zentral geprägt von Überredungsstrategien, also ebenso wirkungsorientiert wie der Thriller. Nur besteht die Konstante hier meist in der weiblichen Wollust – Frauen ergreifen die Initiative oder sind schnell „rumzukriegen" und signalisieren dann durch ununterbrochenes Schreien, Stöhnen, Stammeln ihre Willigkeit. Deshalb nennt man die Pornofilmindustrie auch „Stöhnfilmindustrie"; beim Nachsynchronisieren werden die Kameraaufnahmen eigens „bestöhnt", wie es in der Branche heißt. Die Funktion dieser Erzählstrategie ist klar: Die meist männlichen Betrachter sollen zur Lust verführt werden – der Pornofilm hat primär Stimulierungsfunktion.

Weitere Subgenres

Subgenres: Kriegsfilm, Teufelsfilm, Gefängnisfilm, Kung-fu-Film, Heimatfilm, Frauenfilm usw.

Auf speziellere Fälle und Subgenres wie zum Beispiel Kriegsfilm, Fantasyfilm, Teenagerfilm, Teufelsfilm, Religiöser Film, Gefängnisfilm, Kung-Fu-Film, Märchenfilm, Kinderfilm, Vietnamfilm, Heimatfilm, Problemfilm, Frauenfilm usw. kann hier nur exemplarisch verwiesen werden. Sie seien ohne weitere

Erläuterungen wenigstens erwähnt, um wieder die Bandbreite von Hilfsmitteln von Vorarbeiten und exemplarischen Analysen, das heißt die Breite des Instrumenteninventars, anzudeuten, das für die Filmanalyse auch in diesen Fällen zur Verfügung steht.

Kleine Auswahlliteratur zu weiteren Film(sub)genres:

David Annan: Catastrophe: The End of the Cinema? New York 1975.
Roger Manville: Films and the Second World War. New York 1976.
Colin Shindler: Hollywood Goes to War. Films and American Society, 1939–1952. London 1979.
Gilbert Adair: Hollywood's Vietnam. From „The Green Berets" to „Apocalypse Now". New York 1981.
Norbert Stresau: Der Fantasy-Film. München 1984.
Gudrun Lukasz-Aden und Christel Strobel: Der Frauenfilm. Filme von und für Frauen. München 1985.
Peter Hasenberg et al.: Religion im Film. Köln 1993.
Jürgen Trimborn: Der deutsche Heimatfilm der fünfziger Jahre. Motive, Symbole und Handlungsmuster. Köln 1998.
Michael Strübel: Film und Krieg: Die Inszenierung von Politik zwischen Apologetik und Apokalypse. Opladen 2002.
Henry McKean Taylor: Rolle des Lebens. Die Filmbiographie als narratives System. Marburg 2002.
Huy Yang: Auf dem Weg zur Emanzipation. Studie der Filme von Margarethe von Trotta unter frauenspezifischer Perspektive. Frankfurt/Main 2003.
Peter Bürger: Napalm am Morgen. Vietnam und der kritische Kriegsfilm aus Hollywood. Düsseldorf 2003.
Andreas Friedrich (Hrsg.): Fantasy- und Märchenfilm. Dietzingen 2003.
Bernd Chiari, Matthias Rogg und Wolfgang Schmidt: Krieg und Militär im Film des 20. Jahrhunderts. München 2003.
Julianne Pidduck: Contemporary Costume Film. Space, Place and the Past. London 2004.
Fabienne Liptay: WunderWelten. Märchen im Film. Remscheid 2004.
Inge Kirsner und Michael Wermke: Religion im Kino. Religionspädagogische Arbeiten mit Filmen. Jena 2005.
Hanjo Sauer und Monika Leisch-Kiesl: Religion und Ästhetik bei Ingmar Bergman und Luis Bunuel. Eine interdisziplinäre Auseinandersetzung mit dem Medium Film. Frankfurt/Main 2005.
Andrea Kölbl: Fiktionen der Liebe. Europäische Volksmärchen und populäre Spielfilme im Vergleich. München 2006.
Thomas Klein, Marcus Stiglegger und Bodo Traber (Hrsg.): Kriegsfilm. Stuttgart 2006.
Roberta Garrett: Postmodern chick flicks: The return of the woman´s film. Basingstoke 2007.

Peter Bürger: Bildermaschine für den Krieg. Das Kino und die Militarisierung der Weltgesellschaft. Hannover 2007.
Heinz-Bernd Heller (Hrsg.): All Quiet on the Genre Front? Zur Praxis und Theorie des Kriegsfilms. Marburg 2007.
Leslie Stratyner und James R. Keller (Hrsg.): Fantasy fiction into film. Essays. Jefferson, NC 2007.
Denis Bingham: Whose lives are they anyway? The Biopic as Contemporary Film Genre. New Brunswick 2010.
Alexandra Ludewig: Screening Nostalgia. 100 Years of German Heimatfilm. Bielefeld 2011.

„Literaturverfilmung"

Als eine letzte Gruppe von Filmen – freilich besonderer Art – soll lediglich noch die sogenannte *„Literaturverfilmung"* benannt werden. Im Unterschied zu anderen Genres liegt hier das Zuordnungskriterium in der Perspektive der Macher bzw. Filmwissenschaftler selbst. Nicht gemeint ist damit der Tatbestand, dass fast

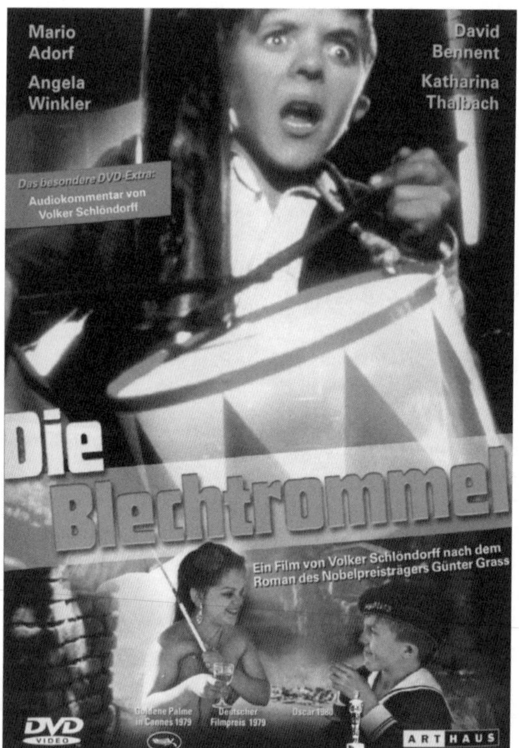

Abb. 11: Titelseite der DVD Die Blechtrommel

alle Spielfilme eine literarische Vorlage haben, aus der sich Drehbuchautor und Regisseur für ihr eigenes Werk wie aus einem Steinbruch bedienen. In diesen Fällen kann normalerweise auf die Berücksichtigung der „Stoffquelle" ohne weiteres verzichtet werden. Anders verhält es sich dagegen bei solchen Filmen, die bewusst und explizit auf den Medientransfer (z. B. vom Buchroman oder vom Theaterstück in den Spielfilm) abheben und die Frage der „Adäquatheit" der „Verfilmung" in den Vordergrund stellen. Dann ist die Einbeziehung des Erst- oder Vorwerks selbstverständlich zwingend, um überhaupt einen Vergleich und die zumeist angestrebte Bewertung durchführen zu können. Allerdings muss dabei bewusst bleiben, was bei den meisten der einschlägigen Analysen übersehen wird: dass die auf einen Vergleich mit der literarischen Vorlage angelegte Filmanalyse auch jeweils das „tertium comparationis", das Vergleichskriterium angeben muss. Ein Vergleich von „Roman und Film" wäre nicht legitim, nur ein Vergleich von „Buch und Film" oder von „Roman und Spielfilm", das heißt entweder ein Medienvergleich oder ein ästhetischer Vergleich – ganz zu schweigen von der üblichen Praxis, deskriptiv Unterschiede und Ähnlichkeiten der beiden Werke schlicht zu benennen und mit irgendwelchen normativen Werturteilen beliebig zu verknüpfen.

Aspekte der klassischen „Literaturverfilmung"

Kleine Auswahlliteratur zu weiteren Film(sub)genres:

George Bluestone: Novels into Film: The Metamorphosis of Fiction into Cinema. Baltimore 1957.

Alfred Estermann: Die Verfilmung literarischer Werke. Bonn 1965.

Werner und Ingeborg Faulstich: Modelle der Filmanalyse. München 1977.

Gerald Peary und Roger Shatzkin (Hrsg.): The Modern American Novel and the Movies. New York 1978.

Gabriele Seitz: Film als Rezeptionsform von Literatur. München 1979.

Frank N. Magill (Hrsg.): Cinema. The Novel Into Film. Pasadena/Calif. 1980.

Irmela Schneider: Der verwandelte Text. Wege zu einer Theorie der Literaturverfilmung. Tübingen 1981.

Klaus Kanzog (Hrsg.): Erzählstrukturen – Filmstrukturen. Erzählungen Heinrich von Kleists und ihre filmische Realisation. Berlin 1981.

Michael Klein und Gillian Parker (Hrsg.): The English Novel and the Movies. New York 1981.

Ralf J. Schröder: Vom Drama zum Film. Außersprachliche Zeichen in Tennesee Williams' „A Streetcar Named Desire". Würzburg 1983.

Paul G. Buchloh et al.: Literatur und Film. Kiel 1985.

Joachim Paech: Literatur und Film. Zur Geschichte ihrer Beziehungen. Stuttgart 1988, 2. Aufl. 1997.

Franz-Josef Albersmeier und Volker Roloff (Hrsg.): Literaturverfilmungen. Frankfurt/Main 1989.

Wolfgang Gast: Literaturverfilmung. Bamberg 1999.

Thomas Beutelschmidt und Franziska Widmer: „Ursula" von Egon Günther: Zwischen den Stühlen. Die Geschichte der Literaturverfilmung. Leipzig 2005 (mit DVD).

Stefan Volk: Filmanalyse im Unterricht. Zur Theorie und Praxis von Literaturverfilmungen. Paderborn 2006.

Joachim Lang: Episches Theater als Film: Bühnenstücke Bertolt Brechts in den audiovisuellen Medien. Würzburg 2006.

Christine Schönfeld: Processes of transposition. German literature and film. Amsterdam 2007.

Die Handlungsanalyse 3.

Die Schlüsselfrage hier lautet: WAS geschieht im Film, wie verläuft die Handlung? Das konfrontiert uns mit einem Grundproblem: Der Film ist ja nicht einfach greifbar, selbst wenn wir ihn auf Zelluloid oder (was der Normalfall sein dürfte) auf Video oder DVD „haben". Wir besitzen lediglich eine Kassette oder eine kleine Scheibe und müssen die Bilder und die Tonspur erst noch sichtbar und hörbar machen. Dieses Abspielen wiederum verläuft nur als Erlebnis, so dass wir den Film, den wir analysieren wollen, überhaupt erst einmal „anhalten" müssen, um ihn für eine Analyse verfügbar zu machen. Wir müssen den Film, der ja transitorisch, als Prozess zu verstehen ist, fixieren.

Was geschieht im Film?

Empfehlenswert ist es in jedem Fall, zunächst einmal, beim ersten Ansehen bzw. Erleben des Films, das festzuhalten, was ansonsten für immer entzogen ist: die unreflektierte, emotionale, spontane eigene Rezeption, die individuelle Interpretation des Films, der Film als „mein" privates Erlebnis. Das heißt: Man muss den Film „an sich heranlassen" und seine persönlichen Eindrücke schriftlich festhalten. Man muss notieren, was einem aufgefallen ist, was einem gefallen und was einem nicht gefallen hat, was einen besonders angesprochen oder abgestoßen hat – was der Film in mir ausgelöst hat und für mich bedeutet.

Vom Protokoll der subjektiven Rezeption ...

Naturgemäß sollte man dabei die Rezeptionssituation in Rechnung stellen. Wenn ich einen Film in einer großen Gruppe zum ersten Mal sehe, durch verspätete Besucher immer wieder unterbrochen, möglicherweise mit einem Videoabspielgerät und einem Fernsehgerät als Monitor, vielleicht auch in einem hell erleuchteten Raum und mit der deklarierten Absicht, ihn dann zu „analysieren" – dann erlebe ich den Film ganz anders, als wenn ich ihn ganz allein sehe, auf einer großen Leinwand, in einem abgedunkelten Raum. Mit einiger Übung kann man die Nachteile der „Wir"-Rezeptionssituation ausklammern und der „Ich"-Rezeption besondere Beachtung schenken. Aber das Problem sollte uns als das Problem unterschiedlicher Distanz zum Film bewusst sein. Eine Filmanalyse quasi als intellektuelle Fingerübung oder als Selbstinszenierung in einer Gruppe wird dem Film nur partiell gerecht werden können.

Das gleichsam „private" Filmprotokoll kann uns unschätzbare Dienste leisten. Es erlaubt nicht nur Vergleiche mit Spontanrezeptionen anderer Zuschauerinnen und Zuschauer, sondern regt vor

... zu den analyseleitenden Fragen an den Film

allem an zu Problem- und Fragestellungen der angestrebten Filmanalyse selbst. Warum habe ich die Szene A als besonders spannend empfunden? Woran lag es, dass Szene B langweilig war? Wieso fand ich die Figur C so attraktiv, oder die Figur D besonders widerlich? Oder: Warum hat mich die Sequenz E ganz besonders fasziniert, während ein anderer Betrachter dieselbe Sequenz als unauffällig und nichtssagend erlebt hat? Wieso fand ich den Film ausgesprochen schlecht, während ein anderer ihn als sehenswert empfiehlt? Wie lässt sich erklären, dass mein Verständnis des Films von den Filmkritiken, die ich gelesen habe, völlig abweicht? Solche und vergleichbare Fragen bieten sinnvolle Ansatzpunkte und Anregungen für die Filmanalyse. Wer keine Fragen an den Film hat, kann auch kein besseres Verständnis des Films erwarten.

Das kleine Protokoll der subjektiven Filmrezeption, das jeder vor einer Filmanalyse anfertigen sollte, um daraus arbeits- und erkenntnisleitende Fragen abzuleiten, enthebt uns aber noch nicht der Notwendigkeit, den präsentativen Film quasi auch objektiv anzuhalten und zu fixieren. Das geschieht mit der Frage nach dem Ablauf des Geschehens. Wir müssen die lange Reihe sich unaufhörlich bewegender Bilder in ihren erzählerischen Kontext stellen und das Nacheinander der Ereignisse rekonstruieren, um einen objektiven Bezugspunkt zu haben.

3.1 Drehbuch, Filmprotokoll, Sequenzprotokoll

Gelegentlich liegen dafür schriftliche Materialien, Texte bereits in Printform vor. Gerade bei erfolgreichen Filmen gibt es häufig eine *printliterarische Vorlage* – einen Roman, eine Kurzgeschichte, ein Theaterstück oder einen Comic. Für die Filmanalyse ist diese Quelle nur gelegentlich brauchbar, in aller Regel kann darauf verzichtet werden. Die einzige Ausnahme liegt dann vor, wenn der Film explizit eine „Literaturverfilmung" darstellt und insofern die Frage nach der Adäquatheit der filmästhetischen gegenüber der printliterarästhetischen Version in den Mittelpunkt rückt. Literarische Vorlagen sind für Filme meist nur eine Art Steinbruch, dessen man sich relativ willkürlich und oft mit eigenen Akzenten und sogar kompletten Umsetzungen und Erweiterungen bedient hat. Literarische Werke bieten in aller Regel nur ein Stoffreservoir, und der Film selbst muss als ein ganz und gar eigenständiges Werk angesehen werden.

Die printliterarische Vorlage

Das Drehbuch

In manchen Fällen gibt es zu dem Film auch ein *Drehbuch* oder eine Textrolle, ein Skript. Hierbei handelt es sich bereits um die filmorientierte Verarbeitung der literarischen Vorlage bzw. um ein filmorientiertes ausführliches neues Konzept. Drehbücher konzentrieren sich meist auf die Dialoge und beschreiben andere Aspekte des Films wie Handlung, Personen, Setting und ähnliches nur skizzenhaft verkürzt oder in Andeutungen. Im besten Fall stellt ein Drehbuch den Film komplett so vor, wie er sein soll, wie er geplant ist: als Drehvorlage. Das impliziert aber, dass der Film selbst ganz anders aussehen kann, das heißt das Drehergebnis sich von der Drehvorlage unterscheidet. Solche auch gravierenden Unterschiede sind – etwa infolge neuer Konstellationen am Drehort, Konzeptänderungen der Regie, finanzieller Erwägungen oder sonstiger Ad-hoc-Entscheidungen des Produktionsteams – in aller Regel auch der Fall. Deshalb darf man ein Drehbuch nur als Vorstufe zum Film ansehen und nicht mit dem Film gleichsetzen. Es gibt einige ältere sogenannte „Filmanalysen", die sich mangels einer Videofassung tatsächlich nur auf das Drehbuch beziehen und peinlicherweise dabei auch Filmszenen „analysieren", die im Film selbst gar nicht vorkommen und auch nie gedreht worden sind.

Drehplan und Storyboard

Das Drehbuch und auch der Drehplan, der im Unterschied zur narrativen Kontinuität der Szenen pragmatisch die Reihenfolge der Drehs festlegt, sind nur Stationen des Produktionsprozesses und für die Filmanalyse durchaus verzichtbar. Das gilt auch für das Storyboard: eine Kette von Zeichnungen, in denen die meisten Einstellungen visuell vorskizziert sind. Steven Spielberg beispielsweise hat seinen Film DUELL ebenso wie etwa DER WEISSE HAI und die INDIANA-JONES-Filme zunächst als Storyboard quasi auf dem Papier zur Probe „gedreht", bevor die Kamera zum Einsatz kam.

Es wäre jedoch eine völlig falsche Perspektive, den fertigen Film mit seiner Entstehung, seinem Produktionsprozess zu verwechseln. Filmanalyse als Produktanalyse rekurriert nicht einmal auf die Absichten oder Intentionen des Regisseurs oder Filmemachers selbst. Die früher übliche Frage „Was will der ‚Dichter' uns damit sagen?" verrät einen völlig falschen Ansatz, der auf Genieverehrung ausgerichtet ist statt auf ein besseres Verständnis des Films. Viele Erfahrungen und entsprechende Untersuchungen belehren, dass Regisseure in aller Regel gar nicht imstande und oft auch nicht willens sind, ihre eigenen Produkte zu interpretieren. Künstlerische Kreativität äußert sich in einem hochkomplexen Schaffensprozess, bei dem rationale, gar intellektuelle Momente und bewusste Reflexionen zwar durchgängig vorhanden sind, aber nur eine eher geringe Rolle spielen im Vergleich mit den mentalen,

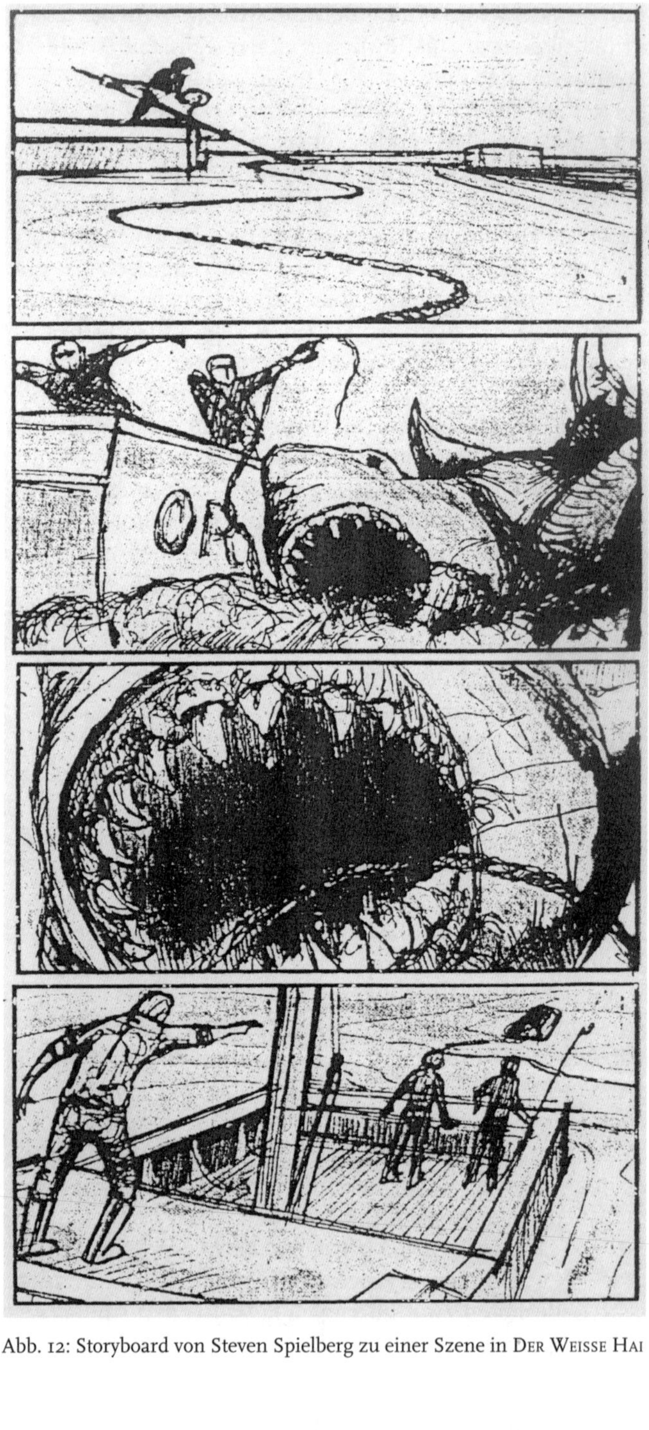

Abb. 12: Storyboard von Steven Spielberg zu einer Szene in DER WEISSE HAI

◀ Ahnungslos, genervt durch den Streit mit seinen Kollegen und angewidert durch das stinkige Fleisch, mit dem sie den Hai herbeilocken wollen, fischt die „Landratte" Brody mit einer Stange im glatten Meer, als urplötzlich das riesige Maul des Hais direkt vor seiner Hand auftaucht, die gewaltigen Zähne bißbereit, und nach ihm schnappt – so bedrohlich nahe, daß der Schreck die Glieder lähmt und die Männer nur hinterherschauen können, wie er wieder abtaucht in die Tiefe des Meeres.

emotionalen, unterbewussten, persönlichkeitslatenten Gestaltungsimpulsen, ohne die kein Kunstwerk entstehen kann. Das gilt ebenso wie für Poeten, Romanciers, Dramatiker, Musiker oder Maler auch für Regisseure und ihr Team.

Das Filmprotokoll

Optimal wird das Transitorische am Film in Lineares übertragen durch das *Filmprotokoll* oder Shooting Transcript oder „filmscript". Das Filmprotokoll ist die möglichst exakte detaillierte Transkription eines Films in Sprache bzw. Text. Natürlich unterscheidet sich auch dieses Filmprotokoll vom Film selbst, der ja audiovisuell ist und gesehen bzw. gehört bzw. erlebt wird, nicht gelesen; noch das ausführlichste und exakteste Filmprotokoll also darf niemals mit dem Film selbst verwechselt werden – es kann diesen auch nicht ersetzen. Aber es stellt ein Hilfsinstrument für die Filmanalyse dar, dessen enormes Potential nur in den seltensten Fällen tatsächlich auch ausgeschöpft wird.

Oberstes Ideal des Filmprotokolls (wie eines jeden Protokolls) ist Objektivität. Das ist freilich weniger leicht einzulösen, als man auf den ersten Blick denken könnte. Wenn eine Figur wie in CASABLANCA[1] beispielsweise einen Satz sagt, so kann das möglichst knapp wie folgt protokolliert werden:

Ilsa: Hallo Sam.
Sam: Hallo, Miss Ilsa. Ich habe nicht damit gerechnet, Sie wiederzusehen.

Man kann aber auch ausführlicher festhalten:

Ilsa (nachdenklich, fast melancholisch): Hello Sam.
Sam (tonlos): Hello, Miss Ilsa. (Dann eher abwehrend) I never expected to see you again.

Die Adjektive im zweiten Fall, bei dem das amerikanische Original der deutschen Synchronfassung vorgezogen wurde, spiegeln

---

1 Vgl. auch Werner Faulstich und Ingeborg Faulstich: Modelle der Filmanalyse. München 1977.

Konkretisation

persönliche Eindrücke des Protokollanten, sind also Kommentare, Hinzufügungen, Interpretationen; sie können aber auch präzise die Atmosphäre dieser Szene wiedergeben und insofern viel objektiver sein als der gesprochene Dialog als solcher.

Andererseits dürfen Handlungsbeschreibungen auch nicht zu ausführlichen Erzählungen ausgeweitet werden. So ist es zum Beispiel ausreichend zu beschreiben:

Sam sucht nach Noten, blickt Ilsa nur ab und zu an.

Abb. 13: Ilsa und Sam in Ricks Cafe in CASABLANCA

Nach so vielen Jahren hat es Ilsa, zusammen mit ihrem Mann Victor, ausgerechnet nach Casablance in Ricks Café verschlagen – jene Ilsa, die gemeinsam mit Rick glückliche Tage in Paris erlebt hatte und ihn damals ohne Erklärung verlassen hatte. Rick war niemals darüber hinweggekommen und hatte Sam verboten, jemals wieder ihr gemeinsames Erinnerungslied „As Time Goes Bye" zu spielen.

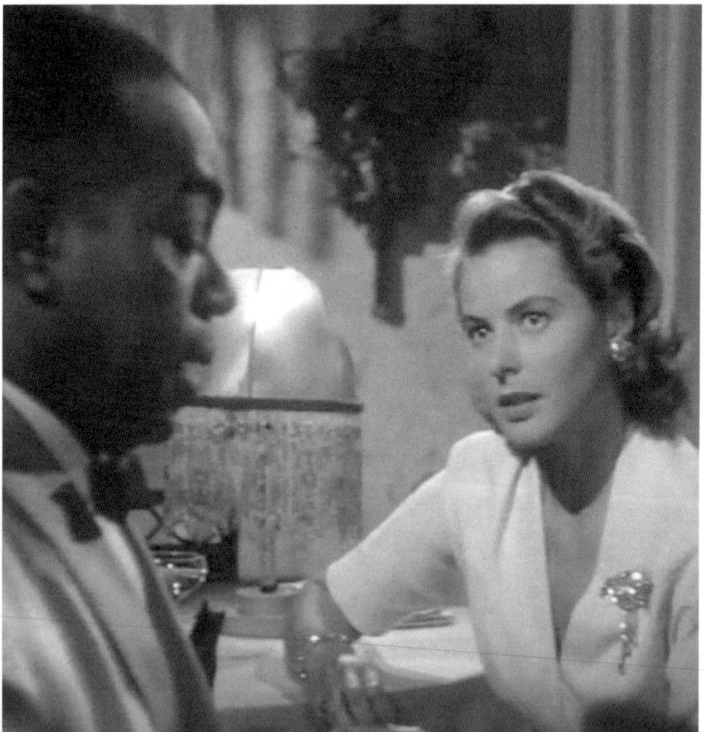

Dagegen wäre es sicherlich eine unzulässige Verkürzung, nur zu sagen:

> Sam sucht nach Noten.

Es wäre andererseits aber auch unsinnig festzuhalten, ob Sam nun dreimal oder fünfmal oder sechsmal zu Ilsa hinsieht, weil die Anzahl der Blicke hier keine besondere Bedeutung hat. Paradoxerweise kommt gerade die Objektivität eines Filmprotokolls demnach ohne die Empathie des Protokollanten, ohne zahlreiche subjektive, interpretierende Bestandteile nicht aus.

Detailgenauigkeit

Häufig stellt sich die Frage, ob und welche Details im Filmprotokoll auftauchen müssen und welche weggelassen werden können. Als Faustregel kann hier exemplarisch das Gewehr benannt werden, das in einer der ersten Sequenzen eines Films im Wohnzimmer an der Wand hängt. Wenn es etwa den Beruf des Wohnungsbesitzers verrät, wenn damit später jemand erschossen wird oder wenn es sonst eine explizite Bedeutung hat, muss es erwähnt werden. Ansonsten kann es als Teil einer allgemeinen Zimmer-

Abb. 14: Die Liebenden am Fensterkreuz in DIE VERLORENE EHRE DER KATHARINA BLUM

Nur eine kurze Nacht hat Katharina mit ihrem Geliebten Götten, bevor sie von dem Polizisten Beizmenne, dem Staatsanwalt Hach, dem Boulevardreporter Tötges und der ganzen etablierten Gesellschaft gekreuzigt wird.

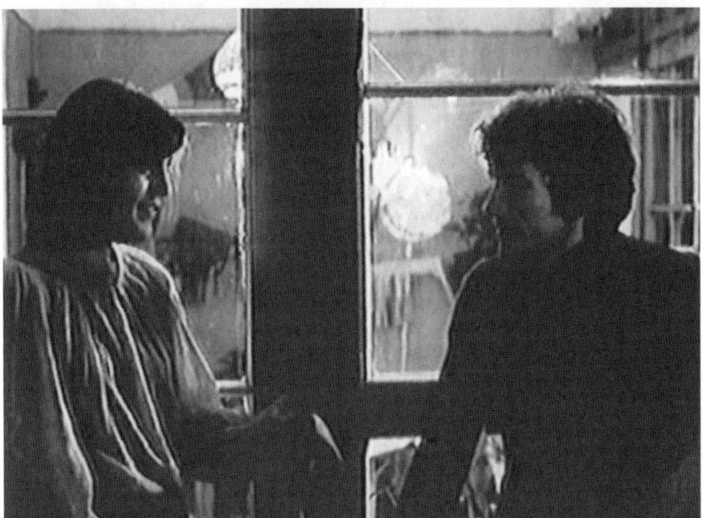

einrichtung ausgelassen werden. Entscheidend ist stets, ob ein Detail eine Funktion im gesamten Film hat oder nicht. DIE VERLORENE EHRE DER KATHARINA BLUM beispielsweise zeigt immer wieder ein Kreuz an einer Wand, einen Kreuzgang im Kloster, eine Straßenkreuzung, ein Fensterkreuz usw. und verweist damit auf eine besondere Relevanz des Kreuzmotivs. In diesem Fall gehört es selbstverständlich in das Filmprotokoll, um den Symbolcharakter, den das Kreuz in diesem Film hat, zu erfassen.[2]

Das Filmprotokoll

Inzwischen ist bereits eine Vielzahl von Filmprotokollen veröffentlicht worden, wobei sich aber noch keine Standards durchgesetzt haben. Ab der übernächsten Seite ist zur Veranschaulichung ein Beispiel aus dem Filmprotokoll von APOCALYPSE NOW abgedruckt.

Die Nummer der Einstellung

Will man möglichst vielen Fragestellungen entsprechen und die unterschiedlichsten Analyseinteressen abdecken, so empfiehlt sich eine Protokollierung in sechs verschiedenen Spalten: In der ersten Spalte steht die Nummer der Einstellung. Filme haben je nach Länge und Stil ganz unterschiedlich viele Einstellungen. Durchschnittliche Hollywood-Filme etwa der fünfziger und sechziger Jahre haben rund dreihundert bis fünfhundert Einstellungen. Später erhöhte sich die Zahl, auch unter dem Einfluss der Fernsehdramaturgie, auf tausend und mehr Einstellungen. Ein überdurchschnittlich langer Film wie APOCALYPSE NOW hat immerhin 1180 Einstellungen[3], Coppolas DER PATE, Teil II sogar 1444.[4] DIE VERLORENE EHRE DER KATHARINA BLUM dagegen hat nur 368 Einstellungen.[5] Die Einteilung in Einstellungen erlaubt ein exaktes Zitieren bzw. präzise Verweise und sichert damit auch die Überprüfbarkeit von analytischen Befunden – eine für Wissenschaft prinzipiell unverzichtbare Notwendigkeit. Nicht zuletzt erlaubt die Nummerierung auch den Vergleich unterschiedlicher Filmfassungen; so lassen sich Abweichungen und Veränderungen etwa der Kinoverleihfassung, der Fassung des Regisseurs

---

[2] Siehe ausführlicher etwa Werner Faulstich: Kritische Randbemerkungen zu dem Beitrag „Heinrich Bölls Erzählung DIE VERLORENE EHRE DER KATHARINA BLUM und die gleichnamige Verfilmung von Volker Schlöndorff und Margarethe von Trotta“ von Heidemarie Fisch-Kesselmann. Diskussion Deutsch, 15. Jg. (1984), H. 78, 449–454.

[3] Holger Hermann: Francis F. Coppola: Apocalypse Now. Tübingen 1985.

[4] Werner Faulstich und Joachim Auch: „Der Pate, Teil II“/„The Godfather, Part II“. Ein Filmtranskript. Siegen 1987.

[5] Andrea Park: Schlöndorff/von Trotta: Die verlorene Ehre der Katharina Blum. Transcript.Tübingen 1981.

(„director's cut"), einer unzensierten Fassung oder der in aller Regel geschnittenen Fernsehfassung leicht feststellen.

Beschreibung der Handlung und der Dialoge

In der zweiten Spalte wird die Handlung kurz beschrieben. In der dritten Spalte werden die Dialoge angegeben. Wichtig ist hier wie auch im Verhältnis zwischen allen Spalten des Filmprotokolls die korrekte relationale Zuordnung. So sollte aus dem Filmprotokoll zu ersehen sein, ob ein Dialogsatz *während* einer Handlung fällt, also das Geschehen parallel begleitet, ob er einer Handlung vorausgeht bzw. ihr folgt, also *vorher* oder *nachher* kommt, oder ob er eine Handlung unterbricht, also *zwischen* zwei Handlungsteilen gesprochen wird. Das gilt auch für das Verhalten der Kamera und den Einsatz von Musik und Geräuschen, bei denen zu erkennen sein muss, an welcher Stelle genau sie innerhalb einer Einstellung einsetzen oder aufhören.

Während die Spalten 2 und 3 leicht lesbar sein dürften, enthalten die Spalten 4 bis 6 eher quantitative Daten für die Analyse.

Musik, Geräusche und Kameraverhalten

Spalte 4 bietet Informationen über Musik und Geräusche. In der Regel sind ja die Noten der Filmmusik nicht verfügbar, und der Protokollant hat oft auch keine ausreichenden musikalischen Kenntnisse. Es wird sich dann nicht vermeiden lassen, Musikpassagen mit stimmungsmäßigen Adjektiven (schwermütig, lustig, laut, sanft, quäkend usw.) zu charakterisieren. Auch Hinweise auf die Instrumentierung (Klavier, Bläser, Geigen, Orchester usw.) können helfen, die musikalische „Stimmung" einer Szene zu charakterisieren bzw. zu fixieren. Spalte 5 protokolliert die Kameraführung, das heißt die Einstellungsgröße und ihren eventuellen Wandel, die Bewegungen der Kamera und sonstige Besonderheiten, wieder jeweils relational zu Handlung, Dialogen und Musik.

Zeitdauer

Die letzte Spalte notiert die Zeitdauer einer Einstellung in Sekunden. Im Extremfall, beispielsweise bei schnellen Actionszenen, wenn eine einzelne Einstellung z. B. nur 0,3 Sekunden dauert, muß genauer gemessen werden. Die Zeitmessung erlaubt verlässliche quantitative Analysen auch dann, wenn die Summe der (auf- bzw. abgerundeten) Sekundenangaben aller Einstellungen mit der Gesamtzeit des Films, beim nicht unterbrochenen Durchlauf gemessen, nicht ganz übereinstimmt.

Früher war man oft der Auffassung, für eine wissenschaftliche Filmanalyse sei ein Filmprotokoll eine unverzichtbare Voraussetzung. Heute weiß man, dass es nur in bestimmten Fällen sinnvoll ist, ein komplettes Filmprotokoll anzufertigen. Für die Erstellung eines Filmprotokolls von einem durchschnittlichen, eineinhalbstündigen Film muß man etwa vier Wochen Arbeitszeit ansetzen

Ausschnitt aus dem Filmprotokoll von APOCALYPSE NOW

Nr.	Handlung	Dialog
1051	Arkadengang. Säulen, von Pflanzen dicht überwuchert, Rauchschwaden.	Kurtz (off): „Wir sind – hohle Männer ...
1052	Die Säule mit den Götzenbildnissen.	(off) ... ausgestopfte Männer, ...
1053	Eine geflügelte Götzenstatue.	(off) ... aneinandergelehnt. Die Schädel gefüllt mit Stroh, ...
1054	Die geflügelte Götzenstatue.	(off) ... ach. – Unsere dürren Stimmen, – flüstern wir miteinander, – sind leise und bedeutungslos, ...
1055	An einer Wand lehnt im Dunkel ein Vietnamese, nur sein Hinterkopf ist von einem Streifen Licht beleuchtet. Neben einem Durchgang sitzt Willard mit dem Rücken an einer Mauer, ihm gegenüber sitzt mit aufgestütztem Kopf der Fotograf.	Kurtz (off): ... wie Wind im trockenen Gras – oder Rattenfüße unter gebrochenem Glas in unserem trockenen Keller. – Gestalt ohne Form, Schatten ohne Farbe, ...
1056	Kurtz liest aus einem Buch, den Kopf in eine Hand gestützt.	... gelähmte Kraft, – Gebärde ohne Regung." Fotograf (off): Wissen Sie, was damit gesagt wird? – Wissen Sie es? Kurtz: „Die, die sehenden Augen ...
1057	Der Fotograf redet enthusiatisch auf Willard ein, gestikuliert wirr mit seinen Händen.	(off) ... ins andere Reich des Todes gegangen ..." Fotograf: Wissen Sie, das ist Dialektik. Überaus simple Dialektik – Eins durch Neun, kein ‚Vielleicht', keine Vermutungen, keine Bruchstücke. – Man kann nicht im Weltraum reisen, man kann nicht in den Weltraum hinein. – (von hier ab sehr schnell) Sie wissen, – wenn Sie ohne Bruchstücke, Sie wissen, wenn Sie mit Bruchstücken landen wollen, wo, auf einem Viertel, einem Achtel? was wollen Sie tun, wenn Sie von hier zur Venus oder sonstwohin wollen? – Das ist Dialektik, Physik, klar? – Dialektische Logik ist dort, wo es nur Liebe und Hass gibt. Entweder liebt man jemanden – oder man hasst ihn.
1058	Kurtz wirft mit einem Buch nach dem Fotografen.	Kurtz: Blödian! ...
1059	Der Fotograf hält schützend die Hände vor das Gesicht, er und Willard ducken sich.	
1060	Kurtz wendet sich wieder zurück, setzt sich.	... Du Blödian.

Geräusche	Kamera	Zeit/s.
...	Überblendung in Nr. 1051 Halbtotale: Säulen, Gang. Schwenk nach unten.	
...	Überblendung in Nr. 1052 Totale: Götzensäule Schwenk nach unten.	
...	Überblendung in Nr. 1053 Halbtotale: Götzenstatue Schwenk nach unten.	
...	Überblendung in Nr. 1054 Halbtotale: Götzenstatue Schwenk nach unten.	
...	Überblendung in Nr. 1055 Halbnahaufnahme: Vietnamese Kamerafahrt nach vorn, dabei Schwenk nach rechts bis Halbnahaufnahme: Willard, Fotograf.	
...	Halbnahaufnahme: Kurtz	
Schellengeklingel.	Nahaufnahme: Willard, Fotograf (Profil)	
Das Buch poltert auf den Boden ...	wie 1056	
...	wie 1057	
Schellengeklingel ...	wie 1056	

Ausschnitt aus dem Filmprotokoll von APOCALYPSE NOW

Nr.	Handlung	Dialog
1061	Der Fotograf schwingt wild die Arme nach oben. Er steht auf und geht nach rechts aus dem Bild. Willard drückt ein Tuch mit Wasser mit seiner Faust aus, wendet den Kopf und schaut zu Kurtz.	Fotograf: Ja, auf diese Weise geht die verdammte Welt unter. Da sieht man, in welcher Scheiße wir sitzen, Mann. – Nicht mit einem Knall, – mit einem Wimmern. Und mit einem Wimmern werde ich mich, verdammt nochmal, verziehen!
1062	Kurtz schaut von Willard auf sein Buch.	
1063	Die Götzensäule.	
1064	Das Gesicht von Willard taucht aus dem Dunkel auf.	Willard (innerer Monolog): Auf dem Fluß dachte ich, in dem Augenblick, wo ich ihn sehen werde, ...
1065	Das Beret von Kurtz und seine Uniformen hängen an Bügeln.	... würde ich wissen, was ich zu tun habe. – Aber so war es keineswegs. Ich war dort tagelang mit ihm zusammen. Unbewacht.
1066	Willard schaut nach unten, beugt sich nach vorn.	... Ich war frei. Aber er wußte, daß ich nicht weggehen würde, – er wußte mehr über das, was ich tun würde, als ich selbst. ...
1067	Willard öffnet ein Etui, darin liegen Orden von Kurtz.	
1068	Willard dreht den Kopf nach links.	... Wenn in Na Trang die Generäle hätten sehen können, was ich sah, – ob sie dann immer noch verlangen würden, daß ich ihn töte? ...
1069	An einer Wand hängen Fotografien von Kurtz' Frau und Sohn. Auf einem Tisch liegen neben einer brennenden Kerze zwei Bücher. aEins davon trägt den Titel: „The Golden Bough", das andere: „From Ritual to Romance".	... Vermutlich mehr denn je. Und was würden seine Leute zu Hause wünschen, wenn sie je erfahren würden, wie weit er sich tatsächlich von ihnen entfernt hatte. – Er hatte mit ihnen ...
1070	Nur ein schmaler Streifen vom Hals bis zum Ohr ist von Willards Kopf im Licht.	Willard (innerer Monolog): ... und dann mit sich selbst gebrochen. – Ich habe niemals einen so verzweifelten und – zerrissenen Menschen gesehen. Kurtz (off): Ich hab' das Grauen gesehen – das Grauen, das auch Sie gesehen haben....

Geräusche	Kamera	Zeit/s.
Der Schemel aus Holz, auf dem Kurtz sitzt, knarrt ...	wie 1057	
Musik: Monotone Gongschläge (schnell); dumpfer, brummender Unterton ...	Großaufnahme: Kurtz	
...	Überblendung in Nr. 1063 Nahaufnahme: Götzensäule Schwenk nach unten. Langsame Abblende.	
...	Großaufnahme: Willard	
...	Nahaufnahme: Uniformmäntel Schwenk nach unten.	
...	wie 1064	
...	Großaufnahme: Etui Aufsicht.	
...	wie 1064	
...	Nahaufnahme: Fotos Schwenk nach unten bis Großaufnahme: Tisch, Bücher	
...	wie 1064	

Ausschnitt aus dem Filmprotokoll von APOCALYPSE NOW		
Nr.	Handlung	Dialog
1071	Kurtz geht durch einen Gang zu Willard.	... Aber Sie haben kein Recht, mich einen Mörder zu nennen. Sie haben ein Recht, mich zu töten. – Sie haben ein Recht, – das zu tun. – Aber Sie haben kein Recht, über mich ein Urteil zu fällen. ...
1072	Willard geht nach links aus dem Bild. Das Bild ist dunkel. Kurtz' Kopf taucht aus dem Dunkel auf, er knirscht mit den Zähnen. Mit den Zähnen schält er eine nußartige Frucht. Kurtz zieht die Stirn in Falten.	(off) ... Es ist unmöglich, mit Worten zu beschreiben, was notwendig wäre – für jene – die nicht wissen, – was – das Grauen bedeutet. Das Grauen. – Das Grauen – hat ein Gesicht – und sie haben sich das Grauen zum Freund gemacht. Das Grauen und der moralische Terror – sind ihre Freunde. – Falls es nicht so ist, – sind sie ihre gefürchteten Feinde. – Sie sind ihre wirklichen Feinde.

(acht Stunden täglich bei fünf Arbeitstagen pro Woche). Bis dahin hat man den Film über zwanzig Mal gesehen. Auch wenn dieser Zeitaufwand nicht die Regel ist, sollte doch eine genaue Kenntnis des gesamten Films sichergestellt werden. Wer einen Film nach einmaligem Sehen „schnell mal" analysieren will, dürfte kaum sehr tief in den Film eindringen. Durchgesetzt hat sich beim Protokoll die Praxis, nur bestimmte Szenen ganz genau zu protokollieren – dramaturgische Schlüsselszenen beispielsweise, in denen der Handlungsverlauf eine überraschende Wendung nimmt; oder komplexe Szenen, in denen etwa eine Figur besonders entwickelt und charakterisiert wird; oder besonders spannende Szenen, um im Detail die Kausalfaktoren dieser Rezeptionssteuerung zu ermitteln, usw.

Das Sequenzprotokoll

Pflichtaufgabe und unverzichtbarer Ausgangspunkt einer jeden Filmanalyse ist dagegen das *Sequenzprotokoll*. Dabei wird die Filmhandlung in Szenen oder Sequenzen segmentiert. Die Einteilung in Sequenzen richtet sich zumeist nach einem oder mehreren der folgenden Kriterien:

- Einheit/Wechsel des Ortes,
- Einheit/Wechsel der Zeit (z. B. Tag versus Nacht),
- Einheit/Wechsel der beteiligten Figur(en) bzw. Figurenkonstellationen,
- Einheit/Wechsel eines (inhaltlichen) Handlungsstrangs,
- Einheit/Wechsel im Stil/Ton (z. B. statisch versus dramatisch, farbspezifisch, Handlung versus Dialog).

Geräusche	Kamera	Zeit/s.
...	Nahaufnahme: Kurtz (Silhouette) Parallelfahrt rückwärts mit ihm, leichter Schwenk nach rechts	
Die Nußschale knackt ...	wie 1064 Kurtz taucht aus dem Dunkel auf bis: Großaufnahme: Kurtz	

Bei einer Sequenz handelt es sich um eine relative Einheit, deren Festlegung mitunter aber auch umstritten sein kann. Jeder Film besteht in der Regel aus einer Vielzahl von Sequenzen, meistens zwischen dreißig und achtzig. In neueren Filmen liegt die Zahl niedriger, aber die entsprechenden Großsequenzen lassen sich dann jeweils wieder untergliedern in zahlreiche Subsequenzen.

Ein Beispiel aus dem Film Das Schweigen der Lämmer kann das veranschaulichen. Die Liste ungegliederter Handlungsteile oder Szenen oder Sequenzen irgendwo in der Mitte des Films liest sich wie folgt:

ungegliederte Sequenzabfolge

- Echtes Angebot Chiltons an Lecter (Kuli)
- Vorwurf an Crawford wegen Pseudoangebot an Lecter
- Übergabe Lecters an die Behörden in Memphis (Kuli)
- Gespräch mit Senatorin Martin
- Wichtigtuer Chilton bei der Presse
- Starling auf dem Weg zu Lecter
- Gespräch Starling/Lecter (über die Lämmer auf der Farm)
- Chilton läßt Starling rauswerfen (Akte)
- Flug und Ankunft Starlings in Baltimore

Im Grunde kann man mit nur wenig Übung ein solches Sequenzprotokoll während eines einzigen Filmdurchlaufs erstellen und bei einem zweiten Durchlauf noch einmal optimieren, das heißt, der Zeitaufwand ist sehr begrenzt. Man erhält dabei einen Überblick über die Abfolge des Geschehens im Film, den man weiter untersuchen kann. Man bezeichnet diese lose Abfolge auch

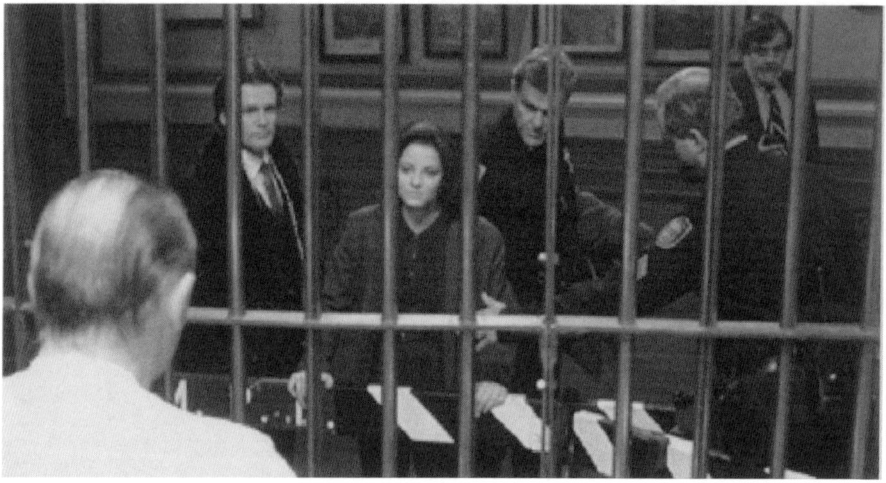

Abb. 15: Gespräch zwischen Starling und Lecter („quid pro quo") in DAS SCHWEIGEN DER LÄMMER

als Story: Erst geschieht dieses, dann jenes, dann wieder jenes – und dann und dann ... Damit liegt ein grobes Bezugsraster vor, auf das wir die Analyse selbst beziehen können.

Der nächste Schritt besteht darin, diese grobe Abfolge von Sequenzen zu gliedern. Die neun genannten Sequenzen aus dem Film DAS SCHWEIGEN DER LÄMMER lassen sich anhand desselben Filmausschnitts gliedern bzw. bündeln. Im Kontext der Sequenzliste für den gesamten Film bzw. eines kompletten Sequenzprotokolls werden aus den rein chronologischen neun Sequenzen vier ganz unterschiedliche handlungslogische Sequenzen[6]:

gegliederte Sequenzabfolge

19. Echtes Angebot Chiltons an Lecter (Kuli)
20. Flughafen in Memphis
    - Vorwurf an Crawford wegen Pseudoangebot an Lecter
    - Übergabe Lecters an die Behörden in Memphis (Kuli)
    - Gespräch mit Senatorin Martin
21. Shelby County Courthouse
    - Wichtigtuer Chilton bei der Presse
    - Starling auf dem Weg zu Lecter
    - Fünftes Gespräch Starling/Lecter

6 Ausführlich vgl. Werner Faulstich: Der neue Thriller: „Das Schweigen der Lämmer" (1991). In: Werner Faulstich und Helmut Korte (Hrsg.), Fischer Film Geschichte, Bd. 5: Massenware und Kunst (1977–1995). Frankfurt/Main 1995, S. 270–287.

- Quid pro quo a) das Schreien der Lämmer
- Quid pro quo b) entscheidender Hinweis Lecters, aber verdeckt
- Chilton läßt Starling rauswerfen (Akte)

22. Flug und Ankunft Starlings in Baltimore

Bei den Sequenzen 20 und 21 war die Einheit des Ortes ausschlaggebend, bei der langen Sequenz 21 kommen außerdem noch spezifische Merkmale zur Geltung wie die Parallelität der Handlung (Chilton bei der Presse, Starling bei Lecter), die Einordnung des Gesprächs als das fünfte in eine ganze Kette von Gesprächen und die Einteilung des Gesprächs selbst in den zweiseitigen Handel, den Starling und Lecter eingehen, der hier in sich sogar noch einmal verschachtelt ist.

Das Sequenzprotokoll erlaubt einen ersten Zugriff auf das Organisationsprinzip der Filmhandlung, und zwar sowohl für die genauere Analyse einer einzelnen Sequenz als auch für den gesamten Film. Sequenzen selbst lassen sich miteinander vergleichen – lange oder kurze Sequenzen, lineare oder verschachtelte oder auch Parallelsequenzen. Die gesamte Filmhandlung wird damit gegliedert, und die einzelnen Sequenzen werden in ihren Proportionen sichtbar. Eine wichtige Analysekategorie ist dabei die Unterscheidung nicht nur von *Sequenzen* und *Subsequenzen*, sondern auch von *Haupt-* und *Nebenhandlung(en)*. Dabei wird die Komposition der Filmhandlung erkenntlich, gleichsam die Montage der einzelnen Sequenzen. Manchmal beginnt ein Film mit einer Nebenhandlung, um dann allmählich zur Haupthandlung hinzuführen. Im andern Fall, wie zum Beispiel bei vielen JAMES-BOND-Filmen, beginnt der Film mit der Schlusssequenz einer früheren Vorzeithandlung, die damit abgeschlossen wird, gleichsam als Vorspann, um dann mit den Präliminarien für eine neue Haupthandlung voranzuschreiten. Gelegentlich werden auch zunächst nacheinander mehrere Sequenzen aus ganz verschiedenen Handlungssträngen gezeigt, die dann miteinander verknüpft werden. Ein gutes Beispiel dafür wäre Spielbergs UNHEIMLICHE BEGEGNUNG DER DRITTEN ART:

Subsequenzen, Haupt- und Nebenhandlungen

1. Alte Flugzeuge stehen wie neu in der Wüste.
2. Flugtower: Beinahe gibt es einen Zusammenstoß eines Flugzeugs mit einem UFO.
3. Barry und seine Mutter Jillian haben ein merkwürdiges Erlebnis.
4. Roy ist im Kreis seiner Familie.

5. Jillian sucht Barry, der weggelaufen ist.
6. Roy hat eine Begegnung mit einem UFO.
7. Jillian findet Barry und trifft auf Roy.
8. Jillian, Barry und Roy haben eine Begegnung mit einem UFO.

Verschachtelung von Handlungssträngen

Das Verschachtelungsprinzip ist offensichtlich. Zunächst werden vier verschiedene Handlungsstränge begonnen. Dann wird in Sequenz 5 Sequenz 3 fortgeführt. Dann wird in Sequenz 6 Sequenz 4 (Roy) mit Sequenz 2 (UFO) verknüpft. In Sequenz 7 wird die Sequenz 5 (Jillian/Barry) weiter- und zugleich mit Sequenz 4 (Roy) zusammengeführt. Und in Sequenz 8 schließlich werden Sequenz 7 (Jillian, Barry, Roy) und Sequenz 2 bzw. 6 (UFO) miteinander verknüpft. In diesem Fall gewinnt die Handlung durch den Informationsvorenthalt gegenüber den Zuschauern, die zunächst gar keine Zusammenhänge sehen und gar nichts verstehen (können), eine große Spannung, und zugleich auch etwas Schicksalsträchtiges, Unausweichliches – denn offensichtlich sind bestimmte Figurenkonstellationen für den weiteren Gang der Handlung relevant.

UNHEIMLICHE BEGEGNUNG DER DRITTEN ART nutzt dieses Spiel mit Sequenzen im weiteren Fortgang des Films in Form einer stufenweisen Skalierung: In einer Frühphase des Films formt Roy im Badezimmer spielerisch einen Berg aus Rasierschaum. Später sieht man Barry, wie er draußen im Garten einen Berg aus Lehm auftürmt. Noch später baut Roy gedankenverloren am Mittagstisch einen Berg aus Kartoffelbrei. Noch später türmt er einen

Abb. 16: Roy und „Devil's Tower" in UNHEIMLICHE BEGEGNUNG DER DRITTEN ART

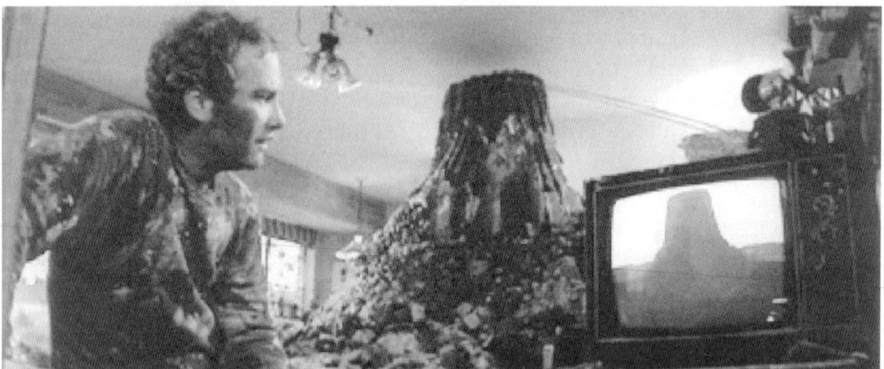

nunmehr riesigen Berg auf der Modelleisenbahn, parallel dazu hat auch Jillian auf dem Boden ihres Wohnzimmers einen riesigen Lehmturm gebildet – bis beide Figuren dann im Fernsehen „Devils Tower" sehen und erkennen, dass ihre Obsession sie just auf diesen Felsen hinweist. So machen sich beide Figuren auf die Reise dorthin usw.

Ein noch extremeres Beispiel für die funktionale Anordnung von Sequenzen im gesamten Film bietet AIRPORT.[7] Hier wird eine Vielzahl von Handlungssträngen eingeführt und schrittweise im Wechsel vorangetrieben: Ein Flugzeug bleibt im Schnee stecken und blockiert die Landebahn, eine Ehe zerbricht, eine Stewardess ist schwanger und erwägt eine Abtreibung, ein Attentäter schmuggelt eine Bombe an Bord eines Flugzeugs usw. Allmählich nehmen die Handlungen immer stärker aufeinander Einfluss. Schließlich explodiert die Bombe während des Fluges, aber das Flugzeug kann gerade noch auf der im allerletzten Moment geräumten Landebahn aufsetzen und heil ausrollen – und die Eheleute finden wieder zueinander, die Stewardess verzichtet auf die Abtreibung, der Attentäter ist ums Leben gekommen usw. Auch das hat wieder enorme ideologische Bedeutung: Alles hängt miteinander zusammen und beeinflusst sich gegenseitig. Alles hat im Mikrokosmos „Flughafen" seinen Sinn. Und am Schluss wird alles einem überwältigend guten Ende zugeführt.

Abb. 17: Verschachtelung paralleler Handlungsstränge durch Bildaufteilung in AIRPORT: links der Flugkapitän im havarierten Flugzeug, mittig der Tower, rechts der Leiter des Flughafens im Bemühen, die Landbahn räumen zu lassen

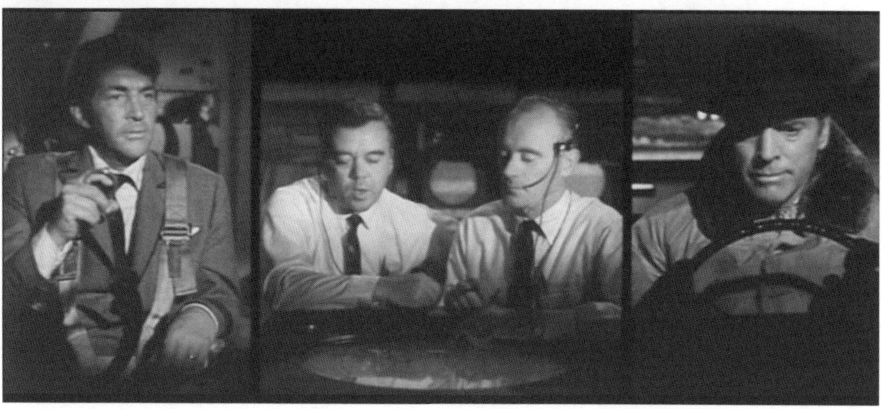

[7] Vgl. Ricarda Strobel und Klaus Schmitt: „Airport". Ein Filmtranskript. Rottenburg-Oberndorf 1986.

Solche handlungsbetonten Filme – wie überhaupt alle Actionfilme – folgen einem bestimmten Muster des Handlungsaufbaus, das im Vergleich mehrerer Filme derselben Art deutlich sichtbar wird. Bleiben wir bei dem Beispiel AIRPORT, so gab es in der Folge bekanntlich Nachzieher wie AIRPORT 75, AIRPORT 77 und eine ganze Reihe weiterer sogenannter Spinoffs, die sich an den Erfolg des Originals anhängen wollten. Im Gesamtüberblick[8] lassen sich jeweils variable und feststehende Handlungsteile unterscheiden. Stationär waren solche Handlungsmomente, die in allen Filmen in derselben Reihenfolge auftauchten. Damit ist nicht nur das Grundprinzip gemeint, Flugzeugkatastrophen mit „privaten" Katastrophen bzw. Beziehungsprobleme zu verknüpfen, und nicht nur der Tatbestand, dass alle Filme sich in fünf Teile einteilen ließen. Vielmehr war auch der inhaltliche Handlungsaufbau grundsätzlich vergleichbar: Jeweils im ersten Fünftel wurden der „Flughafenbetrieb" und „Beziehungsprobleme" dargestellt, im dritten Fünftel „Katastrophe" und „Rettungsmanöver" und im letzten Fünftel „partieller Erfolg", „Rettung" und „Abschied". Variationen verdecken das – etwa wenn die Katastrophe einmal durch eine Bombe hervorgerufen wird, dann durch die Kollision mit einem Sportflugzeug, dann durch die Kollision mit einem Ölbohrturm usw. Das zweite und das vierte Fünftel der Filmsequenzen aber waren gleichsam Leerstellen, die von Film zu Film unterschiedlich gefüllt

Die Handlungsstruktur als „Formel"

Abb. 18: Doris Day und Rock Hudson haben eine „keusche" Beziehung per Telefon (BETTGEFLÜSTER)

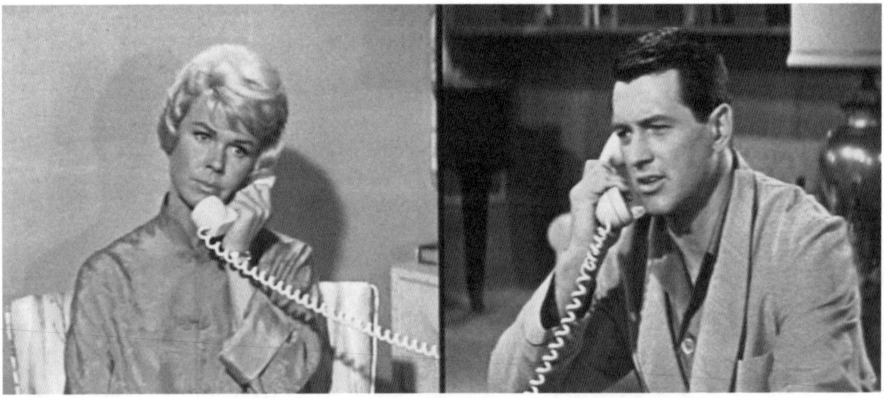

8 Siehe die Fallstudie von Werner Faulstich und Ricarda Strobel: Innovation und Schema am Beispiel von „Airport" – eine strukturalistische Filmanalyse. In: Diess., Innovation und Schema. Wiesbaden 1987, S. 49–91.

waren – sei es durch jeweils ganz neue Motive, sei es durch die Einfügung derselben Motive (Druckabfall in der Kabine, hysterische Panikausbrüche der Passagiere, Bildung eines Krisenstabs im Flughafen-Tower, Bilanz des technischen Schadens usw.) an jeweils unterschiedlichen Stellen. Man kann daran ein Muster erkennen – die „Formel", nach der eine ganze Serie von Einzelfilmen „funktioniert".

Zeit, Struktur, Phasen 3.2

Beim Sequenzprotokoll und beim Handlungsaufbau geht es ganz entscheidend um Raum und vor allem um Zeit im Film. Komplettiert ist das Sequenzprotokoll aber erst, wenn es nicht nur das bloße Nacheinander von Sequenzen (Story) gliedert und ausdifferenziert, sondern auch noch die Abfolge ausdifferenzierter Sequenzen gruppiert bzw. größere Zäsuren der Handlungsentwicklung markiert. Man nennt das den Plot: Erst geschieht dieses, dann jenes – und zwar *weil* ... Das Prinzip des „dann und dann" wird durch ein kausales Verknüpfungsprinzip abgelöst, das einen Sinnzusammenhang erkenntlich macht. Das klassische Beispiel (E. M. Forster) lautet: Die Story „Der König stirbt und dann stirbt auch die Königin" wird vorangetrieben zum Plot „Der König stirbt und dann stirbt auch die Königin *aus Gram* über den Tod ihres Gemahls". Die Handlungsstruktur wird hier als zentrale Sinnstruktur des Films zugänglich.

Story und Plot

Der Film erzählt eine Geschichte – das kann eher handlungsbezogen sein ebenso wie eher figurenbezogen –, und die erzählte Zeit unterscheidet sich fast immer erheblich von der Erzählzeit. Insofern spielt die Kategorie *Zeit* eine wichtige Rolle bei der Filmanalyse. Die Erzählzeit beträgt im Durchschnitt eineinhalb Stunden, die erzählte Zeit aber meist mehrere Tage, Woche, sogar Jahre. Das bedeutet: Es gibt Zeitsprünge, Zeitübergänge und Zeitraffungen, die beachtet werden müssen. Aber natürlich können auch Zeitdehnungen wichtig sein („slow motion"), Rückblenden („flashbacks") sowie zeitliche Vorausdeutungen und zeitliche Parallelen. Der genaue Blick auf die Kategorie Zeit kann oft dabei helfen, den Aufbau einer Handlung, die Gliederung in der Abfolge des Geschehens, die *Struktur* der Filmhandlung zu erkennen.

Erzählzeit und erzählte Zeit

Der Strukturbegriff hat auch bei den Filmgenres zentrale Bedeutung gehabt, soll hier aber nur auf einen einzelnen Film bezogen werden. Wegweisend ist die Frage nach den *Handlungspha-*

Handlungsphasen

sen – die man sich analog zu den Akten eines Theaterstücks vorstellen kann. In der Tat folgen viele Filme der 5-Akt-Struktur des klassischen aristotelischen Dramas, weniger weil Filme sich oft solcher Dramen als literarischer Vorlagen bedienten als vielmehr nach einem dramaturgischen Basis-Gestaltungsprinzip, das Filme mit Theaterstücken offenbar teilen. Sehr viele Filme also folgen einem Aufbau in fünf Handlungsphasen:

Problementfaltung

- *Problementfaltung*, z. B. Einführung einer Figur, eines Handlungsortes, eines Milieus, einer Zeit, eines Motivs,

Steigerung der Handlung

- *Steigerung der Handlung*, das heißt Verschärfung eines Konflikts, das Auftauchen neuer Probleme, Zunahme an Komplexität etc.,

Krise oder Umschwung

- *Krise und Umschwung* (Peripetie), z. B. durch das Hinzutreten einer weiteren Handlungspartei, durch das Versperren des letzten Auswegs, durch den Verlust aller anderen Optionen,

Verzögerung der Handlung

- *Retardierung* oder Verzögerung, das heißt, der Ausgang der Handlung ist bereits angekündigt oder absehbar, wird aber durch verschiedenartige Umstände noch zurückgehalten,

Happy End bzw. Katastrophe

- schließlich das *Happy End* (beim Melodrama) bzw. die *Katastrophe* (bei der Tragödie).

Viele Filme enden bekanntlich weder mit einem Happy End noch mit einer Katastrophe, das heißt, ein solches strukturelles Kategorienraster kann nur Hilfsfunktion haben bei der Handlungsanalyse eines Films, kann nur Anregungen bieten für den genaueren Blick auf den Film. Manche Filme bestehen aus einer Rahmenhandlung, mit der der Film einsetzt und auch wieder endet, und drei Phasen (z. B. BEGIERDE), andere Filme weisen ohne Rahmen ebenfalls nur drei Phasen auf (z. B. ALIEN). Wieder andere Filme haben auch sechs oder sieben Phasen, wobei sich die Funktionen wiederholen können (z. B. DUELL), es kann nach einer Krise aber auch eine zweite Krise folgen (z. B. ANGEL HEART), oder das Happy End wird durch ein nachfolgendes Nicht-Happy-End konterkariert (wie etwa in DIE GELIEBTE DES FRANZÖSISCHEN LEUTNANTS).

Entscheidend ist nicht die Einteilung eines Films bzw. eines Sequenzprotokolls in drei oder fünf oder sieben Phasen. Die formale bzw. die rein inhaltliche Unterscheidung von Handlungsabschnitten bringt überhaupt nichts für das bessere Verständnis des Films, sondern reproduziert nur deskriptiv, was der Fall ist und jeder ohnehin sehen kann. Entscheidend ist vielmehr die Antwort auf die Frage: Was genau ist es denn, was sich in der Latenz entfaltet, sich steigert, einen Umschwung erlebt, eine Retardierung und schließlich seinen Abschluss? Es geht nicht um die Reproduktion des manifesten Inhalts, sondern um die Ermittlung der inneren Logik und Stringenz, die der Handlung zugrunde liegt. Es geht um die Komposition des Films, seine spezifische Ordnung als Einzelwerk, in dem alle Teile aufeinander bezogen sind und in dieser Verstrebung das Ganze zusammenhalten. Handlungsstrukturierung heißt Bedeutungsgenerierung, insofern die Ereignisstruktur der Erzählstruktur unterworfen wird. Naturgemäß ist sie bei Action- oder Handlungsfilmen wichtiger als bei Filmen, in denen beispielsweise eine einzelne, individuelle Figur oder eine bestimmte Ideologie im Mittelpunkt steht. Nicht immer ist es möglich, einen Film bereits durch die Analyse der Handlung zu „knacken", das heißt seine latente Message zu ermitteln.

Handlungsstrukturierung als Strukturierung der latenten Bedeutung

Beispiele 3.3

Drei Beispiele sollen deshalb die Unterschiede verdeutlichen: Das erste Beispiel ist DER DRITTE MANN, der seine Message bereits in der Strukturanalyse offenbart; ausführliche Analysen von Figuren, Bauformen oder Normen und Werten reproduzieren, präzisieren oder erweitern hier nur das längst Erkannte. Der Film soll deshalb hier auch nur einmalig thematisiert werden. Das zweite Beispiel ist DIVA – ein Film, dessen Message bei der Handlungsanalyse bereits sichtbar werden kann, gleichermaßen aber auch bei der Figurenanalyse, der Analyse der Bauformen und der Analyse der Ideologie. Dieser Film soll deshalb immer wieder thematisiert werden, um die Vielzahl der analytischen Zugänge zu ein und derselben, gleichbleibenden Message zu demonstrieren. Das dritte Beispiel ist WENN DIE GONDELN TRAUER TRAGEN. Dieser Film soll ebenfalls bei allen vier Analyseschritten thematisiert werden, aber dabei wird nur eine allmähliche Näherung an seine Message erkennbar.[9]

Handlungsanalyse von DER DRITTE MANN (Beispiel 1)

DER DRITTE MANN spielt im Wien der Nachkriegszeit und erzählt gleichzeitig vier verschiedene Geschichten, die miteinander verwoben sind und alle denselben fünf dramaturgischen Funktionen unterworfen sind. Zunächst einmal ist es eine Kriminal- oder *Detektivgeschichte:* Der Schriftsteller Martins erfährt vom Tod seines Freundes Harry Lime (Phase I), kommt nach Wien, um selbst

als Detektivgeschichte

[9] Werner Faulstich: Latenz als Funktion von Inszenierung. Analyse und Interpretation des Spielfilms „Don't look now"/„Wenn die Gondeln Trauer tragen" (1973). In: Herbert Willems und Martin Jurga (Hrsg.), Inszenierungsgesellschaft. Ein einführendes Handbuch. Opladen 1998, S. 403–415.

Phase	Sequ. Nr.	Detektiv-geschichte	Beziehung Conway	Liebesge-schichte	Freundschaft mit Harry Lime	dram. Funktion
I	2–5	Todesnachricht	Kennenlernen	Interesse von Martins	Schmerz	Exposition
II	6–18	Aufdecken des Verbrechens	Streit	gemeinsame Erinnerung	Verteidigung des verehrten Freundes	Steigerung
III	19–40	Kontakt mit dem Täter	Zusammen-arbeit	Liebes-erklärung	Erkenntnis-schock	Umschwung, Klimax
IV	41–48	Jagd auf den Täter	Überzeugung	Streit	„Verrat"	Retardierung
V	49–50	Tod des Verbrechers	Achtung	Verachtung Annas für Martins	Töten des Freundes	Happy End bzw. Kata-strophe

Nachforschungen darüber anzustellen (Phase II), gerät in Gefahr und trifft Lime, der noch am Leben ist (Phase III), macht Jagd auf ihn, weil der sich als Verbrecher entpuppt hat (Phase IV), und bringt ihn schließlich zur Strecke (Phase V).

als Konfliktgeschichte

Zweitens handelt es sich um eine *Konfliktgeschichte*, wie sie auf Figurenebene deutlicher zu erkennen wäre. Martins lernt Major Calloway kennen (Phase I), gerät in heftigen Streit mit ihm (Phase II), überwindet sich dann aber zu einer Kooperation (Phase III), aus der gemeinsame Überzeugungen erwachsen (Phase IV), die schließlich in gegenseitige Achtung münden (Phase V).

als Liebesgeschichte

Derselben Dramaturgie folgt das narrative Muster der involvierten *Liebesgeschichte:* Martins verliebt sich in Anna, die Freundin seines „toten" Freundes Lime, in gemeinsamen Erinnerungen kommen sie sich näher, und er macht ihr eine Liebeserklärung, die dann aber in Streit ausartet und schließlich in Verachtung, die Anna für Martins empfindet. So wie die Detektiv- und die Beziehungsgeschichte positiv ausgehen, so endet die Liebesgeschichte negativ.

als Geschichte einer Freundschaft

Die Handlungsebene läßt sich schließlich auch als eine *Geschichte der Freundschaft* zwischen Martins und Harry Lime verstehen: Der Schmerz über den angeblichen Tod (Phase I) und die Verteidigung des verehrten Freundes gegen Verdächtigungen (Phase II) erreichen mit dem Erkenntnisschock über den Freund als einen skrupellosen Verbrecher einen Höhepunkt und Umschwung (Phase III), der Martins dazu führt, die Freundschaft gleichsam zu verraten (Phase IV) und den früheren Freund zur Strecke zu bringen (Phase V).

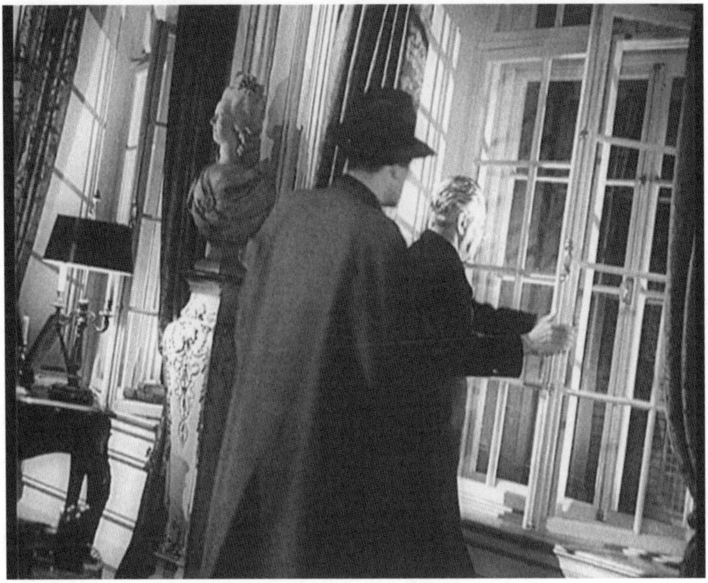

Abb. 19: Verkehrte Welt in DER DRITTE MANN

DER DRITTE MANN hat insofern eine ganze Reihe von Bedeutungsschichten, die jedoch derselben dramaturgischen Struktur unterworfen sind und die in einer Auseinandersetzung mit dem Phänomen Schuld ein und dieselbe latente Thematik haben: die Persönlichkeitsreifung des Protagonisten Martins, der erwachsen wird.[10]

Deutlich wird hier die Handlungsstruktur des Films als Bauplan, als Gerüst, als die innere Ordnung erkannt, die alles zusammenbindet und den Sinn der Komplexität erschließt. In dem formalen Gefüge von DER DRITTE MANN verbirgt bzw. vermittelt sich die „Essenz", die Message des Films. Die Analyse der Handlungsstruktur erweist sich als Schlüssel zum besseren Verständnis des Films, dessen Sinnstiftung mehrdimensional im Akt des Erzählens vermittelt und als Bedeutung oder „Sinn" vom Zuschauer erlebt wird.

Es gibt noch zahlreiche andere Beispiele von Action- oder Handlungsfilmen, für die eine entsprechende Handlungsanalyse den

---

10 Ausführlich Sabine Scholl: „Der dritte Mann" als internationaler und multimedialer Bestseller: Eine analytische Fallstudie. In: Werner Faulstich (Hrsg.), Literaturerfolg und Geschichte. Untersuchungen zu Medien-Bestsellern des Jahres 1950. Bardowick 1991, S. 288–312.

Zugang zur Filmaussage eröffnet – zum Beispiel bei der Bestsellerverfilmung von UND JIMMY GING ZUM REGENBOGEN[11] oder bei dem Polanski-Thriller DER TOD UND DAS MÄDCHEN.[12]

Handlungsanalyse von DIVA (Beispiel 2)

Unser zweites Beispiel – DIVA – spielt in Paris. Der Film erzählt ebenfalls mehrere Geschichten, die miteinander verknüpft sind. Es geht auf verwirrende Weise um Mädchenhandel und Raubkopien, um Liebe, um die Oper und die Musik, um die Erlebnisse des jungen Postboten Jules. Aber der Film „funktioniert" nicht als Kriminalfilm – dazu gibt es viel zu viele Bestandteile, die bei dieser Zuordnung stören würden. Er funktioniert auch nicht als Liebesfilm, denn „eigentlich" geht es gar nicht um Liebe. Manche Filmwissenschaftler haben sich damit gerettet, ihn einfach als „Kultfilm" zu deklarieren – was aber nicht hilft, den Film selbst besser zu verstehen. Das Sequenzprotokoll von DIVA rekonstruiert die Story und erlaubt die Phaseneinteilung:

Die Struktur in Sequenzen

1. Vorspann und Konzertmitschnitt in der Oper

---

2. Garderobe: Jules holt sich ein Autogramm und stiehlt das Kleid der Diva
3. Jules kommt in sein Loft und hört den Mitschnitt (Tonband)
4. Bahnhofssequenz (Verschachtelung, Parallelhandlungen)
   a) Arbeitsalltag Jules
   b) Ankunft Nadjas am Bahnhof
   c) Paula und Informant am Bahnhof
   d) Zwei Killer verfolgen und töten Nadja (Kassette)
5. Jules lernt Alba kennen
   - im Plattenladen
   - auf der Straße
6. Alba und Gorodish in dessen Loft
7. Killer überwachen Entsorgung des Autos auf dem Schrottplatz
8. Polizeichef Saporta, Informant, Paula und ihr Kollege im Polizeibüro

---

9. Arbeitsalltag Jules (Geldbote)
10. Jules und Alba in dessen Loft
    - Setting
    - Verehrung Jules für Cynthia Hawkins
    - Uhr-Geschenk und Kuss
    - Abhören des Tonbandmitschnitts (darin montiert 11)

---

11 Vgl. Werner Faulstich und Ricarda Strobel: Innovation und Schema. Medienästhetische Untersuchungen. Wiesbaden 1987, S. 93–141.

12 Siehe Britta-Karolin Öhding: Thriller der neunziger Jahre. Über den Zusammenhang von Struktur, Spannung und Bedeutung an ausgewählten Spielfilmen. Bardowick 1998, S. 15–25.

11. Informant wird von den Killern auf dem Rummelplatz ermordet
12. Alba wieder zuhause bei Gorodish, spielt Mitschnitt vor
13. Jules zuhause und fährt weg
14. Jules bei Prostituierter (Kleid)
15. (Parallelhandlung zu 14) Taiwanesen zerstören die Bänder in Jules Loft
16. Jules in seinem verwüsteten Loft: fassungslos
17. Jules bei Freunden
18. Warnung: Jules wird verfolgt, borgt sich Moped (Kassette)
19. Paula und Kollege in Jules Loft
20. Jules besucht Cynthia und gibt Kleid zurück (Taiwanesen im Foyer)
21. Pressekonferenz: keine Schallplattenaufnahmen von Cynthia (Taiwanesen)
22. Alba und Gorodish in dessen Loft, Jules zu Gast (Baguetteschmieren, darin montiert 23, Puzzlelegen, Rollschuhe, Taiwanesen im Hotel)
23. Killer treffen im Parkhaus den Polizeichef Saporta

---

24. Jules und Cynthia
    - im Café
    - Nachtspaziergang durch Paris
    - Hotelzimmer
    - (Parallelhandlung) Anruf der Taiwanesen bei Gorodish
    - Frühstück
    - Anruf der Taiwanesen bei Jules
    - Jules hört Cynthia beim Üben zu
    - (Parallelhandlung) Taiwanesen bei Manager Weinstadt
    - (Parallelhandlung) Polizeichef, Paula und ihr Kollege im Polizeibüro
    - Weinstadt und Cynthia/Jules: Streit wegen Bandmitschnitt
    - Jules tröstet Cynthia

---

25. Flucht von Jules und Rettung
    - Verfolgung durch Paula und Kollegen (Treppen, Metro etc.)
    - (Parallelhandlung) Taiwanesen vor dem Loft von Gorodish und Alba
    - Jules geht zur Prostituierten
        - Schlüssel
        - legt Kassette ein
        - (Parallelhandlung) Prostituierte meldet Jules ihrem Zuhälter
        - Jules hört Kassette
        - (Parallelhandlung) Prostituierte hat ein schlechtes Gewissen
    - Jules flieht, wird angeschossen, rettet sich in Bowlingbahn-Restaurant
    - (Montagesequenz) Jules telefoniert mit Gorodish und dann mit Alba
    - Gorodish rettet Jules vor dem Killer und bringt ihn nach draußen

26. Fahrt zum Leuchtturm
    - Fahrt auf der Landstraße
    - Parken: medizinische Hilfe
    - Fahrt bis zum Leuchtturm
    - Kaminfeuer: Alba und Gorodish
    - Gorodish hört die Kassette ab
    - morgens: Gorodish fährt weg
27. Alba und Gorodish im Leuchtturm

---

28. Gorodish in Paris
    - Gorodish bei Prostituierter
    - Monroe-Motiv/Gorodish bei Killern im Keller
    - Gorodish in seinem Loft (Taiwanesen, Bettelmusikant)
29. Tiefgarage: Polizeichef Saporta und die Killer (Pseudokassette, Mordauftrag)
30. Saporta, die Taiwanesen und Gorodish
    - Saporta steigt in leeres Auto von Gorodish (Geld, Bombe) und fährt los
    - Ankunft bei Fabrikhalle (Bombe)
    - Fabrikhalle
        - Tausch Geld gegen Kassette
        - Taiwanesen nehmen Kassette an sich, werden im Auto durch Sapporta getötet
        - Gorodish fährt in Doubletten-Auto weg
31. Telefonat Gorodish und Alba
32. Killer entführen Jules
33. (Parallelhandlung) Cynthia bereitet Abreise vor
34. Killer töten Taxifahrer

---

35. Showdown in Jules Loft
    - Polizistenkollege wird von Saporta weggelockt, Paula bleibt
    - Ankunft der Killer mit Jules
    - Kassette wird durch Pseudokassette ersetzt
    - Prügel
    - Paula erschießt einen der Killer und verwundet den anderen
    - Saporta kommt und erschießt den zweiten Killer mit Paulas Waffe
    - Er bedroht Paula und Jules (Licht geht aus)
    - Gorodish rettet die beiden, Saporta stürzt in den Fahrstuhlschacht

---

36. Abschiedsszene in der Oper (Cynthia und Jules), Nachspann

Tatsächlich handelt es sich bei Diva weder um einen Krimi noch gar um einen Liebesfilm, sondern um ein modernes Märchen. Die Einsicht in diese Genrezugehörigkeit von Diva liefert bereits den Schlüssel zum Verständnis. Auch hier gibt es die klassische 5-Akt-Struktur:

Die Struktur in Phasen

Rahmen 1 (Sequ. 1): Es geschieht ein Unrecht: Jules, der Protagonist, macht eine Raubkopie vom Live-Konzert der Diva.

Phase 1 (Exposition, Sequ. 2–8): Der Protagonist geht hinaus in die Welt mit ihren guten und bösen Personen.

Phase 2 (Steigerung, Sequ. 9–23): Es werden zwei Welten etabliert: die Alltagswirklichkeit (kriminell, banal etc.) und die Kunst (Musik, Fotografie, Pop Art, Bildende Kunst, Lebenskunst). Jules wird verfolgt. Die Kunst wird wegen Jules Unrecht von der Alltagswirklichkeit bedroht.

Phase 3 (Krise/Umschwung, Sequ. 24): Jules, zwischen den beiden Welten, erkennt die Schönheit der interesselosen Kunst als Wert an sich und bereut.

Phase 4 (Retardierung, Sequ. 25–27): Jules wird gejagt, verwundet und wunderbar gerettet.

Phase 5 (Lösung, Sequ. 28–35): Das Böse wird verschoben vom reuigen Jules auf die Mädchenhändler und die kriminellen Taiwanesen – und dieses Ersatz-Böse wird dank dem „deus ex machina" (Gorodish) eliminiert. Das Gute triumphiert.

Rahmen 2 (Sequ. 36): Das Unrecht wird auch formal wiedergutgemacht: Jules gibt der Diva den Bandmitschnitt zurück.

Bild 20: Cynthia Hawkins beim Live-Konzert in Diva

Der Auftritt der Künstlerin zum feierlichen Konzert wird so in Szene gesetzt, dass die Aura der Musik in ihrer Live-Inszenierung zutage tritt – einmalig und wunderbar, als Ereignis und Erlebnis: ein atemberaubender Traum.

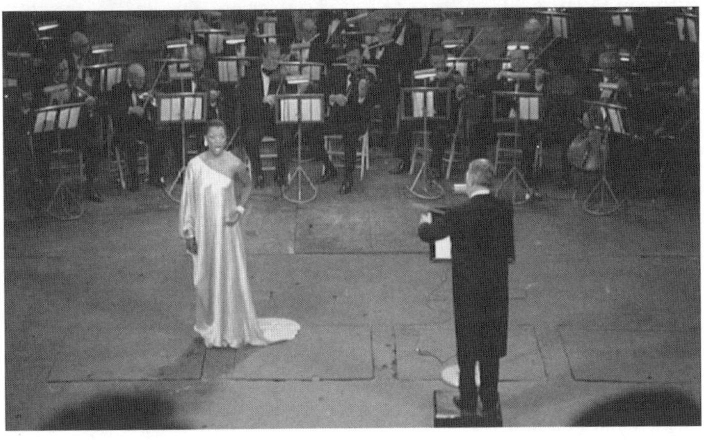

Der Handlungsaufbau von DIVA ist charakteristisch für das Märchengenre und erlaubt es, die Message des Films zu durchschauen. Schon die Handlungsanalyse also kann hier den Film „knacken“. Wem das nicht gelingen sollte, vielleicht weil ihm Märchenstrukturen nicht vertraut sind, wird in gleichem Ausmaß auch auf der Ebene der Figuren, der Bauformen des Erzählens und vor allem der Normen und Werte des Films auf das Märchenhafte hingewiesen.

Handlungsanalyse von WENN DIE GONDELN TRAUER TRAGEN (Beispiel 3)

WENN DIE GONDELN TRAUER TRAGEN, unser drittes Beispiel, ist dagegen rätselhafter. Hier dürfte es kaum möglich sein, die Message des Films allein mit der Handlungsanalyse zu erkennen. Gleichwohl sei dieser erste Zugriff auf den Film ausführlicher demonstriert, um den Weg zu veranschaulichen, den eine Filmanalyse im Prinzip nehmen sollte.

In der Eingangssequenz (Rahmen 1) wird das „Problem“ präsentiert, das der Film aufwirft: Während die Eltern im Wohnzimmer des englischen Landhauses arbeiten, ertrinkt ihre kleine Tochter Christine, in einen roten Mantel gehüllt, in einem nahegelegenen Teich. Zeitgleich beobachtet ihr Vater John auf einem Dia, wie eine blutrote Flüssigkeit eine Figur, die in einem roten Mantel in einer Kirche sitzend abgebildet ist, umhüllt und verschlingt. Zeitsprung.

Die Haupthandlung des Films umfaßt dreißig Sequenzen und ist wieder nach der klassischen 5-Akt-Struktur des Dramas gegliedert. Phase I bietet in sechs Sequenzen die Exposition. John befindet sich in Venedig bei Restaurationsarbeiten in einer Kirche. Zum Essen trifft er sich mit seiner Frau Laura in einem Restaurant. Laura begegnet dort den beiden Schwestern Wendy und der blinden Heather. Heather erzählt ihr, dass sie gerade ihre verstorbene Tochter Christine gesehen hätte, in ihrem roten Mantel, lachend, und dass es ihr gut gehe. Wendy erläutert, Heather habe die Gabe des zweiten Gesichts. Laura bricht erschüttert zusammen und wird ins Krankenhaus gebracht. Kurz darauf sehen wir Laura entspannt mit Kindern im Krankenhaus scherzen. Als John sie wieder nach Hause holt, erfahren sie von einem Mörder, der Venedig unsicher macht. Laura entzündet für Christine eine Kerze in einer Kirche, doch John ist skeptisch bis ablehnend. Dann trifft das Ehepaar mit dem Bischof zusammen, in dessen Auftrag John die Kirche restauriert. Laura, obwohl „nicht religiös“, küsst dem Bischof den Ring an seiner Hand, sehr zum Erstaunen ihres Mannes. – Diese Phase I der Filmhandlung formuliert für John bzw. für uns, die Zuschauer, „die Gabe“ als Aufgabe und Heraus-

Phase I: Exposition

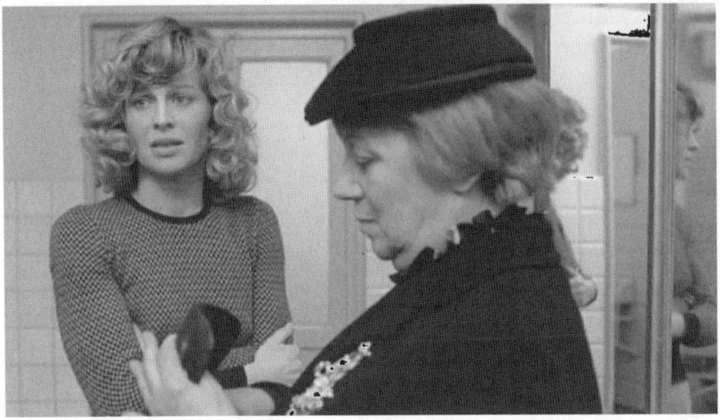

Abb. 21: Laura mit den beiden Schwestern Wendy und Heather in WENN DIE GONDELN TRAUER TRAGEN

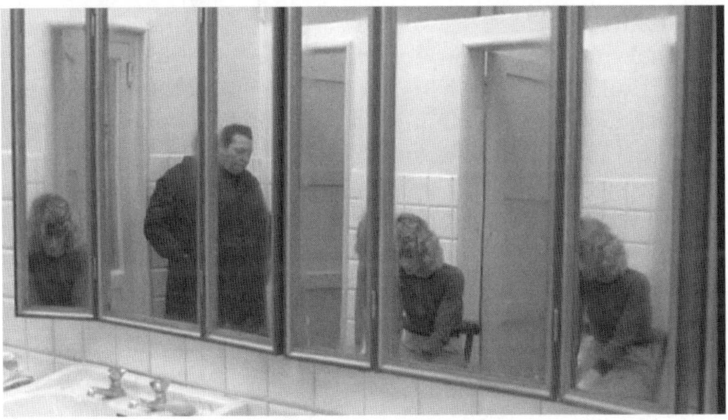

Abb. 22: Laura im Kaleidoskop vielfacher Spiegelungen

forderung zur Stellungnahme: Handelt es sich dabei um Humbug und (Selbst-)Betrug oder nicht?

Phase II: Steigerung

Phase II bedeutet de facto eine Steigerung, obwohl sie sich als Liebesgeschichte tarnt (Intermezzo 1). Die Beziehung zwischen Laura und John ist von Liebe, Zuneigung, Zärtlichkeit, Verständnis geprägt, sie funktioniert. Zentralen Stellenwert hat hier die berühmte Liebesszene, in der Fragmente sexueller Handlungen im Bett gegengeschnitten werden zu Fragmenten des Sich-Anziehens danach – eine Dramaturgie, die jeder Lüsternheit gegensteuert und vielmehr die Harmonie beim Liebesspiel und bei der geschlechtlichen Vereinigung der Eheleute ästhetisiert. Tatsächlich aber geht es keineswegs um die Liebe zwischen John und Laura und schon gar nicht um Sex, sondern gerade umgekehrt wird hier die Grundlage dafür gelegt, dass für die zukünftige Auseinandersetzung zwischen beiden auf keinen Fall etwa eine schlechte private Beziehung als Ursache herangezogen werden könnte. Die elaborierte Darstellung der Liebe von John und Laura dient also der Abwehr naheliegender, hier aber gerade nicht gemeinter Erklärungsmodelle; falsche Assoziationen der Zuschauer werden zurückgewiesen, und damit wird eine bedeutungsträchtige Leerstelle aufgebaut. Bezeichnenderweise endet diese Phase damit, dass sich die beiden bei der Suche nach einem Restaurant im dunklen Venedig verlaufen: Das „Problem“ stellt sich für beide gemeinsam.

Phase III: Krise und Umschwung

In Phase III vollzieht sich programmatisch die Krise. In sechs Sequenzen wird, bei immer neuen Begegnungen von John und Laura mit den beiden Schwestern, eine zunehmende Diskrepanz der Eheleute aufgebaut und entwickelt, die bis zum offenen Streit führt. Laura glaubt an die Gabe Heathers, sucht ihre Nähe und will sich des Kontakts zu ihrer toten Tochter vergewissern. John lehnt sie ab und bietet glaubhaft realistische Perspektiven: Es handele sich um psychologisch verständliche, aus Depressionen geborene Projektionen Lauras, die über den Verlust Christines nur schwer hinwegkomme – therapeutische Behandlung sei (wieder) nötig, Psychopharmaka sollen eingenommen werden. Der Bruch zwischen Laura und John wird schließlich auch räumlich vollzogen, als sie von einem Unfall des Sohnes Johnny in England hören und Laura mit dem nächsten Flugzeug hinfliegt. – Die Krise des Dramas besteht aber wohlgemerkt nicht in einer Ehekrise, sondern darin, dass sich John dem Glauben an „die Gabe“ verweigert. Es ist eine Krise ganz und gar Johns allein, dem die gesamte vierte Phase der Filmhandlung gewidmet ist.

Phase IV: Verzögerung

Bei Phase IV handelt es sich um die wiederum klassische Verzögerung, und erneut ist diese dramaturgische Funktion getarnt, diesmal nur als Detektivgeschichte (Intermezzo 2). Ging es vorher um die Ausklammerung eines ganz und gar privaten Erklärungsmodells („Liebe“), gilt nun die Aufmerksamkeit einem ganz und gar öffentlich gemachten Phänomen: dem Verbrechen. Die Gefährdung Johns wird von Anfang an deutlich, etwa wenn er vom Gerüst stürzt und um Haaresbreite dem Tod entgeht. Auf sie wird auch im Gespräch mit dem Bischof angespielt. Und als John plötzlich sieht, wie die in England geglaubte Laura mit den beiden

Abb. 23: Laura mit einem Lächeln am Schluß von WENN DIE GONDELN TRAUER TRAGEN

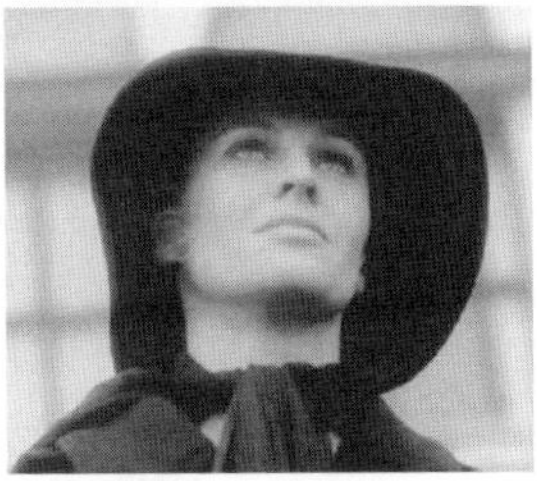

Schwestern in schwarzer Trauerkleidung auf einer Begräbnisgondel den Canale Grande entlangfährt, geht er zur Polizei und wird zum Detektiv, denn die beiden Schwestern, von denen er glaubt, sie hätten seine Frau entführt, sind verschwunden. Doch immer wieder wird nachdrücklich darauf hingewiesen: John ist nicht gefährdet durch einen Absturz vom Gerüst oder durch einen Mörder in Venedig oder durch kriminelle Schwestern, sondern ist gefährdet durch seine Verweigerung. Konsequenterweise löst sich denn auch das Problem mit den angeblich kriminellen Schwestern, nicht aber das Problem des zweiten Gesichts, denn in der Tat befand sich Laura nicht in Venedig, sondern in England, wie die Kamera durch Ortswechsel zeigt und auch John am Telefon erfahren muss.

Phase V: Katastrophe bzw. Happy End

Phase V führt die Handlung in erneut vier Sequenzen weiter, und die Ereignisse überschlagen sich bis zur Katastrophe: Während John die blinde Heather von der Polizeistation wieder zurück ins Hotel bringt, kommt Laura in Venedig an, sucht vergeblich nach John, der seinerseits Laura abholen will. Auf seinem Weg durch das dunkle Venedig begegnet John einer kleinen Gestalt in rotem Mantel, die ihn an seine tote Tochter Christine erinnert. Er folgt der Gestalt im Glauben, es handele sich um ein Kind, in eine

Abb. 24: Laura mit den Schwestern Wendy und Heather auf der Begräbnis-Gondel

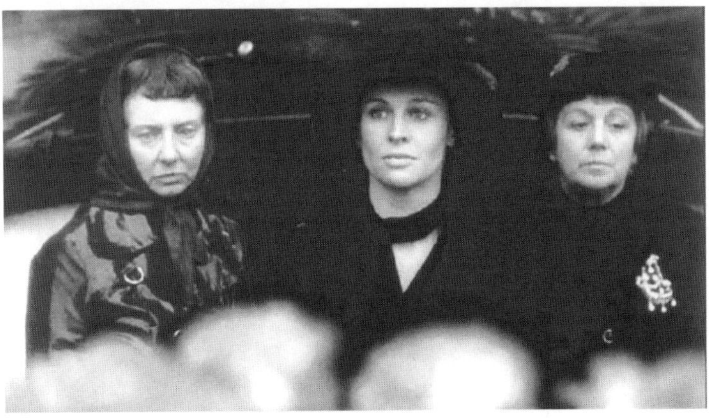

leere Kirche, um es zu trösten und zu helfen. Doch die Gestalt dreht sich plötzlich um, kein Kind, sondern ein häßlicher alter Gnom, der mit einem langen Messer auf John einschlägt und ihm die Halsschlagader durchtrennt. Mosaikartig bündeln sich im Bewusstsein des sterbenden John noch einmal zentrale Bilder der gesamten Ereignisse vom Tod Christines in England über das Liebesspiel mit Laura bis zu Heathers „Gabe“ im Hotelzimmer, dann ist er tot. Zeitsprung.

Die Schlußsequenz des Films (Rahmen 2) präsentiert die „Lösung“ des eingangs vorgestellten Problems: Laura steht mit den beiden Schwestern in schwarze Trauerkleidung gehüllt auf einer Begräbnisgondel, mit dem toten John an Bord. Aber anstelle von Trauer und Leid findet sich in ihrem Gesicht der Ausdruck von großer Ruhe und Stärke, ja der Anflug eines wenn auch bitteren Lächelns. Warum lächelt Laura? Erst die Message des Films bietet darauf die Antwort.

Die Figurenanalyse 4.

Der zweite analytische Zugriff auf den Film gilt den Handelnden, den Figuren. Dabei ist in Rechnung zu stellen: Jeder Film hat aufgrund seiner begrenzten Zeitspanne von durchschnittlich eineinhalb Stunden auch nur ein begrenztes Personeninventar; es können nicht beliebig viele Charaktere auftreten. Und der Film tut sich medienspezifisch – im Gegensatz etwa zum Buchroman – schwerer damit, Figuren in den Mittelpunkt zu stellen und allzu ausführlich und differenziert zu charakterisieren. Der Film als ein audio*visuelles* Medium tendiert zum Sichtbaren, zum Äußerlichen und muss einen besonderen Aufwand betreiben, um Inneres – Gedanken, Gefühle, mentale Zustände usw. einer Person – zu gestalten. Deshalb sind Filme generell auch eher *Handlungs*filme als *Figuren*filme. Um so größer ist insofern auch die Bedeutung der als Handlungsträger tatsächlich eingesetzten Figuren.

Wer handelt im Film?

Charaktere: Formen, Konstellationen, Rollen, Typen, Stars, Setting 4.1

Haupt- und Nebenfiguren

Sinnvollerweise unterscheidet man die Figuren in *Haupt-* und *Nebenfiguren*, wobei der Protagonist bzw. die Protagonistin zentrale Wichtigkeit beansprucht. In der Regel ist der *Protagonist* das Wahrnehmungszentrum im Film, die Schlüsselfigur, die Klammer, die alles zusammenhält. Der Protagonist ist nicht unbedingt zugleich auch ein *Held*. Helden wie z. B. James Bond mit Sean Connery und anderen Schauspielern oder Rambo mit dem Schauspieler Sylvester Stallone sind definitionsgemäß positiv und strahlend gehalten, während der Protagonist auch unscheinbar gestaltet sein kann, alles andere als bewundernswert, vielleicht sogar eine Art Anti-Held, über den man lachen kann, so wie beispielsweise bei Woody Allen. Der Protagonist fungiert auch häufig als eine Art Leerstelle, die selbst relativ blass und aussagelos erscheint – eine Art „alter ego" des Zuschauers, das an Stelle des Zuschauers agiert und die Fragen stellt, die dieser stellen würde, das den Zuschauer gleichsam durch das fiktionale Universum des Films führt und ihn damit in die Handlung einbindet; Captain Willard in Apocalypse Now ist dafür ein gutes Beispiel. Der Protagonist kann also sehr vieles sein und sehr unterschiedliche Funktionen wahrnehmen.

Protagonist und Held

Gelegentlich spielt ein Film auch mit der Neigung des Zuschauers, sich mit dem Protagonisten zu identifizieren oder sich seiner

Führung zu unterwerfen und ihm zu vertrauen – beispielsweise dadurch, dass der Protagonist irgendwann im Verlauf des Films ums Leben kommt und der Zuschauer damit auf einmal auf sich allein gestellt ist, so wie bei George Romeros ZOMBIE, oder durch die Entlarvung des Protagonisten als Bösewicht oder Ungeheuer wie etwa am Schluß von SIEBEN, was den Zuschauer ebenfalls verunsichert und vor den Kopf stoßen muss.

Wie erkennt man den Protagonisten? Nicht immer gibt er sich auf den ersten Blick als solcher zu erkennen. Meistens zeigt sich sein Status in der Art der Dominanz im gesamten Film, in der Häufigkeit seines Auftretens oder auch in der Kontinuität seiner Präsenz. Man kann einen Film immer um die eine oder andere Nebenfigur einfach beschneiden, ohne dass der Film damit insgesamt unmöglich gemacht würde, nicht aber um den Protagonisten. Dies gilt um so mehr, wenn es sich um ein Protagonistenpaar handelt, etwa einen Mann und eine Frau oder zwei Freunde. Es kann also auch mehrere, möglicherweise sogar gleichrangige Protagonisten in einem Film geben. In einem solchen Fall verbergen sich in der Konstellation bereits Hinweise auf die Bedeutung des Films. Es gibt bekanntlich standardisierte *Paarungen*, die in der westlichen Kultur Tradition haben – zum Beispiel Max und Moritz, Dick und Doof, Sherlock Holmes und Watson, Winnetou und Old Shatterhand, Don Quichote und Sancho Pansa, Kara Ben Nemsi und Hadschi Halef Omar, Dr. Jekyll und Mr. Hyde (um nur einige zu nennen). Sie prägen maßgeblich den Handlungsrahmen, aber auch viele Bauformen und Normen und Werte.

Figurenpaarungen

Sodann gibt es aber noch andere Paarungen wie beispielsweise Liebhaber und Geliebte, Vamp und biedere Hausfrau, Verbrecher und Detektiv, der Gute und der Böse, der Reiche und der Arme, Herr und Diener, Star und Fan sowie weitere *Figuren-Konstellationen*, aus denen ein Großteil der Dramaturgie entfaltet wird: eine Frau zwischen zwei Männern, ein Mann zwischen zwei Frauen, „the beauty and the beast“, der Einzelne gegen die Gesellschaft usw.

Figuren-Konstellationen

Zu beachten ist, dass viele Protagonisten stark von Rollen geprägt sind oder bestimmte Figurentypen repräsentieren. Klassische *Rollen* sind oft genrespezifisch vorgegeben (z. B. Cowboy, Sheriff, Doc, Bankräuber, Revolverheld, Saloonwirtin im Western) oder weisen Bezüge zur aktuellen Gesellschaftssituation auf, das heißt, Rollen sind oft soziale Verhaltensschemata und Berufe (der Arbeiter, der Banker, der Lehrer, der Kapitalist, die Hure, der Feigling, der Aufsteiger usw.). Klassische *Typen* wurden filmhistorisch als Startypologie ausgebildet, mit jeweils festgelegten

Rollen

Typen

Images und Schemata; da gibt es etwa den Gentleman, den Rebellen, den ewigen Verlierer, den Witzbold, den Super-Actionhelden, den Jungen von nebenan oder den einsamen Rächer bzw. die Sexbombe, den Vamp, die kameradschaftliche Gefährtin, die Mondäne, die Göttin, den Engel, die Lolita, die Femme fatale oder die „tough woman". Ein Film kann solche Rollen und Typen aufgreifen – bei Nebenfiguren werden sie oft einfach funktional eingesetzt, bei Hauptfiguren wird aber auch mit ihnen gespielt, werden sie modifiziert, kritisiert, neu profiliert oder lächerlich gemacht.

Der erste Auftritt

Besonderes Interesse gilt häufig dem ersten Auftritt des Protagonisten und der Art seiner Charakterisierung. Aufgrund seiner Rolle als Wahrnehmungs- und Bedeutungszentrum im Film wird auf seine Gestaltung in aller Regel Wert gelegt, eben um die notwendige Glaubwürdigkeit und zugleich Attraktivität zu erzeugen. Ein herausragendes Beispiel dafür ist der Anfang von Der Pate mit Marlon Brando in der Hauptrolle. Ein Bäcker kommt als Bittsteller zum Paten, den man als den Zuhörer zunächst nur in

Der Pate wird als der übermächtige Don eingeführt, gleichbedeutend mit dem allmächtigen Vater, der beschützen kann und bestrafen, der helfen kann oder untergehen lässt. Der Bäcker, dessen Tochter man zusammengeschlagen hat, bittet unterwürfig um Gerechtigkeit – die der Pate großmütig und mit Blick auf eine spätere Gegenleistung gewährt.

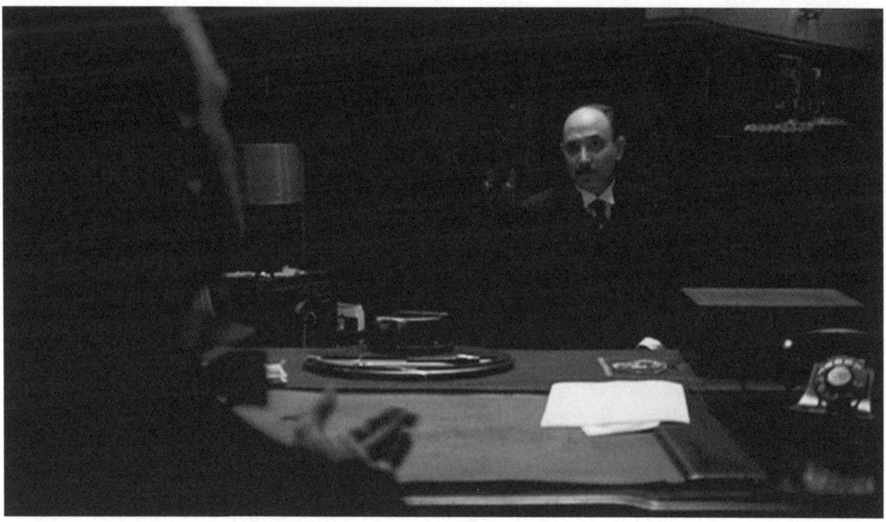

Abb. 25: Der Bäcker als Bittsteller beim Paten in Der Pate (Schuß)

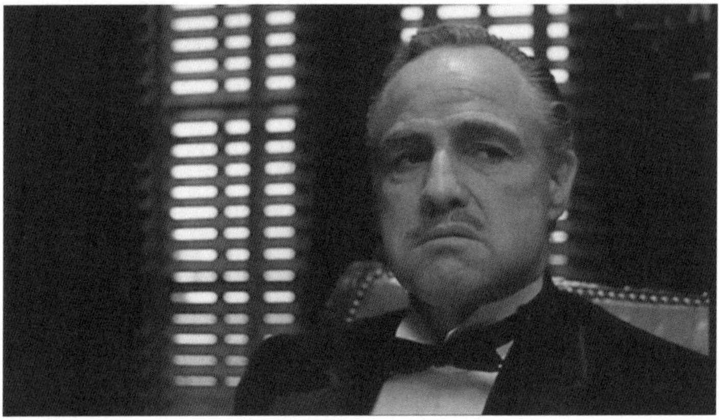

Abb. 26: Der Pate als sein Gegenüber in DER PATE (Gegenschuß)

Umrissen links im Vordergrund sieht (Schuss), dann erst als den mächtigen Paten (Gegenschuss). Noch bevor man das Gesicht sieht, erhält die Figur dadurch einen Nimbus und wird mit Bedeutung aufgeladen.

Arten der Charakterisierung

Man kann – und das gilt für alle Haupt- und auch Nebenfiguren – grundsätzlich drei verschiedene Arten der Charakterisierung unterscheiden:

Selbstcharakterisierung

– erstens die *Selbstcharakterisierung*: Jede Figur charakterisiert sich als die, die sie ist oder zu sein vorgibt, durch ihr Reden, ihr Handeln, ihre Mimik, Gestik, Stimme, ihre Sprache, ihre Kleidung usw. – wie jeder Mensch im normalen Alltag auch;

Fremdcharakterisierung

– zweitens die *Fremdcharakterisierung*: Eine Figur wird durch eine andere Figur im Film vorgestellt und beurteilt, beispielsweise positiv, möglicherweise im Kontrast zu einer dritten Figur, die ein Negativurteil beisteuert, und im Unterschied zu weiteren Personen mit wieder anderen Meinungsäußerungen;

Erzählercharakterisierung

– drittens die *Erzählercharakterisierung*: Eine Figur kann durch zahlreiche Bauformen des Erzählens charakterisiert werden, etwa durch die Einstellungsgröße oder die Einstellungsperspektive, durch die Musik, durch die Beleuchtung und andere Stilmittel.

Viele, zumal anspruchsvollere Filme „spielen" gleichsam mit solchen unterschiedlichen Charakterisierungsstrategien und den daraus folgenden Versionen einer Figur und ziehen mit der impliziten Aufforderung an das Publikum, sich selbst ein Urteil zu bilden und sich für das eine oder andere Bild zu entscheiden, den Zuschauer mit in die Handlung hinein.

Die Figurenanalyse soll charakteristische Merkmale einer Figur erkennen lassen; man muss die Figuren des Films so beschreiben können, wie man einem Freund einen neuen Bekannten beschreibt, den dieser noch nicht gesehen hat. Das beginnt bei Äußerlichkeiten wie Aussehen, Kleidung, Verhalten und reicht bis zu charakterlichen und anderen Persönlichkeitsmerkmalen. Man kann dabei die wichtige Unterscheidung zwischen „flat" und „round characters" (E. M. Forster) machen. „Flache" oder *eindimensionale Figuren* sind meist typisiert, treten als Nebenfiguren auf und haben nur sekundäre Bedeutung für die Filmmessage. Sie können aber auch Hauptfiguren sein wie in den James-Bond- oder den Rocky-Filmen. „Runde" oder *mehrdimensionale Figuren* dagegen gibt es nur als Protagonisten. Eine mehrdimensionale Figur kann durch zwei Merkmale ausgezeichnet sein: erstens eine gewisse *Komplexität*, das heißt, die Liste der Eigenschaften und Merkmale ist vergleichsweise lang, gekennzeichnet von großer Vielfalt und durchaus auch von Gegensätzen und Widersprüchen, die eine Figur erst wirklich lebendig erscheinen lassen; zweitens eine *persönlichkeitsmäßige Veränderung*, das heißt, die Figur ist am Ende des Films nicht mehr die, die sie noch am Anfang war. Typische Beispiele dafür wären der Junge, der zum Mann wird; das Mädchen, das sich zur Frau entwickelt; der Schüchterne, der sich am Schluss durchsetzt; auch der Held, der als Versager endet.

Eindimensionale und komplexe Figuren

Persönlichkeitsmäßige Veränderung

Abb. 27: „Baby" findet zu sich selbst durch den Tanz (Dirty Dancing)

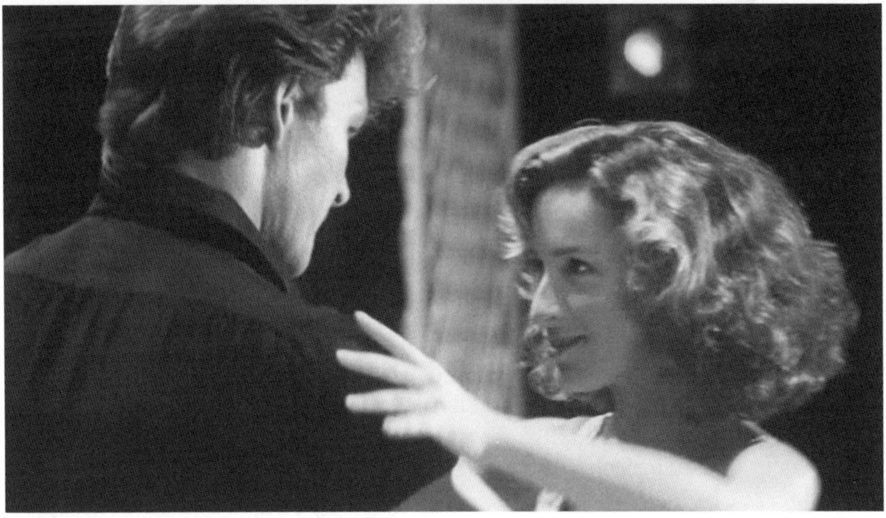

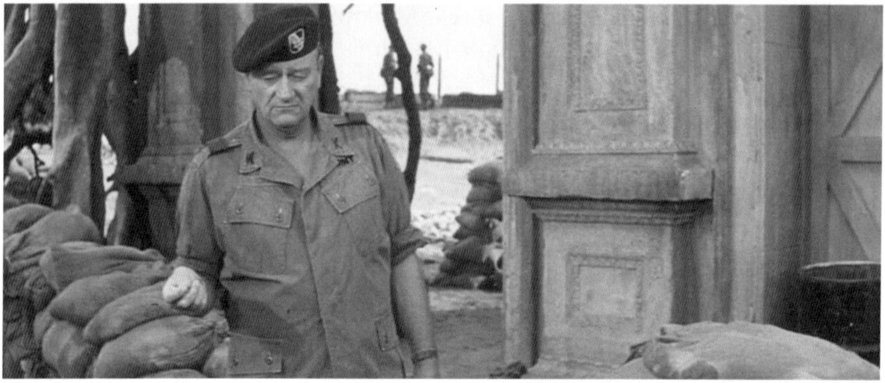

Abb. 28: Westernheld John Wayne im Vietnamfilm DIE GRÜNEN TEUFEL

Man hat solche Figuren deshalb auch als dynamische Figuren bezeichnet, im Unterschied zu statischen Figuren. NORA beispielsweise und viele spätere Frauenfilme folgen diesem Grundprinzip. Und zahlreiche Literaturverfilmungen wie beispielsweise BAHNWÄRTER THIEL oder DIE MARQUISE VON O. thematisieren zentral diesen inneren Wandel.

Auch die Besetzung einer Rolle durch einen Schauspieler, eine Schauspielerin kann charakterisierende Bedeutung haben: das sogenannte *Casting*. Es macht einen großen Unterschied aus, ob völlig unbekannte Darsteller eingesetzt werden oder solche Schauspieler, die dem Publikum aus anderen Filmen und anderen Rollen bereits bekannt sind. Eine Filmfigur wird also auch durch die Individualität des Schauspielers charakterisiert, und gelegentlich werden bewusst Bezüge hergestellt zwischen einer Filmfigur und denjenigen Rollen, die der Schauspieler bereits in früheren Filmen übernommen hat (z. B. wenn der Westernheld John Wayne auf einmal in dem Vietnamfilm DIE GRÜNEN TEUFEL auftaucht, wenn Marlon Brando als der Kämpfer von ON THE WATERFRONT, als der Revolutionär von VIVA ZAPATA, BURN und als der Piratenheld von MEUTEREI AUF DER BOUNTY seinen Helden-Mythos im LETZTEN TANGO VON PARIS demontiert oder wenn Arnold Schwarzenegger in TERMINATOR I den Bösewicht spielt und in TERMINATOR II plötzlich die Rolle des Guten übernommen hat). Natürlich tragen auch die schauspielerischen Fähigkeiten des jeweiligen Darstellers und seine gestalterische Interpretation wesentlich zur Charakterisierung einer Figur bei.

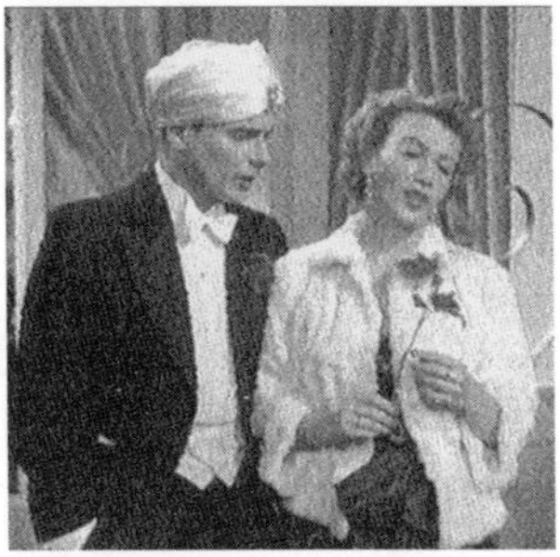

Abb. 29: Hans und seine kokette Verlobte Malwine aus der Stadt in SCHWARZWALDMÄDEL

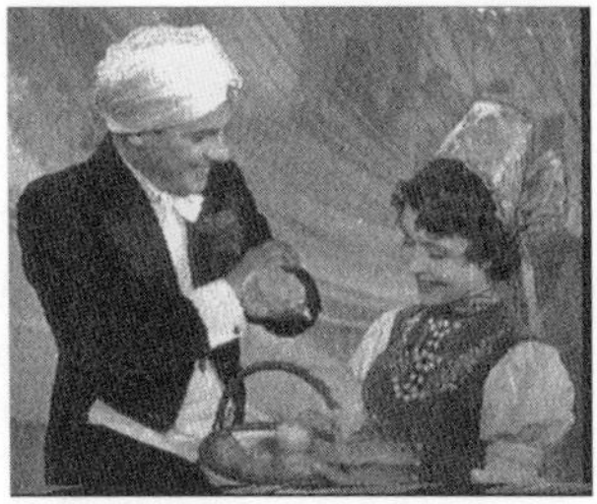

Abb. 30: Hans und das natürliche, echte Mädel vom Land in derselben Filmsequenz als Kontrast

Das Setting

Schließlich muss noch das *Setting* erwähnt werden, das bei der Figurenanalyse häufig vergessen wird. Dazu gibt es bislang noch die wenigsten Untersuchungen, obwohl seine Relevanz unbestritten ist. Mit dem Setting (früher eingeschränkt auch als „Ausstattung" bezeichnet) ist die Situierung einer Figur in der Gesellschaft gemeint: geschlechtsspezifisch, altersspezifisch, berufsspezifisch, schichtspezifisch, ortsspezifisch, milieu- und szenespezifisch usw. Es macht jeweils einen großen Unterschied aus, ob eine Figur ein Mann ist oder eine Frau; ob sie sehr alt ist oder ob es sich um einen Jugendlichen handelt; ob sie der reichen High Society angehört oder einer Arbeiterfamilie, der Berufsgruppe der Studenten oder der der Handwerker; ob sie auf dem Land wohnt oder in der Großstadt; ob sie in der Drogenszene agiert oder im Sportlermilieu, ob das Gefängnis Handlungsort ist oder ein Supermarkt, usw. Manche Filme wie etwa STÜRMISCHE HÖHEN agieren zentral mit zwei gegensätzlichen Handlungsorten und siedeln Dreieckskonstellationen wie hier von Cathy zwischen Heathcliff und Edgar Linton strukturell in der Bipolarität von Wuthering Heights und Thrushcross Grange an.[1] Das gilt auch für Filme wie den klassischen Heimatfilm SCHWARZWALDMÄDEL, wo Land und Stadt über die Charaktere der verschiedenen Figuren und Figurenpaare genretypisch gespiegelt und entwickelt werden – bis die Naturverbundenheit als Ausdruck von Güte und Echtheit und

[1] Vgl. ausführlich Werner Faulstich: Das Triebschicksal des Bürgers: „Wuthering Heights". In: Franz Josef Albersmeier (Hrsg.), Literaturverfilmungen. Frankfurt/Main 1989, S. 221–244.

die Liebe zum Schwarzwaldmädel als die „wahre" Liebe erkannt sind.[2]

Auch ein neuerer Film wie COPYKILL geht aus von den Klischees oppositioneller Geschlechterrollen, die im Verlauf der Charakterentwicklung durchbrochen und widerlegt werden, bis das Modell des typisch passiven weiblichen Opfers überwunden und durch die Solidarität von Frauen abgelöst wird.[3]

4.2 Beispiele

Zur Figurenanalyse sollen wieder drei verschiedene Beispiele vorgestellt werden. Beim ersten Beispiel handelt es sich um den Monumental-, Bibel- oder Sandalenfilm SAMSON UND DELILAH, der seine Message besonders deutlich in der Figurenanalyse zu erkennen gibt.[4] Das zweite Beispiel ist erneut DIVA, wobei die Message so wie auf der Handlungs- auch auf der Figurenebene sichtbar wird, und das dritte Beispiel wieder WENN DIE GONDELN TRAUER TRAGEN, erneut ohne dass die Bedeutung dieses Films in ihrem Kern bereits über die Figurenanalyse zugänglich wird.

Figurenanalyse von SAMSON UND DELILAH (Beispiel 1)

SAMSON UND DELILAH war einer der US-Bestsellerfilme des Jahres 1950; er gestaltet den biblischen Stoff aus dem Alten Testament (Richter 12–16) um den starken Samson und die verräterische Delilah. Auf den ersten Blick, der sich freilich schnell als Irrtum erweist, handelt es sich dabei um einen Religionsfilm: Samson ist Richter bei den jüdischen Daniten, die von den heidnischen Philistern unter Führung des Sarans unterdrückt werden und sich nach ihrer Freiheit sehnen. Der zweite Blick lässt einen Liebesfilm vermuten: Samson wendet sich von seiner Verlobten Miriam ab und heiratet aus religionspolitischen Gründen die heidnische Priesterin Semada, deren Schwester Delilah in Samson verliebt ist. Durch Samsons Schuld kommen Semada und ihr Vater um, und die mittellose Delilah schwört bittere Rache. Sie verführt Samson und erfährt dabei das Geheimnis seiner Stärke, nämlich

---

2 Siehe Ricarda Strobel: Heimat, Liebe und Glück: „Schwarzwaldmädel". In: Fischer Film Geschichte, Bd. 3: Auf der Suche nach Werten. Frankfurt/Main 1990, S. 148–170.

3 Ausführlich Britta-Karolin Öhding: Thriller der neunziger Jahre. Bardowick 1998, S. 26–42.

4 Die Analyse stammt von Carola Herzogenrath: „Samson and Delilah" – eine historische Analyse. In: Werner Faulstich (Hrsg.), Literaturerfolg und Geschichte. Bardowick 1991, S. 236–260.

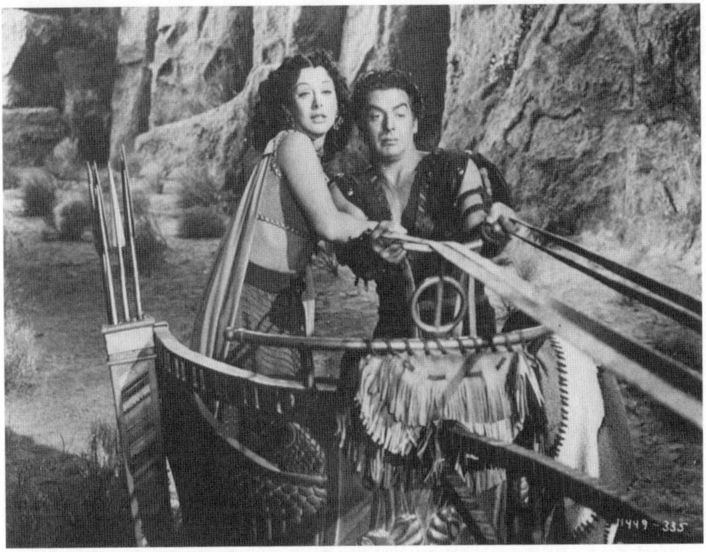

Abb. 31: Samson und Delilah für kurze Zeit vereint (Samson und Delilah)

seine langen Haare. Als Miriam wieder auftaucht, wird Delilah eifersüchtig und betäubt Samson, schneidet ihm die Haare ab und übergibt ihn seinen Feinden, die ihn blenden und anketten. Delilah erfährt von seiner Blindheit, bereut nun ihre Tat und will ihn retten. Er verzeiht zwar Delilah, agiert aber dann als Führer der Daniten und reißt die Säulen des heidnischen Tempels ein. Dabei ums Leben kommen er selbst (weil er die „wahre" Liebe Miriams verschmähte), Delilah (weil sie ihn verraten hat) und alle Philister (weil sie eben ungläubig sind).

Tatsächlich ist Samson und Delilah weder ein Religions- noch ein Liebesfilm, obwohl „Religion" und „Liebe" – charakteristisch für die damalige Nachkriegszeit – zwei zentrale Werte darstellen. Zentrales Thema ist vielmehr das Erwachsenwerden, das mit der Figur Samson ausgeführt wird und den Film auch handlungsstrukturell prägt: die Entwicklung vom infantilen, ichschwachen, fremdgesteuerten zum reifen, selbständigen, eigenverantwortlichen Menschen. Samson ist mit 459 Einstellungen (51,2% aller Einstellungen) klare Hauptfigur des Films, und seine innere Entwicklung macht die Message des Films aus: Zwar wird er als Mann von „Größe und Schwäche, Kraft und Gnadentum" eingeführt, zeigt sich aber zunächst als übermütiger großer Junge, der die verbotene Frucht einer Philisterfrau der treu ergebenen jüdischen Verlobten vorzieht. Vertrauensselig und treuherzig wechselt er quasi die Fronten und mißachtet den Auftrag seines Gottes. Dafür wird er einer Reihe von Prüfungen und Versuchungen ausgesetzt, die ihn schrittweise reifen lassen. Der Umschwung erfolgt, als er auf der Flucht ist, alles verloren hat und nun die Unterstützung seines Gottes erfährt. Am Ende überwindet er seine Ich-Bezogenheit und Ich-Schwäche und findet sich selbst.

Persönlichkeitsreifung und Selbstfindung

Alle anderen Charaktere und auch Delilah sind dieser Figurenentwicklung zugeordnet. Miriam markiert als die ideale, gläubige, mutige, hübsche, treue Frau den einen Extrempunkt der Skala, Semada als die ganz und gar von gesellschaftlichen Konventionen abhängige kokette, selbstsüchtige, eitle Frau den anderen. Delilah als zweitwichtigste Person (in 327 Einstellungen = 36,5 % präsent) macht eine ähnliche Entwicklung durch wie Samson: vom „halben Kind" und der selbstsüchtigen Frau am Anfang (in bunter, einfacher Kleidung) über die Intrigantin, triebhafte Verführerin und Verräterin (in weißen, kostbaren Luxus-Gewändern) bis hin zur Einsicht in ihre Schuld (im schwarzen Umhang mit klosterähnlicher Kapuze). Ebenso wie Samson findet sie gleichsam zu ihrer Bestimmung: Samson erhält von seinem Gott seine Stärke zurück und kann sein Volk befreien, Delilah ist mit ihm auf spiritueller Ebene in jener „wahren" Liebe vereint, die sie am Schluss für Samson empfinden kann. Dass beide tragischerweise den Tod dabei finden, macht den Tatbestand, dass beide ihr Ziel der Persönlichkeitsreifung und Selbstfindung erreicht haben, für das Publikum der deutschen Nachkriegszeit um so glaubwürdiger.

Figurenanalyse von Diva (Beispiel 2)

In dem Film Diva, unserem zweiten Beispiel, ist der Protagonist keineswegs die titelgebende Diva selbst, die Opernsängerin Cynthia Hawkins, sondern der Postbote Jules. Er ist diejenige Figur, die am längsten präsent ist (39% der Zeit), ohne dabei allzu dominant zu sein; über ihn verknüpfen sich alle Handlungsstränge, er allein macht einen Wandel durch: Er zieht in die Welt hinaus, setzt sich mit dem Realitätsprinzip auseinander und kommt geläutert zurück. Äußerlich gesehen handelt es sich um einen jungen Mann Anfang zwanzig, von Beruf Postbote in Paris, unauffällig gekleidet, lebt allein in einem extravaganten Loft mit skurriler Einrichtung, verhält sich freundlich und höflich, hat Kollegen und Freunde, und sein Hobby ist die Musik, die Oper – er ist ein „wahrer Fan" der Diva. Charakterlich nimmt er sich unbeholfen und naiv aus, eher verträumt und unschuldiges Kind.

Alba charakterisiert ihn als „kleinen Frosch" (ein Märchenhinweis), die Prostituierte nennt ihn „niedlich" und „ein bißchen verklemmt". Von einer charakterlichen oder psychologischen Entwicklung eines Individuums kann man auch bei ihm nicht sprechen. Er ist auch nur in der ersten Hälfte des Films Handlungsmotor. Zudem präsentiert er sich wenig komplex und vielmehr statisch. Jules ist kein Held, sondern eine Art Jedermann, an dem exemplarisch etwas exerziert und demonstriert wird. Er hat Leitfunktion für uns, die Zuschauer, und fungiert als Modell – wie Hänsel und Gretel, Schneewittchen, Rotkäppchen, das tapfere Schneiderlein, Aschenputtel, die Bremer Stadtmusikanten oder Dornröschen. Die Morphologie des Märchens weist dem Protagonisten die Paradigmafunktion für die Vermittlung der Moral, der Message zu.

Märchenfiguren

Alle anderen Figuren von DIVA sind stark typisiert und flach. Es gibt im wesentlichen zwei Gruppen: die Guten und die Bösen. Dazwischen stehen einige Nebenfiguren, die begrenzt auf die eine oder andere Szene nur handlungsfunktional sind (Nadja, die Prostituierte, der Impresario Weinstadt, der Informant). Die Guten sind so gut, dass es eigentlich kaum zu ertragen wäre, wüsste man nicht um den Märchencharakter des Films. Die brave und etwas dümmliche Polizeibeamtin Paula und ihr noch dümmerer Kollege sollen eigentlich nur beweisen, dass die Polizei nicht ganz und gar korrupt und kriminell ist, dass die Polizei als Institution das Gute will. Cynthia ist die „Diva", in Anlehnung an Mozarts „Zauberflöte" charakterisiert als „die Königin der Nacht" (ebenfalls ein Märchenhinweis). Sie ist ausdrucksstark, würdevoll, humorvoll, sensibel, selbstbewußt, aber in gewisser Weise ähnlich naiv wie Jules, was ihre Kunst angeht. Sie ist explizit keine exzentrische oder zickig-verwöhnte, launenhafte Diva. Das Konzertplakat und die Choreographie ihres Auftritts auf der Konzertbühne entwerfen sie vielmehr in „göttlicher Pose", voller Würde und Einmaligkeit (vgl. oben Bild 20). Jules rinnt eine Träne der Ergriffenheit über die Wange, als er sie singen hört. Zuschauer charakterisieren sie als „himmlisch", bewundernswert und „einfach umwerfend". Nicht zufällig dominiert hier die Farbe Weiß (Robe, Regenschirm, Flügel, Perlenkette etc.). Sie ist fast ausnahmslos umgeben von Blumen, um ihre Naturverbundenheit und Schönheit zu unterstreichen. Zahlreiche Versatzstücke wie Perlen, Schmetterlinge, Spiegel, die Nachtigall oder die Taube verweisen märchentypisch auf die Dimension der Seele. Die Arie „La Wally" aus der Oper „Die Geyer-Wally" (1892) von Alfredo Catalani, mit der Cynthia immer in Verbindung gebracht wird, thematisiert ebenfalls etwas

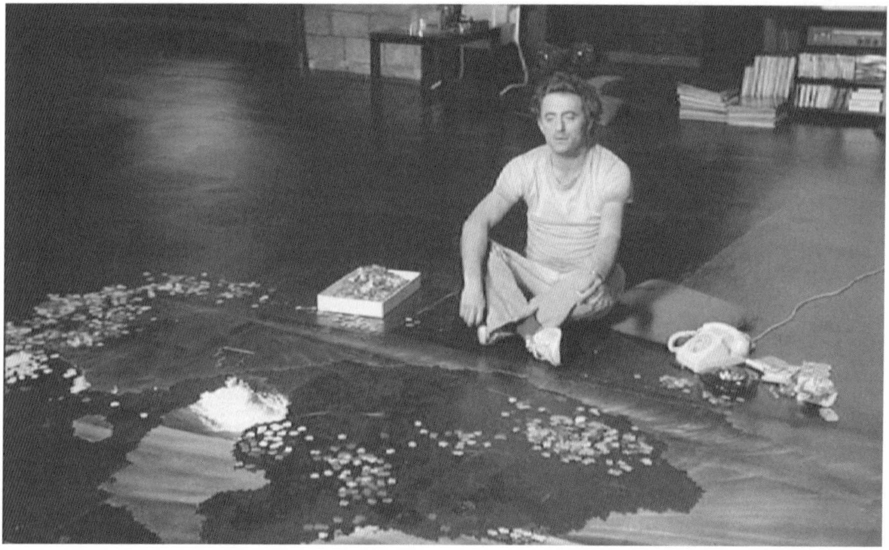

Abb. 32: Gorodish am Anfang seines Puzzles in DIVA

Überirdisches, nämlich die von menschlichen Partikularinteressen bedrohte Liebe. Die Diva repräsentiert das Ideal und höchste Gut: die Musik als göttliche Sprache, als Kultgegenstand, die Musikpräsentation als einmaliges, von der sakralen Aura geprägtes Erlebnis. Das Märchenhafte, das Wunderbare erscheint hier im Gewand der Musik.

Nicht minder interessant und wichtig sind Alba und Gorodish, die als Verrätselungsfaktoren eingesetzt sind. Sie entstammen einer anderen Dimension, die durch Interesselosigkeit, Natürlichkeit, Spontaneität, Engagement, Verantwortungsgefühl und einen gewissen Grad an mystischen Elementen, also durch Fremdheit, gekennzeichnet ist (z. B. durch sphärische Musikklänge), aber doch mit der Welt eines Jules verbunden ist. Alba und Gorodish sind komplementär aufgebaut. Alba, weder kleines Mädchen noch Teenie noch erwachsene Frau, fungiert eher geschlechtslos als „schillerndes Wesen", eine Art Götterbote oder Engel, die über gewissen Regeln und Gesetzen steht (z. B. Diebstahl der Platte und der Rolex) und die Botschaften hin und her bringt – zwischen Jules und Gorodish. Ihre vielen Hinweise auf Märchen (z. B. Hexen, vergiftete Äpfel, verzauberte Schlösser) und ihre Vorliebe für Geschichten, die wichtiger scheinen als die Realität, lassen sich kaum überhören. Sie ist ein Jenseits-Wesen, eine Art Fee in

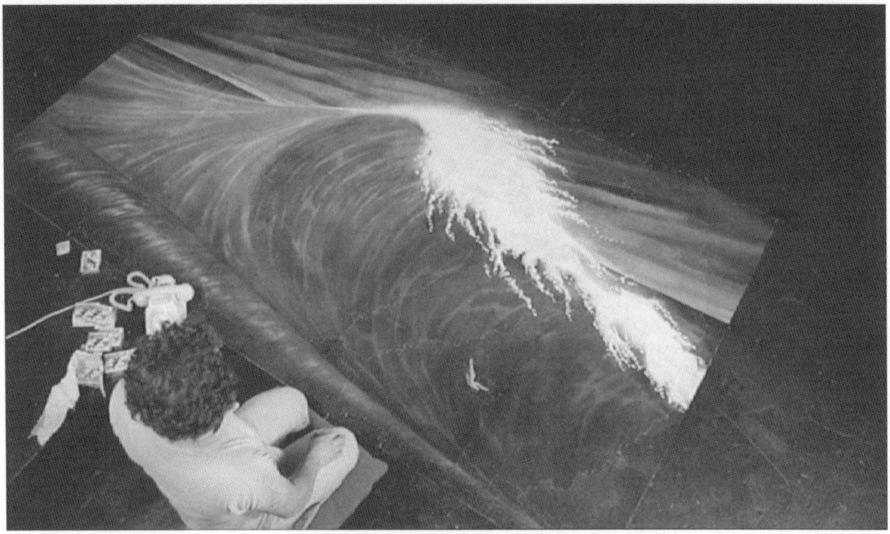

Bild 33: Gorodish mit dem vollendeten Werk am Ende von DIVA

einem sakralen Universum. Ihr „Vater“ oder „Herr“ ist Gorodish, ein Vertreter des Mystischen, des Surrealen, der gleichwohl immer wieder in unsere menschliche Realität eingreift und die Fäden zieht, der allwissend zu sein scheint und souverän auch gegenüber kriminellen Teilen der Gesellschaft. Wie Jules lebt er in einem Loft, das aber weitgehend leer ist, und ist damit beschäftigt, ein riesiges Puzzle zusammenzusetzen, das eine gewaltige Meereswelle mit einer Möwe zeigt.

Seine Grundfarbe ist überall Blau (Zigarettenschachtel, T-Shirt, Meer, Jackett usw.) – Symbol für die Unendlichkeit von Himmel und Meer. Alba charakterisiert ihn als „coolen Typ, der davon träumt, die Wellen aufzuhalten“. Tatsächlich hat ein Schaukasten mit einer stets um Balance ringenden Wellenbewegung in seinem Loft eine symbolische Bedeutung. Und er belehrt Jules über die Kunst des Zen beim Baguetteschmieren. Handlungsmäßig setzt er sich mit den Taiwanesen und den Gangstern des Mädchenhandelsrings auseinander und rettet märchentypisch als „deus ex machina“ Jules das Leben. Seine Überlegenheit und sein Eingreifen charakterisieren ihn als klassischen Magier. Atmosphärisch ist seine Welt aber eher von Kontemplation und Zeitstillstand oder Zeitlosigkeit gekennzeichnet; die Kamera umkreist ihn in seinem Loft und charakterisiert ihn damit als ruhenden Pol. Gorodish hat

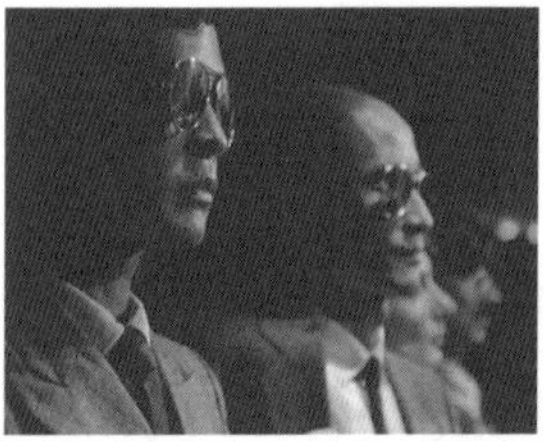

Abb. 34: Die typisierten Taiwanesen in DIVA

im modernen Märchen DIVA die klassische Rolle des weisen Königs inne. Nicht zuletzt entspricht dem Märchencharakter des Films, dass die guten Figuren siegen. Die Bösen sind ebenso unübersehbar böse wie die Guten gut sind. Und ihre Bosheit ist genauso stilisiert wie die Güte der Guten. Der Polizeikommissar Saporta ist Prototyp des Verbrechers und erfüllt das Klischee des korrupten Bullen in unserer modernen Großstadtwelt, wie wir es alle kennen. Die Taiwanesen mit ihrer Jagd nach Raubkopien und ihrem Drang, mit modernster Technik Kommerzinteressen weltweit durchzusetzen, fortlaufend charakterisiert mit ihren dunklen Sonnenbrillen, sind „Asiaten, wie sie im Buche stehen“. Und die beiden Killer, insbesondere der kleinere mit seinem tödlichen Dorn, sind so offensichtlich Killer, dass sie selbst eigentlich gar nichts tun müssten, um als solche schon identifiziert werden zu können. Wieder entspricht es dem Märchen, dass alle Bösen umkommen bzw. bestraft werden.

Figurenanalyse von WENN DIE GONDELN TRAUER TRAGEN (Beispiel 3)

Sehr viel komplexer ist die Figurengestaltung im dritten Filmbeispiel: WENN DIE GONDELN TRAUER TRAGEN. Der Film nutzt dabei explizit Venedig als die Bühne, auf der die Handlung mit ihren Handlungsträgern inszeniert wird. Bereits aus der Handlungsanalyse oben ist deutlich geworden, dass die erzählte Geschichte

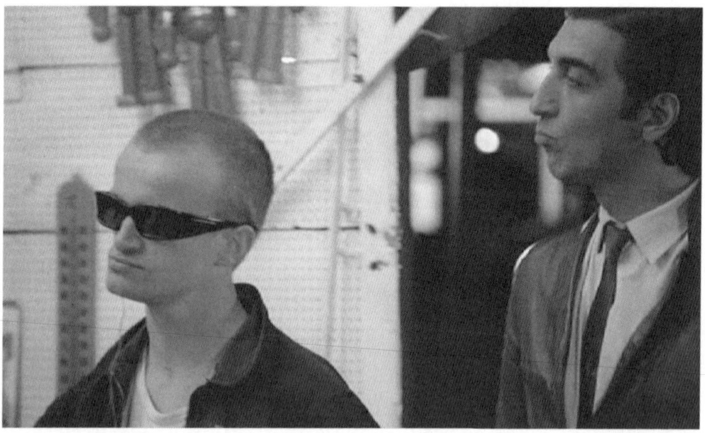

Abb. 35: Die typisierten Killer in DIVA

zuallererst Johns Geschichte ist. Alle übrigen Figuren sind strategisch in Zuordnung zu ihm inszeniert. Das gilt insbesondere für die Schwestern *Wendy und Heather*. Dabei handelt es sich um zwei ältere Schottinnen auf Besuch in Venedig. Als Handlungsversatzstücke dienen sie zunächst einmal immer wieder als eine Art Katalysator, an dem sich der Fortgang des Geschehens entzündet. Das fortwährende Zusammentreffen Lauras und Johns mit ihnen während des Umschwungs in Phase III und ihre besondere Rolle auch bei der Detektivgeschichte in Phase IV können das vielleicht besonders anschaulich belegen. Sodann fungieren sie aber auch als Kontrastpaar zu Laura und John, als komödiantisches Element in einer offensichtlich traurigen Handlung. Für John sind sie „zwei neurotische alte Weiber", für Laura helfen sie, „die Leere um mich herum loszuwerden". Am wichtigsten an den Schwestern allerdings ist ihr Paarcharakter. Sie stellen eine untrennbare Einheit von Gegensätzen dar, von Alltäglichkeit und Besonderem. Die altjüngferliche Wendy steht für die absolute Normalität und Trivialität des Durchschnittlichen. Sie legt Wert auf Konventionen, schwankt zwischen gouvernantenhafter Strenge und mütterlicher Sorge für Heather, ist patent, energisch, auch ein wenig rechthaberisch bis zur Grenze biederbornierter Überheblichkeit. Sie fungiert als Kontrast zu Heather mit ihrem zweiten Gesicht, die sich nur in ihrer eigenen Welt sicher zu fühlen scheint und der Hilfe Wendys unrettbar bedarf. Damit fungiert sie als Beglaubigung dessen, wofür Heather steht: ein Medium für Visionen, die sie selbst nicht kontrollieren kann, ein Spannungselement, gelegentlich unheimlich, stellenweise, bei Großaufnahmen oder Detailaufnahmen der Augen, sogar etwas gruselig und im Verlauf der Detektivgeschichte in Phase IV potentiell gefährlich (freilich nur aus Johns Perspektive). Die blinde Seherin verweist symbolisch auf ein „inneres Licht", im Frühchristentum Ausdruck geistiger Erleuchtung durch die Heilslehre. Heather selbst sieht ihre Gabe durchaus differenziert, als „ein Fluch und eine Gabe". Wendy und Heather leben in einer Symbiose, die durch den Kontrast das Unheimliche der hellseherischen Fähigkeiten rhetorisch ins Selbstverständliche wendet. Wendy ist als Überredungsstrategie angelegt mit dem Ziel, dass wir, die Zuschauer, Heather und das Phänomen einer Blinden, die „sehen" kann, akzeptieren. Wendys Brosche, auf die im Film mehrmals abgehoben wird, zeigt bezeichnenderweise eine goldfarbene Meerjungfrau mit Perlen, die Echidna aus der griechischen Mythologie, als Ausdruck für die Doppelnatur des Menschen.

Die Schwestern Wendy und Heather

Der Bischof

Sehr viel einfacher angelegt sind dagegen Nebenfiguren wie der Bischof und der Kommissar. Der *Bischof* fungiert als Personifikation der Kirche, des Kreuzes, des Sakralen, des Jenseits – und damit ebenfalls als Beglaubigung einer zweiten Dimension, denn auch er hat andeutungsweise das zweite Gesicht. Er dient als Bezugspunkt zur charakterlichen Ausdifferenzierung von John und Laura, die völlig unterschiedlich auf den Bischof reagieren: Für John ist er der Arbeitgeber, der ihm aufgrund seines im Grunde doch nur begrenzten Interesses für die Kirchenrestauration eher unverständlich erscheint; John erweist sich hier als absolut „normal" und „realistisch", als pragmatisch, ganz im Rahmen des Erwartbaren. Auch für Laura ist der Bischof unverständlich: „Bei deinem Bischof fühl' ich mich immer etwas unbehaglich", sagt sie zu John, der antwortet: „Wahrscheinlich fühlt sich selbst der liebe Gott nicht ganz wohl bei ihm." Aber sie verhält sich bei der Begegnung mit ihm so ganz anders, als es eigentlich ihre Art wäre, dass John es kopfschüttelnd und verwundert thematisiert: Hier wird ein enormes Veränderungspotential Lauras indiziert, das – so wird später ersichtlich – dadurch aktiviert worden ist, dass auch der Bischof an Prophezeiungen glaubt. – Übrigens gilt das auf

Der Kommissar

wieder andere Weise auch für den *Kommissar*, der in dem Personengeflecht eine weitere Variante darstellt, mit derselben Funktion der Verrätselung (etwa wenn er im Zusammenhang mit den Phantombildern der beiden Schwestern den kuriosen Hinweis gibt, ein Künstler bewirke, dass die Lebenden aussähen wie die Toten, oder wenn er John die Frage stellt: „Was fürchten Sie wirklich?").

Laura

Laura ist als komplexe Figur differenziert gezeichnet, das heißt, vor allem sie ist dynamisch und entwickelt sich. Anfänglich erscheint sie eher kindlich, unselbständig und von John abhängig, sensibel und zerbrechlich, teils unterwürfig und passiv, aber auch hilfsbereit und engagiert. Der knabenhafte Körper Julie Christies bringt das perfekt zum Ausdruck. Bereits in der Eingangssequenz wird jedoch ihr Entwicklungspotential angedeutet, wenn sie ein Buch mit dem Titel „Beyond the Fragile Geometry of Space" zu Rate zieht, um die Frage ihrer Tochter zu beantworten: „Wenn die Erde rund ist, warum ist das Eis auf einem See dann flach?" Sie liebt Kinder und Tiere, gibt sie dem Bischof zur Antwort, als der sie fragt, ob sie Christin sei. Kurze Zeit nach ihrer Begegnung mit den beiden Schwestern und „der Gabe" aber verändert sie sich hin zu einer eigenständigen, selbstbewußten und überlegenen Persönlichkeit. Ihre wachsende Distanz zu John beruht vor allem auf einer zunehmenden Emanzipation von ihm und dem, was er repräsentiert. Gegen Schluss erhält Laura von der Polizei ihr Photo zurück, mit dem nach ihr gefahndet worden war; es zeigt die „alte" Laura und wird von der „neuen" belächelt. Bezeichnenderweise hat diese Szene einen Vorläufer: John findet das Photo Lauras im Papierkorb ihres Hotelzimmers, offensichtlich von ihr weggeworfen, streicht es wieder glatt und steckt es ein. Und wiederum parallelisiert die Filmästhetik das Gezeigte, wenn Laura anfangs im Film oft in leichter Aufsicht gezeigt wird, also eher „kleiner", als später, vor allem im Schlussteil, wo sie leicht von unten angeschnitten wird und entsprechend prominenter und souveräner wirkt.

John schließlich ist Protagonist der Show. Er ist die zentrale Figur von WENN DIE GONDELN TRAUER TRAGEN im Sinne des alter ego für den Zuschauer. Er wird als absoluter Realist in Szene gebracht, zwar mit patriarchalisch-chauvinistischen Zügen, aber als besorgter Vater und liebender Ehemann, selbstgewiss, nüchtern und kantig – mit Donald Sutherland hervorragend besetzt. Für ihn gilt, konfrontiert mit „der Gabe", der Schlüsselsatz: „Ich glaube nur, was ich sehe" (oder „Sehen heißt glauben"). Charakteristischerweise erscheint er immer wieder zusammen mit einer Uhr im Bild, beispielsweise nach der Liebesbegegnung: Die Uhr steht für die selbstgeschaffene zeitliche Ordnung, für Logik und Planung, für Kalkül und Zwänge. Gleichwohl ist John ambivalent gezeichnet. Das gilt bereits für seine „Vision" in der Eingangssequenz, beim Tod seiner Tochter, natürlich auch für sein späteres Erlebnis mit Laura und der Begräbnis-Gondel auf dem Canale Grande, und für zahlreiche weitere Brüche in seinem Charakter: etwa wenn er Laura fast belustigt von seiner Arbeit erzählt: „Ich restauriere eine Fälschung", oder wenn er eingesteht: „Der bewusstlose Körper reagiert viel schneller als der Verstand", oder wenn er auf die Frage Heathers: „Mögen Sie Katzen, Mr. Baxter", antwortet: „Ja, aber sie mögen mich nicht besonders, kann man nichts machen" – Katzen können im Dunkeln sehen, John nicht. Je beharrlicher er auf seinem Standpunkt besteht, jede Annahme einer übersinnlichen Dimension oder Wirklichkeit sei Humbug, desto nachdrücklicher stellt er diesen Standpunkt – im Kontrast zu den Positionen Lauras, Heathers, Wendys, des Bischofs, des Kommissars – zur Diskussion. Das verwirrt den Zuschauer, irritiert und bringt in Distanz. Aus seiner Erkenntnis „Nichts ist, was es scheint" zieht John freilich im Verlauf des Dramas keinerlei Konsequenz. Sein anfänglich so attraktiv wegweisender, verläßlicher Realitätssinn wird vielmehr immer deutlicher geschwächt und zunehmend fragwürdig. Spätestens als sich seine Version von Wirklichkeit

John

(Laura entführt) nicht bestätigt, wird auch seine Ablehnung gegenüber „der Gabe“ dubios. Warum wirklich musste John am Ende sterben?

Nur nebenbei sei hier vermerkt, dass die Personennamen in WENN DIE GONDELN TRAUER TRAGEN überwiegend als „telling names“ symbolisiert sind: Christine ist die Leidende, die potentiell Erlösende, Laura die Bekränzte, die Erleuchtete, John sowohl der Lieblingsjünger Johannes als auch der Normal- oder Durchschnittsmensch, Wendy die Reisende, die „ihres Weges geht“, und Heather die Heidin, ein „unzivilisierter Mensch“. Auch Brückennamen wie die Ponte de Miracolo (Brücke des Geheimnisses) oder die Ponte de Vivante (Brücke der Lebenden) werden bedeutungsträchtig eingesetzt.

Telling Names

Das Setting: Venedig

Doch elaboriert sind nicht nur die Figuren, sondern auch die Bühne und ihre Ausstattung: Venedig. Vier Bedeutungskomplexe werden damit in den Film eingebracht: erstens der Verfall. Venedig mit seinen brackigen Lagunen und Kanälen, seinen alten, verfallenen Gemäuern und Kirchen ist dem Untergang geweiht. Der Eindruck wird noch verstärkt durch die Jahreszeit, in die die Handlung verlegt ist – Herbst, menschenleere Gassen, ein Hotel, das schließt, hallende Leere zwischen den Mauern und jene Trostlosigkeit, die nur der Herbstregen hervorzurufen imstande ist. Für die alltagstriviale Wendy ist Venedig „wie eine Stadt in Aspik, von einer Abendgesellschaft übriggelassen, und alle Gäste sind fort oder tot“. Heather aber liebt Venedig, so „wie Milton“ (der ebenfalls blind war). Zweiter Bedeutungskomplex ist das untrennbare Miteinander von Sakralem und Profanem, in der Stadt selbst, aber auch im Beruf Johns als künstlerischem Restaurator von Kirchen und sakraler Kunst. Drittens ist Venedig als ein verschachteltes, weit verlaufendes Netz von Gassen und Kanälen angelegt, durch die man endlos laufen und suchen kann (so wie John bei der Suche nach der Pension der verschwundenen Schwestern), als ein Labyrinth, in dem man sich verirrt (so wie Laura und John bei der Suche nach einem Restaurant) und in Gefahr gerät, als gebe es den mörderischen Minotaurus wirklich. Viertens schließlich erscheint Venedig, das hier häufig dunkel gezeigt wird, „mit so vielen Schatten“, wie Heather einmal sagt, als eine Falle. Immer wieder, und stets drängender, warnt Heather davor, in der Stadt zu bleiben, sieht John in Gefahr und prophezeit noch unmittelbar vor seinem Tod gegenüber Laura in schreckgeschüttelter Trance: „Verlassen Sie Venedig! Seien Sie vorsichtig, vorsichtig!“ Zu spät. Venedig wird inszeniert als ein Ort der Bedrohung, der sein Opfer schließlich verschlingt.

Die Analyse der Bauformen 5.

Der Film als audiovisuelles Medium „spielt“ sowohl auf der visuellen als auch auf der auditiven Ebene. Als filmanalytisch ergiebige Kategorien haben sich bei den Bauformen vor allem die Einstellungen und ihre Montage sowie die Musik erwiesen, in Einzelfällen auch Raum, Licht und Farbe. Bislang noch am wenigsten entwickelt ist die Dialoganalyse. In jedem Fall bedarf es für eine Analyse der Bauformen noch weiterer Vorarbeiten, sei es nun bezogen auf eine kleine Szene, eine ganze Sequenz oder gar den gesamten Film: Zusätzlich zum Sequenzprotokoll müssen entsprechende Details im Stil eines Shooting Transcripts oder Filmprotokolls protokolliert werden. Als hilfreich erweist sich auch die gezielte Fragmentierung der Wahrnehmung: Die Bildanalyse wird befördert durch die Ausschaltung des Tons, die Musik- und Geräuscheanalyse durch die Abdeckung oder Schwärzung des Monitors.

Wie wird im Film dargestellt?

Kamera/Einstellung und Montage 5.1

Grundkategorie dabei ist die Einstellung, die kleinste Einheit des Films: die Abfolge von Bildern, die von der Kamera zwischen dem Öffnen und dem Schließen des Verschlusses aufgenommen werden. Die Einstellung kann nach unterschiedlichsten Gesichtspunkten bestimmt werden: insbesondere nach Größe, Perspektive, Länge, Kamerabewegung und Objektbewegung sowie den Achsenverhältnissen.

Man unterscheidet im Wesentlichen acht *Einstellungsgrößen*, das heißt jeweils die Größe des Ausschnitts des in der Einstellung gezeigten Objekts. In manchen Handbüchern ist nur von sieben, fünf oder sogar drei Einstellungsgrößen die Rede. Welches Kategoriensystem sich für eine Analyse besser eignet, wurde bislang noch nicht untersucht. Als Arbeitsprinzip sollte gelten, dass das gewählte Raster dem Objekt, dem individuellen Film angemessen ist. Bei einem Film, der überwiegend im Freien spielt und große räumliche Dimensionen thematisiert, sollten die größeren Einstellungsgrößen stärker ausdifferenziert werden; bei Filmen dagegen, die hauptsächlich in Innenräumen spielen, kann es Sinn machen, stärker die kleineren Einstellungsgrößen zu unterscheiden. Deshalb macht es ja auch einen Unterschied, ob ein Kino-

Die Einstellungsgrößen

Detailaufnahme

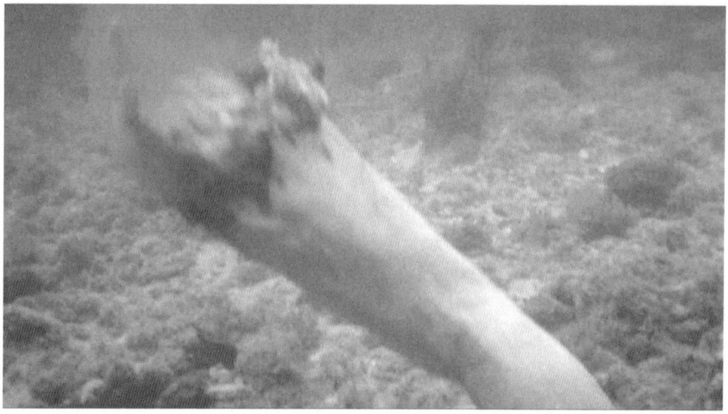

Abb. 36: Das Bein eines Schwimmers, das vom WEISSEN HAI brutal abgebissen wurde und auf den Meeresboden sinkt

Großaufnahme

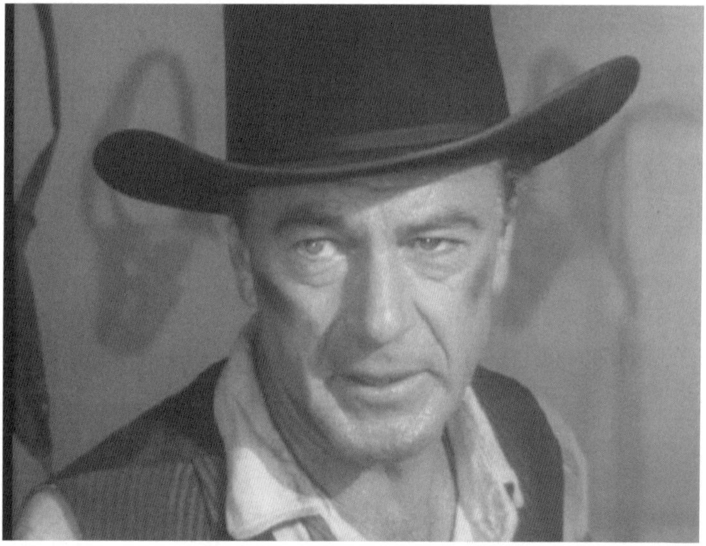

Abb. 37: Der allein gelassene Marshall in 12 UHR MITTAGS

spielfilm (für eine große Leinwand gedreht) oder ein Fernsehfilm (für den kleinen Bildschirm hergestellt) analysiert werden soll. In jedem Fall ist zu beachten, dass sich die Einstellungsgröße auch innerhalb der Einstellung verändern kann, etwa wenn sich das Objekt der Kamera nähert oder umgekehrt. Deshalb übersteigt die Zahl der Einstellungsgrößen in aller Regel die Zahl der Einstel-

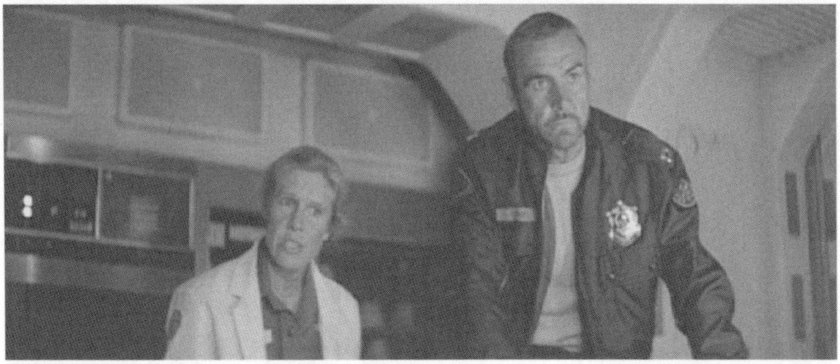

Nahaufnahme

Abb. 38: Der Marshall und seine Helferin in OUTLAND – PLANET DER VERDAMMTEN, einer Science-Fiction-Version des Westerns 12 UHR MITTAGS

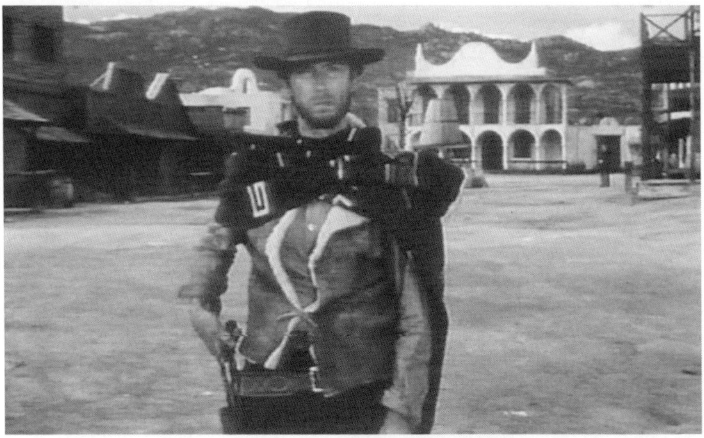

Amerikanische Einstellung

Abb. 39: Clint Eastwood in FÜR EINE HANDVOLL DOLLAR beim Ziehen des Revolvers

lungen. Pragmatisch kann eine Einstellungsgröße dann als solche gewertet und gezählt werden, wenn sie mindestens eine Sekunde lang gegeben ist.

Die hier als größtes Inventar vorzustellenden acht Einstellungsgrößen sind skaliert, exemplarisch am Normalfall eines Menschen im Raum.

Die Detailaufnahme („extreme close-up") zeigt z. B. die Nase im Gesicht.

Die Großaufnahme („close-up") zeigt das ganze Gesicht.

Die Nahaufnahme („close shot") zeigt den Kopf und den Oberkörper eines Menschen bis zur Gürtellinie.

Halbnahaufnahme

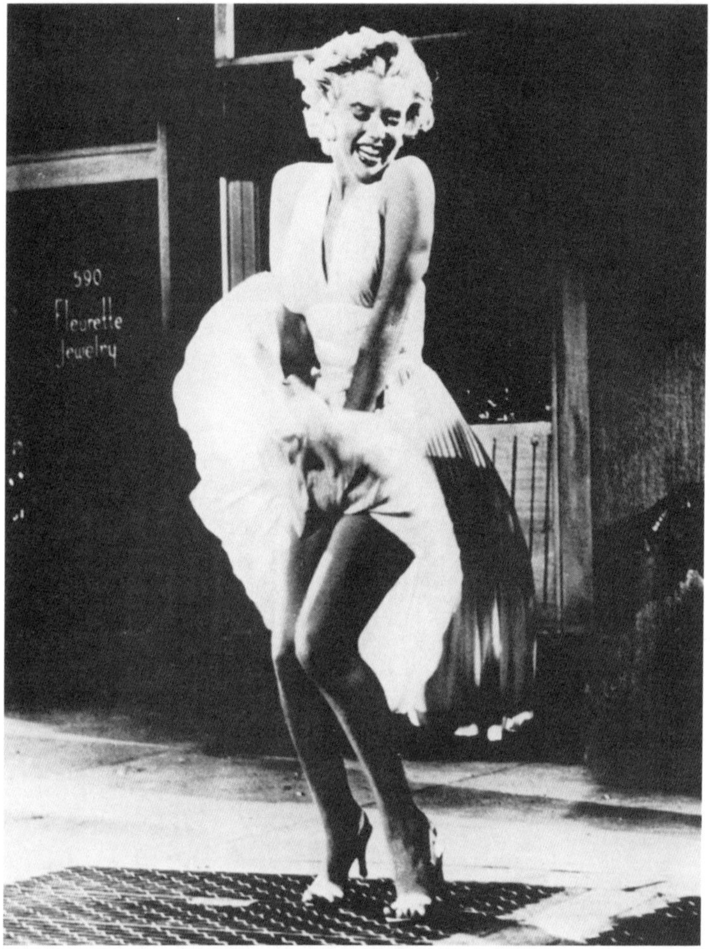

Abb. 40: Marilyn Monroe in der berühmten Szene auf dem U-Bahn-Schacht (DAS VERFLIXTE 7. JAHR)

Die Amerikanische Einstellung („medium shot") zeigt den Menschen vom Kopf bis zu den Oberschenkeln, wo im Western der Colt zu hängen pflegt.

Die Halbnahaufnahme („full shot") zeigt den Menschen vom Kopf bis zu den Füßen.

Die Halbtotale („medium long shot") zeigt einen Teil eines Raumes, in dem sich der Mensch oder mehrere Menschen aufhalten.

Die Totale („long shot") zeigt den gesamten Raum mit allen Menschen.

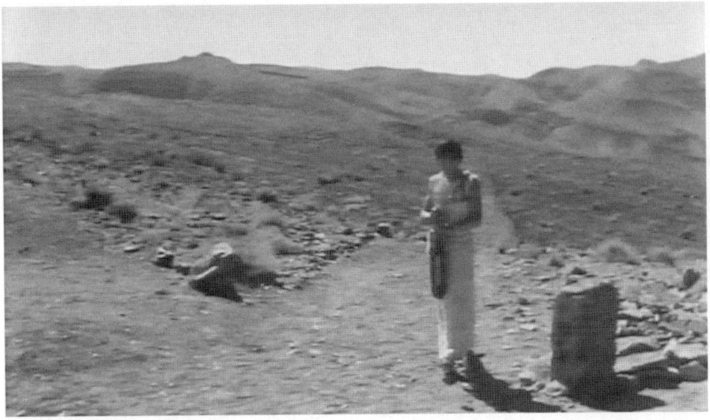

Halbtotale

Abb. 41: Der junge Ödipus nach dem Mord an seinem Vater in Pasolinis OEDIPUS REX

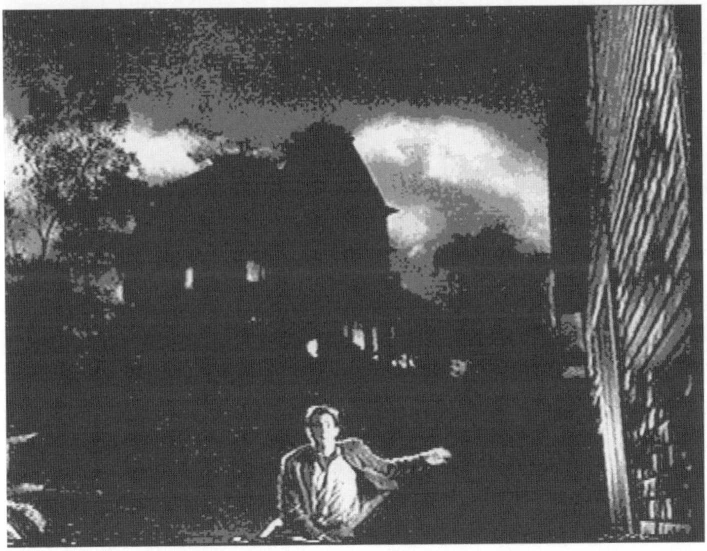

Totale

Abb. 42: Norman Bates in PSYCHO vor dem düsteren Haus mit seiner toten Mutter

Die Weitaufnahme („extreme long shot") schließlich zeigt z.B. eine weit ausgedehnte Landschaft im Western oder eine Galaxie im Science-Fiction-Film.

Man kann Detail-, Groß-, Nah- und Amerikanische Einstellung als „kleinere" und Halbnah, Halbtotale, Totale und Weit als „grö-

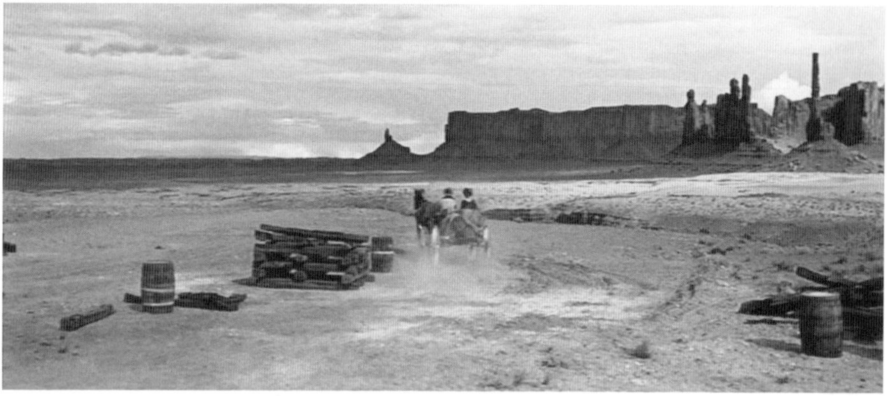

Abb. 43: Weitaufnahme: Die Kutsche fährt in die Weite des Monument Valley (SPIEL MIR DAS LIED VOM TOD).

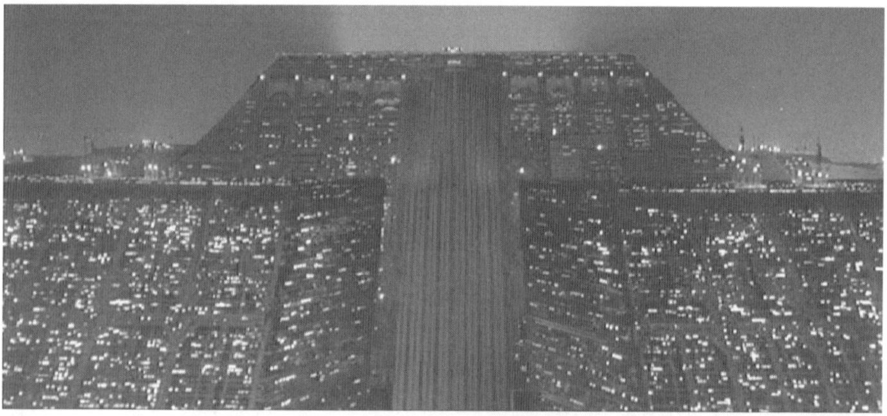

Abb. 44: Untersicht: Das Gebäude der übermächtigen Tyrell Corporation in BLADE RUNNER aus der Sicht des von unten anfliegenden Polizeihubschraubers

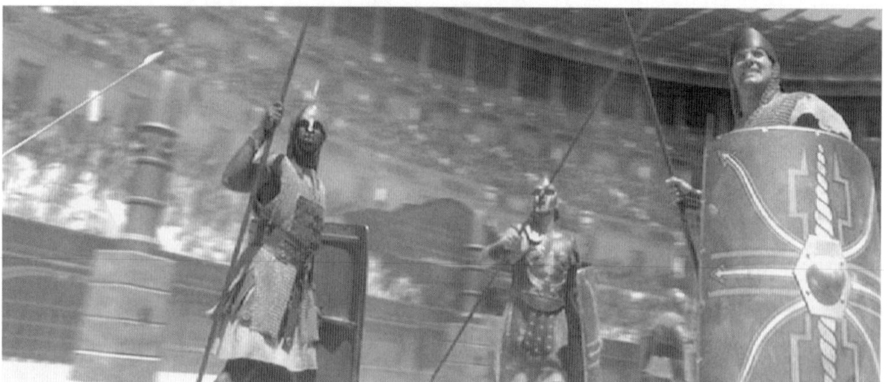

Bild 45: Bauchsicht: Kämpfer in der römischen Arena (GLADIATOR)

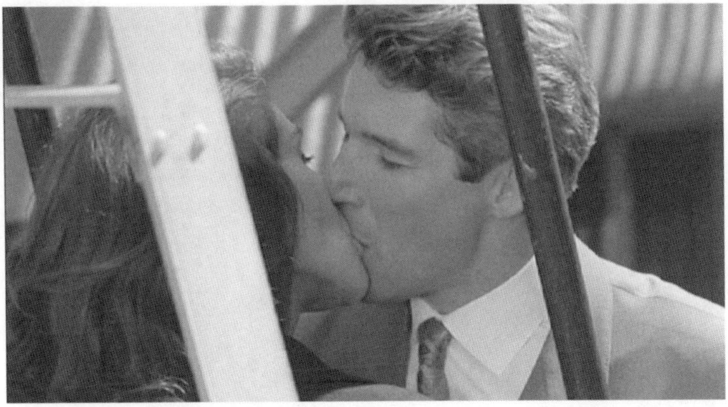

Abb. 46: Normalsicht: Hure und Gentleman am märchenhaften Schluß von PRETTY WOMAN

ßere" Einstellungsgrößen zusammenfassen und damit etwa die wechselnde Nähe des Zuschauers zur Filmwelt messen. In manchen Filmen wie DIE VERLORENE EHRE DER KATHARINA BLUM ist das unmittelbar bedeutungsrelevant.[1]

Neben der Größe spielt oft auch die Perspektive eine wichtige Rolle; sie kann ebensowenig vermieden werden wie die Einstellungsgröße. Auch die *Einstellungsperspektiven* lassen sich skalieren, üblicherweise in fünf Kategorien.

Die Einstellungsperspektiven

Die extreme Untersicht oder Froschperspektive („extreme low camera") zeigt das Objekt vom Boden aus aufgenommen.

Die Bauchsicht („low shot") zeigt das Objekt aus leichter Untersicht.

Die Normalsicht („normal camera height") zeigt das Objekt in Augenhöhe.

Die Aufsicht („high shot") zeigt das Objekt leicht von oben.

Und die extreme Aufsicht oder Vogelperspektive („extreme high shot") zeigt das Objekt senkrecht von oben.

Einstellungsperspektiven drücken häufig Veränderungen im Verhältnis von Figuren aus – wenn beispielsweise am Anfang

1 Siehe beispielsweise das Transkript von Andrea Park: Schlöndorff/von Trotta: „Die verlorene Ehre der Katharina Blum". Tübingen 1981. Siehe ferner Werner Faulstich: Film aesthetics and new methods of film analysis. In: Empirical Studies of the Arts, vol. 7 (1989), No. 2, S. 175–190. Dt.: Neue Methoden der Filmanalyse. Voraussetzungen, methodische Praxis, Ergebnisse. In: Werner Faulstich: Was heißt Kultur? Aufsätze 1972–1982. Masch.schr. Manuskript: Tübingen 1983, S. 142–160.

Aufsicht

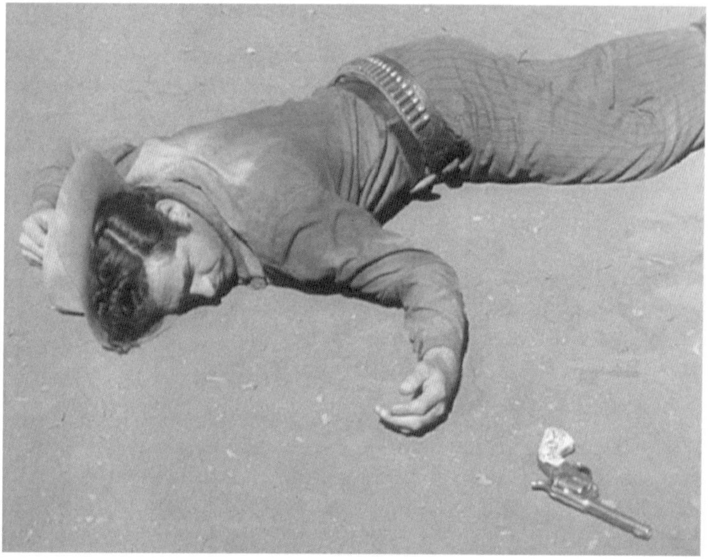

Abb. 47: Der erschossene Bösewicht nach dem Duell in 12 Uhr Mittags

extreme Aufsicht

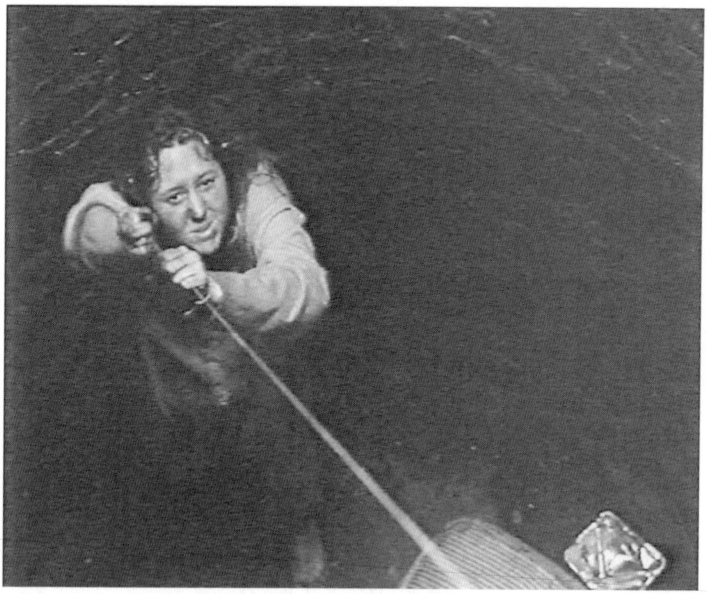

Abb. 48: Blick des Serienkillers Billy auf die Senatorentochter Catherine, sein nächstes Opfer im tiefen Brunnen des Kellergeschosses in Das Schweigen der Lämmer

eines Westerns der Revolverheld häufig von unten angeschnitten wird und damit übermächtig und bedrohlich erscheint, im Verlauf des Films oder ab einem Wendepunkt der Handlung die Perspektive zur Normalsicht wechselt, um am Schluss, beim Showdown etwa, den Bösen aus der Aufsicht zu zeigen und damit auch emotional zu charakterisieren, dass die Bedrohung minimiert und abgewehrt werden konnte, dass die Ohnmacht zu Ende ist.

Perspektiven können aber auch zur Charakterisierung von Figuren eingesetzt sein, wobei ein Perspektivenwechsel etwa Personenkonstellationen sichtbar macht oder auch einen charakterlichen Wandel indizieren kann. Ein besonderer Fall ist die „subjektive Kamera", die uns die Sicht eines Protagonisten aufzwingt und damit unsere Parteilichkeit stimuliert. In dem Film DAME IM SEE beispielsweise – ein Extremfall – wird die gesamte Kriminalhandlung aus der subjektiven Sicht des Detektivs gezeigt. Ihn selbst sieht man konsequenterweise nur zweimal, nämlich wenn er in einen Spiegel blickt. Ansonsten reproduziert die Kamera seine subjektiv beschränkte Sicht und zeigt dem Zuschauer nur, was die Figur selbst sieht; und wenn sich die Faust des Gegners blitzschnell dem Gesicht/der Kamera nähert und den Detektiv bewußtlos schlägt, dann zeigt die Kamera eben schemenhaft die vorzuckende Faust und dann ein Schwarz, das nur langsam wieder über den glasig-nebulösen Blick zur Abbildung der äußeren Realität zurückfindet.

Die subjektive Kamera

Ein umgekehrter Fall liegt in der Schlusssequenz von DAS SCHWEIGEN DER LÄMMER vor, wenn der Zuschauer gezwungen wird, phasenweise die Perspektive des Killers einzunehmen.

Die *Länge* der Einstellungen wird für die Filmanalyse in ganzen Sekunden festgehalten, mitunter auch in Sekundenbruchteilen, wenn die extreme Kürze der Einstellungen dramaturgisch eingesetzt wird. Das bedeutet, man muss entweder mit der Stoppuhr oder per Computer-Mausklick jede einzelne Einstellung ausmessen. Dass diese Fleißarbeit sinnvoll und ergiebig sein kann, wird gleich noch zu demonstrieren sein.

Die Einstellungslänge

Mitunter ist auch die Bewegung bedeutungsgenerierend. Bei der Protokollierung der *Kamerabewegung* („camera movement") haben sich die Kategorien Schwenk, Parallelfahrt, Aufzugsfahrt, Verfolgungsfahrt und Handkamera bewährt. Ansonsten verhält sich die Kamera statisch. An Bewegungsrichtungen lassen sich hier unterscheiden: nach oben, nach unten, nach links, nach rechts oder Zoom, das heißt eine Änderung der Brennweite bei feststehender Kamera, so dass man den Eindruck gewinnt, die

Die Kamerabewegung

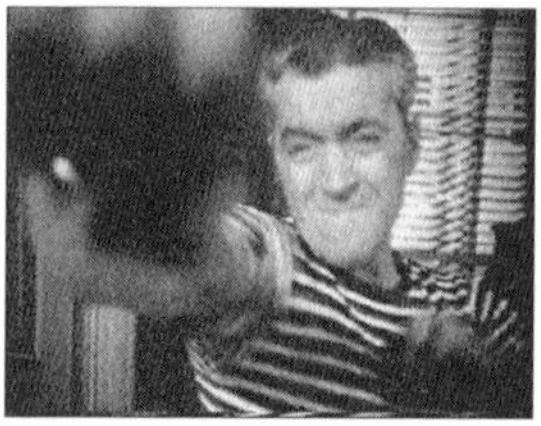

Abb. 49: Marlow sieht in Die Dame im See nur noch die Faust des Gegners, dann ist er k.o. geschlagen

Kamera nähere sich dem Objekt (Zoom nach vorn) oder entferne sich von ihm (Zoom zurück) wie bei einer Fahrt. Bei der Protokollierung der *Objektbewegung* („subject movement") kann man in Haupt- und Nebenbewegung unterscheiden, im Vordergrund oder im Hintergrund, aus dem Bild heraus, in das Bild hinein oder entlang des Bildes.

Die Objektbewegung

Subjektive Kamera: Perspektive, Identifikation

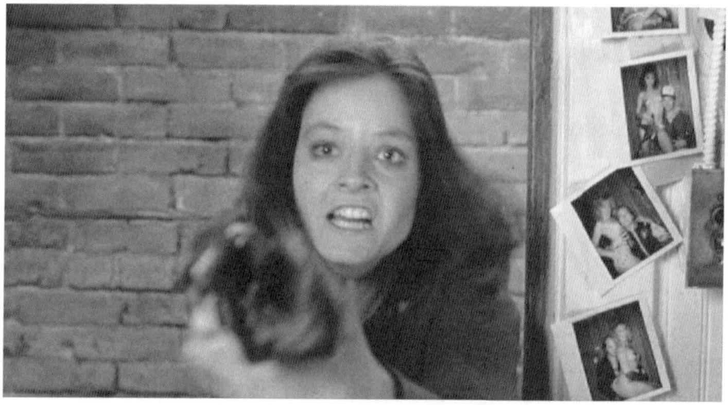

Abb. 50: Clerence Starling stürzt in einen Raum, in dem sich die Kamera bereits befindet, und bedroht den Killer in Gestalt des Zuschauers.

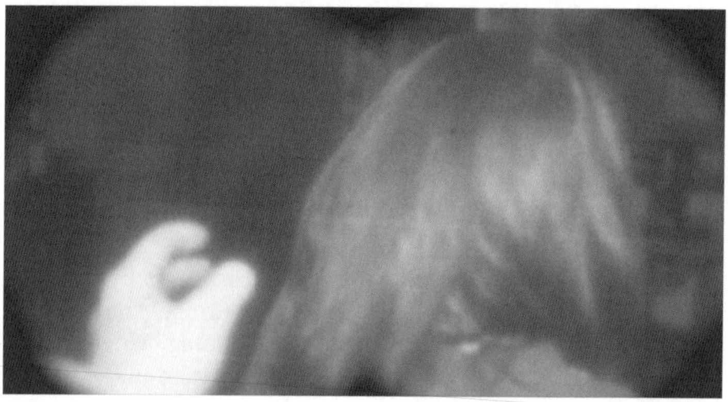

Abb. 51: Dabei wird der Zuschauer durch die subjektive Kamera selbst in die Position des Killers gebracht; die Brille mit dem Restlichtverstärker zeigt dessen Hand, als er nach ihr greift, so als wäre es die Hand des Zuschauers selbst, *meine* Hand.

Die Achsenverhältnisse

Die *Achsenverhältnisse* schließlich bezeichnen das Verhältnis von Handlungsachse und Wahrnehmungsachse. Diese Kategorie ist enorm wichtig für die Rezeption und Identifikation. Sind Handlungs- und Wahrnehmungsachse parallel, so sieht entweder die Figur dem Zuschauer direkt ins Gesicht, der Zug fährt direkt auf den Zuschauer zu, so dass eine größtmögliche emotionale Betroffenheit hervorgerufen wird; oder die Figur bewegt sich weg vom Zuschauer in den Bildhintergrund, der Zug verschwindet in der Ferne, so dass Distanz geschaffen wird. Stehen die Achsen in einem rechten Winkel zueinander, zum Beispiel wenn zwei im Gespräch einander gegenüberstehende Menschen beide im Profil gezeigt werden, so bleibt der Zuschauer eher „draußen" und wird zum externen Beobachter bestimmt. Um den Zuschauer stärker in ein Gespräch einzubinden, wird deshalb oft ein Winkel um die 45 Grad gewählt, wobei konventionellerweise der jeweilige Sprecher schräg von vorne über die Schulter des Gegenübers gefilmt wird, und umgekehrt bei dessen Replik.

Mit diesem Schuss-Gegenschuss-Verfahren kann aber auch wieder bedeutungsträchtig gespielt werden – beispielsweise wenn nicht der Sprecher, sondern sein Gegenüber beim Zuhören gezeigt wird, während der Sprecher selbst sich im Off befindet, etwa um hervorzuheben, welche Reaktion sein Dialogbeitrag hervorruft. Damit befinden wir uns aber schon bei den Möglichkeiten der Montage.

Die Mis-en-scène

Die *Montage* innerhalb ein und derselben Einstellung nennt man eine Mise-en-scène; es handelt sich hierbei um den kalkulierten Aufbau eines Bildes und seine Veränderung ohne Schnitte. In der Regel bezieht sich die Montage aber auf die Konjunktion verschiedener Einstellungen. Der Normalfall ist der unsichtbare Schnitt, das heißt das „harte" Aneinanderfügen von einzelnen Einstellungen zum Bilderkontinuum. Besonderheiten sind die Abblende, die Aufblende und die Überblende, die Klappblende und die Jalousieblende, die Rauch-, Zerreiß- und Unschärfeblende oder auch die Fettblende und die Fernrohr- oder Schlüssellochblende. Sie signalisieren entweder einen markanten Einschnitt in das Handlungskontinuum oder markieren sonstige spezielle Umstände.

Einstellungskonjunktionen

Das Sequenzprotokoll

Die Analyse der Einstellungen und der Montage eines ganzen Films kann wichtige Einsichten in die Bauformen und damit in die Bedeutung des Films erbringen, weil sie das jeweilige Prinzip der Kontinuität des Erzählens erfassen lässt. Am Beispiel eines relativ einfachen Sequenzprotokolls zu einem relativ klar strukturierten Film aus den fünfziger Jahren lässt sich die Analyse der

Schuss und ...

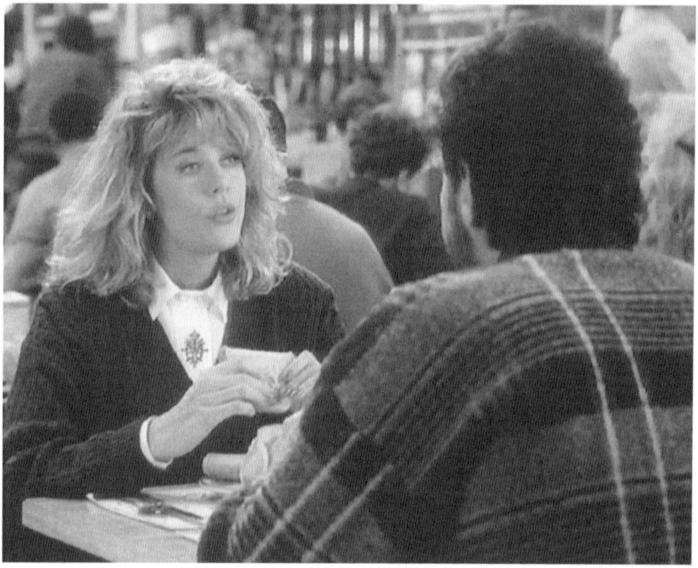

Abb. 52: Sally spricht mit ihrem Freund Harry (HARRY AND SALLY).

... Gegenschuss

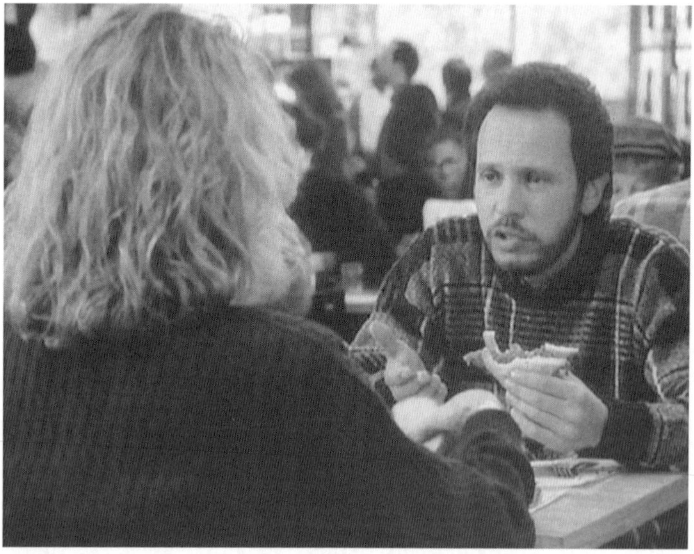

Abb. 53: Harry antwortet.

Nr.	Sequenz	Zahl der E	Zeit/Sek.
1	Vorspann: Abriss der zwei Weltkriege, Titelei, Marsmenschen	34	244
2	Landung und Reaktion der Menschen	19	180
3	Forester und Sylvia	22	303
4	Tod der drei Wächter	27	296
5	Folgen: Elektrizität, Magnetpol, Alarm	11	151
6	Zerstörung der Polizeiautos	18	89
7	Reporterbericht über Soldateneinsatz und Situation	15	110
8	Kampf zwischen Militär (Flugzeug) und Marsmaschinen	13	90
9	Aufmarsch der Verstärkungstruppen	14	60
10	Planung der Abwehr (Unterstand)	8	223
11	Vorbereitung des Kampfes	34	224
12	Tod von Pastor Collins	14	52
13	Kampf und Niederlage	99	196
14	Flucht Forester und Sylvia (Sportflugzeug)	13	62
15	Planung der Abwehr (Los Angeles)	7	129
16	Flucht von Forester und Sylvia (Farm)	28	238
17	Forester/Sylvia und die Marsmenschen	56	409
18	Sprecher-Bericht (internationale Niederlage)	41	127
19	Planung der Abwehr (Washington)	5	132
20	Pacific Institute: Rückkehr Forester/Sylvia, Elektronenauge, Blut	15	181
21	Vorbereitungen zum Abwurf der Atombombe	27	226
22	Auswirkungen der Atombombe	29	126
23	Flucht der Bevölkerung	29	110
24	Versuchte Flucht der Wissenschaftler aus dem Pacific Institute	37	210
25	Suche Foresters nach Sylvia während des Marsmaschinen-Angriffs	14	85
26	Forester und die zwei Polizisten	11	56
27	Suche in der ersten Kirche	7	94
28	Suche in der zweiten Kirche	15	88
29	Suche in der dritten Kirche und Wiedervereinigung	31	171
30	Tod der Marsmenschen	15	141
31	Nachspann: Ende der Marsmenschen	8	47

Einstellungsmontage gut nachvollziehen. Es handelt sich dabei um den Science-Fiction-Film KAMPF DER WELTEN, von dem auch ein Transkript vorliegt[2].

Der Film weist fünf Handlungsphasen auf, die sich wie folgt ausnehmen[3]:

---

2 Werner Faulstich: Byron Haskin: „Kampf der Welten"/„The War of the Worlds". Ein Filmtranskript. Tübingen 1982.

3 Siehe ausführlich Werner Faulstich: Filmästhetik. Untersuchungen zum Science-Fiction-Film „Kampf der Welten" (1953/54) von Byron Haskin. Tübingen 1982, 24 f., 27 und 61.

		Sequenzen	Einstell.	Zeit/Sek.
I	von der Landung der Marsmenschen bis zur ersten Niederlage	2–8	125	1218
II	von der Truppenverstärkung bis zur zweiten Niederlage und der Flucht der Protagonisten	9–14	182	816
III	von der Planung der Abwehr über die Begegnung der Protagonisten mit den Marsmenschen bis zur dritten, internationalen Niederlage	15–18	132	902
IV	von Planung und Einsatz der Atombombe bis zur vierten, endgültigen Niederlage und der Flucht der Bevölkerung und der Protagonisten	19–24	142	984
V	von der Suche des Helden nach der Heldin bis zur Wiedervereinigung und dem Tod der Marsinvasoren	25–30	93	608

Die Phaseneinteilung

Aus dem Verhältnis der Anzahl der Einstellungen und der gemessenen Zeit in Sekunden, bezogen auf die verschiedenen Handlungsabschnitte, kann man die metrische Montage (Sergej M. Eisenstein) und damit die Formalspannung des Films ermitteln.[4] Die Formalspannung – nicht zu verwechseln etwa mit der psychologischen Spannung, wie sie vor allem den Thriller kennzeichnet – meint die Veränderung der Schnittfrequenz und damit die neben den Einstellungsinhalten wohl wichtigste Strategie der Wahrnehmungssteuerung: Die Einstellungen eines Films sind in aller Regel unterschiedlich lang, das heißt, ein Film wird dann „schneller" (physiologisch, fürs Auge), wenn mehr Einstellungen bzw. kürzere Einstellungen einander folgen, und dann „langsamer", wenn weniger Einstellungen bzw. längere Einstellungen einander folgen. Daraus ergibt sich ein formaler Spannungswert pro Sequenz:

4 Vgl. Werner Faulstich: Film aesthetics and new methods of film analysis. In: Empirical Studies of the Arts, vol. 7 (1989), No. 2, S. 175–190. Dt.: Neue Methoden der Filmanalyse. Voraussetzungen, methodische Praxis, Ergebnisse. In: Werner Faulstich: Was heißt Kultur? Aufsätze 1972–1982. Masch.schr. Manuskript: Tübingen 1983, S. 142–160. Eisenstein hat noch zahlreiche andere Formen der Montage unterschieden, auf die hier aber nicht näher eingegangen werden kann.

$$y = \frac{\text{Sekunden}}{\text{Zahl der Einstellungen}}$$

Die Sequenz Nr. 17 beispielsweise, in der die beiden Protagonisten den Marsmenschen hautnah erstmals selbst begegnen, dauert 409 Sekunden bei 56 Einstellungen, d.h. der Mittelwert der Einstellungsdauer beläuft sich hier auf y=7,3. Überträgt man alle Werte aller Sequenzen in eine Graphik, so erhält man eine Kurve, die deutlich erkennen läßt, daß bei KAMPF DER WELTEN die *inhaltlichen* Steigerungen der Handlung, wie sie im Phasenüberblick benannt wurden, *formal* durch die metrische Montage aufgegriffen und unterstützt werden. Die These von der 5-Akt-Struktur des Films wird damit fundiert und erweitert (Graphik 2).

Die Formalspannung

Verzichtet man auf eine Sequenz- und eine Phaseneinteilung, denen man den Vorwurf der Subjektivität machen könnte, kann die metrische Montage auch mechanisch analysiert werden. Der formale Spannungswert lautet hier:

$$y = \frac{\text{Zahl der Einstellungen}}{\text{Minuten}}$$

Graphik 2: Formalspannung bei KAMPF DER WELTEN

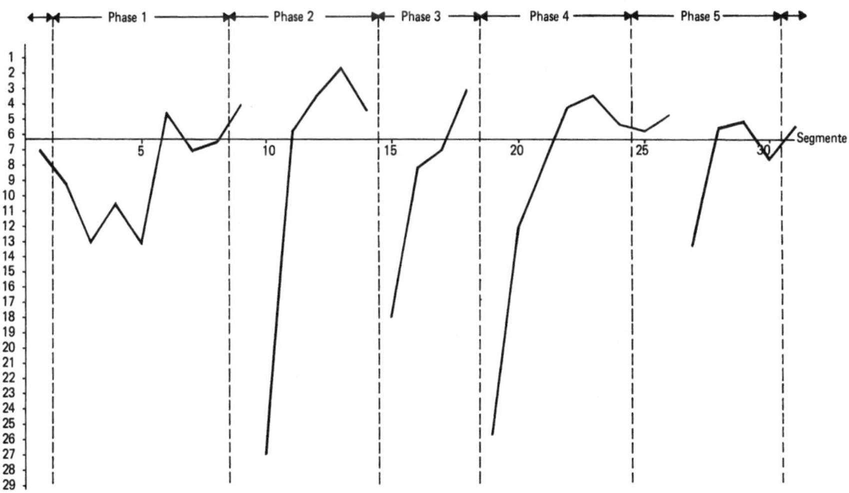

Einstellungsdauer im Durchschnitt pro Segment (in Sek.)

Graphik 2: *Formale Spannungskurve beim Film*
(berechnet nach dem Verhältnis von Zahl und Dauer der Einstellungen pro Segment im Hinblick auf einen Gesamtdurchschnittswert, der bei 'The War of the Worlds' von Byron Haskin 23,1 Einstellungen bei 2,59 Minuten beträgt)

Ricarda Strobel hat am Beispiel eines detaillierten Shooting Transcript von LIFEBOAT entsprechende Berechnungen angestellt und dabei eine naturgemäß sehr viel differenziertere Spannungskurve ermittelt.[5] Inhaltlich läßt sich der Handlungsverlauf wieder in fünf Phasen einteilen. Da die x-Werte der Kurve in mathematisch gleichem Abstand voneinander liegen, nämlich je eine Minute, läßt sich hier ein mathematisches Verfahren anwenden, das inzwischen in handelsüblicher Computer-Software bedienerfreundlich angeboten wird: die Berechnung der sogenannten Regressionsgeraden, die die funktionale Beziehung zwischen y und x berechnet und sie in Mittelwerten ausdrückt (Regressionsanalyse). Dabei zeigt sich bilderbuchhaft das Schema des klassischen Dramas mit 5-Akt-Struktur, das heißt, bei LIFEBOAT handelt es sich um einen Film, dessen inhaltlich-strukturelle Einteilung erzählstrategisch in den Funktionen Exposition, steigende Handlung, Krise, fallende Handlung und Lösung fundiert ist (Graphik 3).[6]

Die Optimierung der Formalspannung durch die Regressionsanalyse

Ähnliche Untersuchungen wie hier zum Verhältnis von Einstellungen und Zeitdauer lassen sich auch etwa zu den Einstellungsgrößen durchführen. Der James-Bond-Film IM GEHEIMDIENST IHRER MAJESTÄT beispielsweise weist eine Verteilung der Einstellungsgrößen auf, die sich frequenzanalytisch von anderen Filmen deutlich unterscheidet.[7] Groß- und Nahaufnahmen dominieren hier, ebenso wie bei dem Hitchcock-Film LIFEBOAT, dessen Universum im wesentlichen auf ein Rettungsboot beschränkt ist, das heißt, Personen und Handlung werden ganz nahe herangeholt, stehen im Vordergrund. Filme wie STÜRMISCHE HÖHEN oder KAMPF DER WELTEN dagegen legen bedeutend mehr Gewicht auf die Darstellung von Umgebung, Setting, Räumen und erlauben dem Zuschauer mehr Distanz. (Natürlich müssen solche Vergleiche auch die Genrezugehörigkeit und die unterschiedliche Geschichtlichkeit der Filme in Rechnung stellen.)

Nähe der Kamera zum Objekt im Vergleich verschiedener Filme

Innerhalb ein und desselben Films lässt sich aber auch die durchschnittliche „Nähe" der Kamera zum Objekt im Hand-

---

5 Ricarda Strobel: Alfred Hitchcock: „Lifeboat"/„Das Rettungsboot". Ein Transkript. Tübingen 1983.

6 Ausführlich siehe Ricarda Strobel: Propagandafilm und Melodrama. Untersuchungen zu Alfred Hitchcocks „Lifeboat" und Orson Welles' „The Stranger". Rottenburg-Oberndorf 1984.

7 Ausführlich siehe Werner Faulstich und Ricarda Strobel: „James Bond" im Medienproduktverbund. In: Diess., Innovation und Schema. Wiesbaden 1987, S. 11–47, hier 38.

Graphik 3: Formalspannung in LIFEBOAT

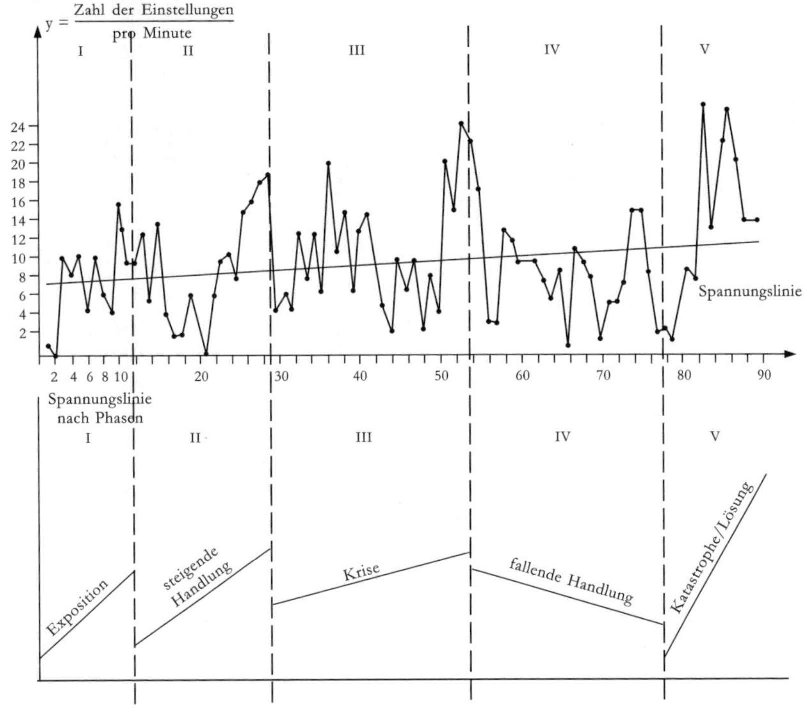

Einstellungsgrößen in %

	D	G	N	A	HN	HT	T	W
IM GEHEIMDIENST IHRER MAJESTÄT	1	45	32	12	16	16	7	1
STÜRMISCHE HÖHEN	–	15	17	21	22	22	3	–
LIFEBOAT	24	42	18	6	5	5	–	–
DER FREMDE	1	34	29	15	10	7	4	–
KAMPF DER WELTEN	1	8	24	13	21	17	12	4

lungskontinuum quantitativ berechnen. Bei IM GEHEIMDIENST IHRER MAJESTÄT ist sie durch den ganzen Film hinweg relativ gleich hoch ausgeprägt, wie die folgende Graphik 4 zeigt.

Nähe der Kamera zum Objekt im Verlauf eines einzelnen Films

Berücksichtigt man dabei kontingenzanalytisch noch die Rolle des Protagonisten James Bond, so lässt sich zeigen, dass diese „Nähe" im wesentlichen auf James Bond selbst zurückgeführt werden muss, der in 50 % aller Einstellungen und kontinuierlich

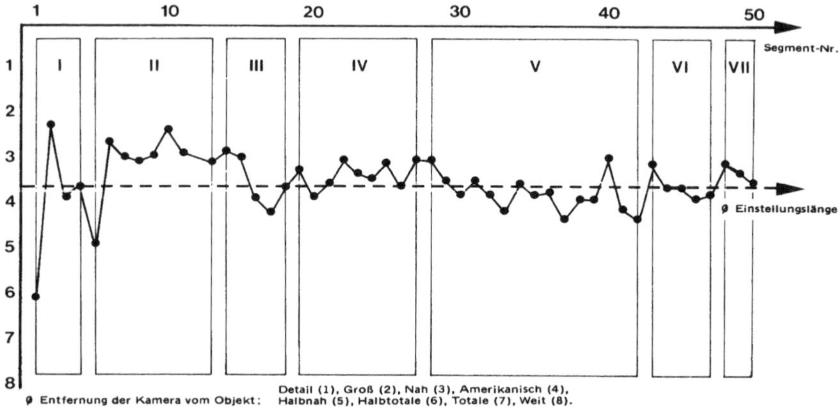

Graphik 4: Nähe zur Erzählwelt bei Im Geheimdienst Ihrer Majestät

bevorzugt in kleinen Einstellungen zu sehen ist, während für die Gegenspieler tendenziell eher größere Einstellungsgrößen gewählt wurden. „Nähe“ heißt hier unübersehbar (im Verbund mit weiteren Bauformen wie hohe Schnittfrequenz und Actiondominanz) Steuerung der Identifikation mit dem Helden. Einfaches Auszählen (Frequenzanalyse) führt zu zusätzlichen Einsichten in den Film, wenn es mit anderen Gestaltungsfaktoren in Verbindung gesehen bzw. in Bezug gesetzt wird (Kontingenzanalyse).

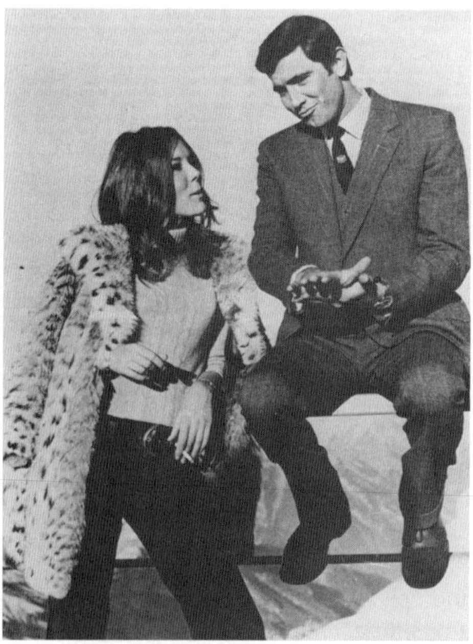

Was bei manchen Filmen wie Kampf der Welten, Lifeboat oder Im Geheimdienst Ihrer Majestät tatsächlich aufgezeigt werden kann, fehlt bei anderen Filmen völlig. Das heißt: Filme bedienen sich keineswegs immer der metrischen Montage als Bauform. So können Tage intensiver Arbeit gelegentlich auch nur diesen Befund ergeben: dass die Schnittfrequenz von Einstellungen oder die

Abb. 54: James Bond mit Tracy, seiner späteren Frau (Im Geheimdienst Ihrer Majestät)

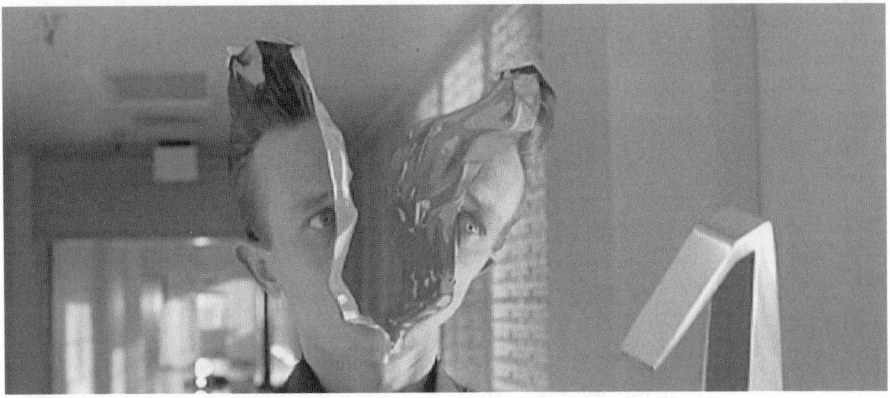

Abb. 55: Dem Killer aus der Zukunft wird in TERMINATOR II durch ein Geschoß spektakulär der Kopf auseinandergerissen, nur um rasch wieder zusammenzuwachsen.

Montage bestimmter Einstellungsgrößen für die Bedeutung eines Films völlig unerheblich sind. In solchen Fällen liegen meist andere bedeutungsgenerierende Muster vor – musikalische Motive etwa, Licht-Schatten-Effekte oder Farben und Symbole.

Auf die digitale Bildgestaltung kann hier nur pauschal hingewiesen werden. Angefangen von TRON über DER TOD STEHT IHR GUT und TERMINATOR II bis zu JURASSIC PARK und FINAL FANTASY bedienen sich immer mehr Filme der Doppel- und Mehrfachbelichtung, der Computer-Animation, bestimmter Masken und anderer Special Effects, der Rückprojektion, des Morphing-Verfahrens oder des Dolby-Surround. Bei manchen Filmen wird diese Digitalisierung ideologisch selbst thematisiert. Steigerung der Illusionierung, erhöhte Reizdichte und Beschleunigung des filmischen Tempos sind wichtige Auswirkungen.

Digitale Bildgestaltung

Diese neuen Gestaltungsmöglichkeiten signalisieren einen deutlichen Trend weg von der naturalistischen „äußeren" Wirklichkeit hin zur emotionalen „inneren" Wirklichkeit, d.h. sie unterstreichen den Traumcharakter des Spielfilms, indem sie die Unterwerfung des Zuschauers immer kompromissloser und totaler einfordern und ermöglichen.

Dialog und Geräusche 5.2

Die einzelnen Bauformen übernehmen in aller Regel Funktionen in übergeordneten Kontexten. Das gilt auch für Dialoge und ganz besonders für Geräusche. Dieser Verweischarakter muss deshalb stets mitbedacht werden. Einige Beispiele sollen das verdeutlichen.

Charakterisierung durch multiple Bauformen

In RAMBO II wird der Protagonist in einer Sequenz gleich vielfach als Superheld charakterisiert, unter anderem dadurch,

- dass er einen männlich-muskulösen Körper und markant-harte Gesichtszüge hat (durch den Schauspieler Sylvester Stallone),
- dass ihn die eigenen Leute aus politisch miesen Gründen verraten (als Parallelhandlung),
- dass er mit der Natur im Bunde steht und die bösen Vietcong listenreich besiegt (durch die Message),
- dass er hart, entschlossen, kraftvoll, tapfer und stark ist (durch sein situationsangemessenes Verhalten),
- dass „die Hölle sein Zuhause ist" (durch eine Fremdcharakterisierung),
- dass er intelligenter ist als seine Feinde (durch sein Handeln),
- dass er uns nahe und vertraut ist (durch viele Großaufnahmen),
- dass er individuelle Züge gewinnt (im Gegensatz zu den anonymen Gegnern, die austauschbar sind), und nicht zuletzt
- dass er von einer hübschen Vietnamesin geliebt wird.

Letzteres wird, nachdem sie ihm zuvor das Leben gerettet hat, auch als Dialog gestaltet, zu sanfter Geigenmusik und friedlichen Urwaldgeräuschen:

Abb. 56: Rambo und seine Retterin kurz nach dem „Dialog" in RAMBO II

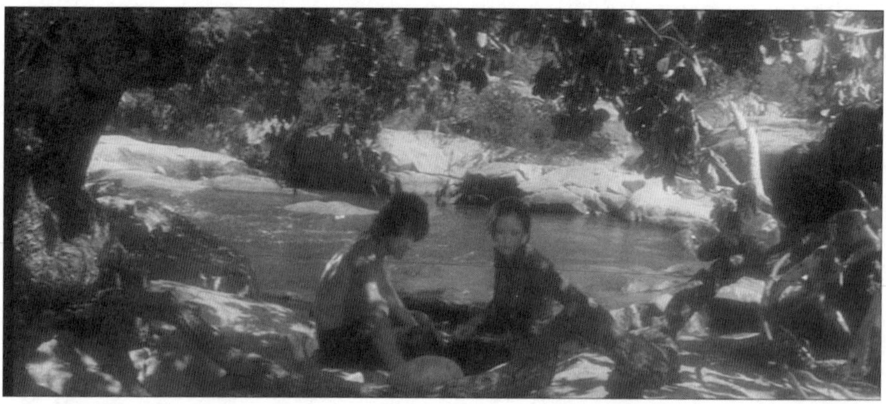

Er: Weißt du, was du letzte Nacht gemacht hast, das werde ich dir nie vergessen. Danke.
Sie: Was willst du jetzt machen?
Versuchst du, dich nach Thailand durchzuschlagen?
Er. Ja.
Sie: Und dann gehst du nach Amerika?
Er: Ja.
Sie: Würdest du mich mitnehmen?
(Küssen, Schmusemusik)
Sie: Nimmst du mich mit?
Er: Ja.
Sie: Du bereust es ganz sicher nicht.
Er: Ja.
Sie: Gehen wir?
Er: Ja, gehen wir.

Der restringierte Code (unfreiwillig komisch)

Wohl eher ungewollt wird hier durch die Repetition des immergleichen „Ja“ dem Helden nicht unbedingt ein sprachlich elaborierter Code bescheinigt. Zum Glück muss er sein Wort auch gar nicht einlösen, denn bereits in der nächsten Einstellung wird die hübsche Vietnamesin von bösen Vietcong-Kugeln in den Tod befördert – was den Kampf Rambos ideologisch, nämlich auch als Rache für den Verlust der Geliebten, um ein weiteres legitimiert.

Ganz anders wird der Dialog in DIE MARQUISE VON O. eingesetzt. Diese Verfilmung der gleichnamigen Erzählung von Heinrich von Kleist durch Eric Rohmer thematisiert das Problem, dass eine adelige Dame „ohne ihr Wissen“, nämlich während einer Ohnmacht, schwanger wurde, worauf die gesellschaftliche Umwelt ungläubig und abwehrend reagiert. Interessant ist hier die filmische Inszenierung des Dialogs, getragen von einer großen Nähe zum printliterarischen Text. In der Sequenz nach der Konfrontation der Protagonistin mit ihren Eltern, die sie nicht mehr sehen wollen und verstoßen, wird die wörtliche Rede gleich vierfach aufgefächert:

Der Wandel vom elaborierten Dialog zum Monolog als Bedeutungsträger

1. Die Marquise spricht zu ihrem Bruder als *Dialog im On*: „Sag deinem unmenschlichen Vater, dass er kommen und mich niederschießen, nicht aber mir meine Kinder entreißen kann.“ Und sie verlässt mit ihren Kindern das Elternhaus.

2. Während ihrer Kutschfahrt zu einem Refugium wird die Bilderkette durch eine *Schrifttafel* unterbrochen, auf der es als *Erzählerbericht* heißt: „Durch diese schöne Anstrengung mit sich selbst bekannt gemacht, hob sie sich plötzlich, wie an ihrer eige-

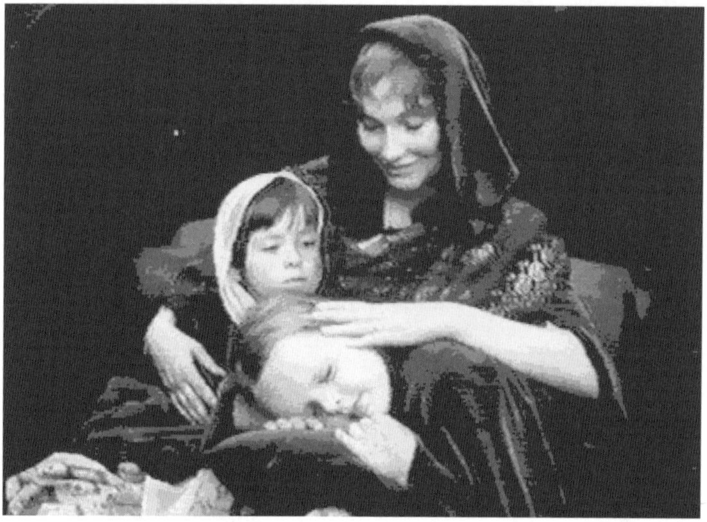

Abb. 57: Die Protagonistin mit ihren Kindern auf der Kutschfahrt nach der Trennung von den Eltern in DIE MARQUISE VON O.

nen Hand, aus der ganzen Tiefe, in welche das Schicksal sie herabgestürzt hatte, empor." Es folgen Bilder der glücklichen Mutter mit ihren lächelnden Kindern.

3. Im Garten des Refugiums sieht man dann die Marquise, neben der ihre Tochter mit blumenumkränztem Haar spielt, wobei es als *innerer Monolog im Off* heißt: „Ich sehe die Unmöglichkeit ein, meine Familie von meiner Unschuld zu überzeugen. Ich weiß, dass ich mich darüber trösten muss, falls ich nicht untergehen will. Ich habe beschlossen, mich ganz in mein Innerstes zurückzuziehen, mich mit ausschließendem Eifer der Erziehung meiner beiden Kinder zu widmen, und des Geschenks, das mir Gott mit dem dritten gemacht hat, mit voller mütterlicher Liebe zu pflegen."

4. Dann weiter als *Selbstgespräch im On:* „Nur der Gedanke ist mir unerträglich, dass dem jungen Wesen, das ich in der größten Unschuld und Reinheit empfangen habe, ein Schandfleck in der bürgerlichen Gesellschaft ankleben soll."

Die Konfrontation mit den Eltern (Dialog) führt zu einer deutlichen Abgrenzung; der Dialog ist eigentlich die Absage an die Beziehung. Diese erfährt eine objektive Überhöhung (Schrifttafel) in der impliziten Wertschätzung von Selbstbestimmung und Selbstbehauptung, die einfach gesetzt wird. Aber aus dieser

„plötzlichen" Identität mit sich selbst entspringt die Selbstgewissheit (innerer Monolog im Off), die konsequenterweise wieder zum In-der-Welt-Sein befähigt (Selbstgespräch im On) – wobei der Monolog nun eine ganz neue Beziehung zur Welt möglich macht. Der Wechsel vom *Dialog* bis hin zum *Monolog* vermittelt dem Zuschauer auch erzählstrategisch und damit handlungsbeglaubigend die Emanzipation des Individuums, seine Befreiung von bürgerlicher Fremdbestimmung.

Kombination von Einstellungsgröße, Dialog und Soundebene

Dagegen wird in einer Komödie wie beispielsweise HARRY UND SALLY der Dialog stärker im Verbund mit Kameraperspektive und Montage eingesetzt. Ein gutes Beispiel ist die berühmte Szene, in der Sally im Schnellimbiss-Restaurant ihrem Harry laut einen Orgasmus vorspielt, um ihm zu beweisen, dass ein Mann oft nicht beurteilen kann, ob der weibliche Orgasmus echt ist oder nur vorgetäuscht. Zunächst wird das Paar durch die Kamera mitten im Restaurant verortet: Beide sitzen sich an einem Tisch gegenüber, seitlich (im Profil) gefilmt (Achsenverhältnisse 90%). Es wimmelt um sie herum von Menschen, die essen bzw. die Essen zu den Tischen tragen.

Dann beginnt ihr Streitgespräch, wobei die Kamera im traditionellen Schuss–Gegenschuss jeweils den Sprechenden zeigt (Achsenverhältnisse ca. 45%). Dem Dialog über das eher intime Thema ist die intimere Visualisierung angepasst. Als sich Sally zurücklehnt, der Dialog verstummt und sie mit ihrer Performance beginnt, wird sie frontal von vorne in nahezu Großaufnahme gezeigt. Dagegen geschnitten wird der anfangs verwirrte, dann peinlich berührte und schließlich verlegen um sich blickende Harry, zunächst noch in der Schuss-Gegenschuss-Perspektive. Die Frontalsicht in nahezu Großaufnahme auf Sally zeigt einen Gast hinter ihr, der sich neugierig umdreht und die stöhnende Sally erstaunt anblickt, während Harry seinerseits nun ebenfalls in nahezu Großaufnahme gezeigt wird, wie er sich nur so windet in seiner Scham.

Sally nähert sich dem gespielten Höhepunkt, untermalt mit spitzen Schreien, Ja-Stöhnen und kurzen Schlägen auf die Tischplatte, die sich bis zum Stakkato steigern. Die ganze Umgebung nimmt nun Anteil: Der Geräuschepegel des Restaurants hat sich in Stille verwandelt, alle Bewegungen sind erstarrt. Andere Gäste im Restaurant werden in Nah- und Großaufnahmen von vorne gezeigt, bewegungslos starrend, darunter eine ältere Dame allein am Tisch. Sie alle verfolgen gebannt bis fasziniert, sprachlos und atemlos Sallys Inszenierung. Damit wird die kleinste, intimste Einstellungsgröße (nahezu Großaufnahme) gleichsam öffentlich

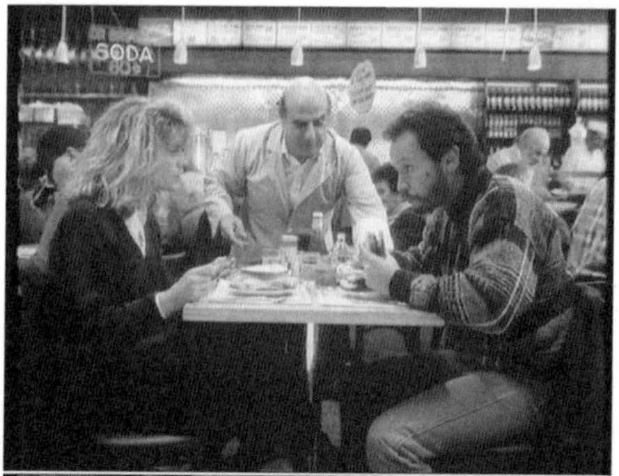

Abb. 58: Das Paar im Gespräch miteinander im Schnellimbiss (HARRY UND SALLY)

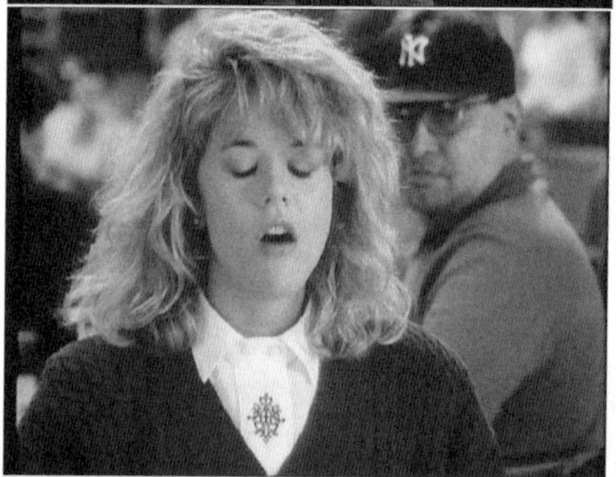

Abb. 59: Sally spielt sexuelle Erregung vor, zum Erstaunen der Öffentlichkeit (Mann hinter ihr)

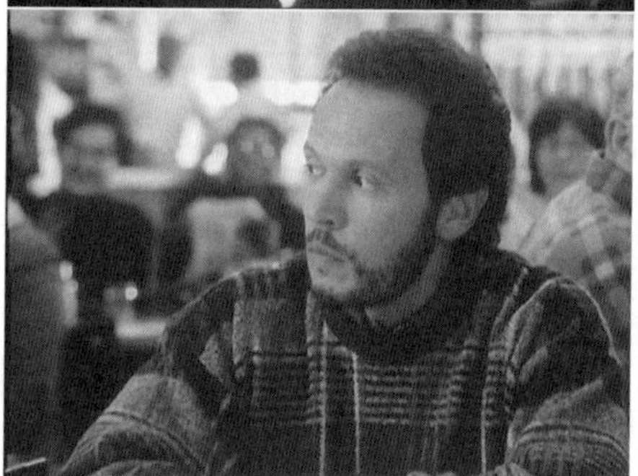

Abb. 60: Harry windet sich vor Verlegenheit

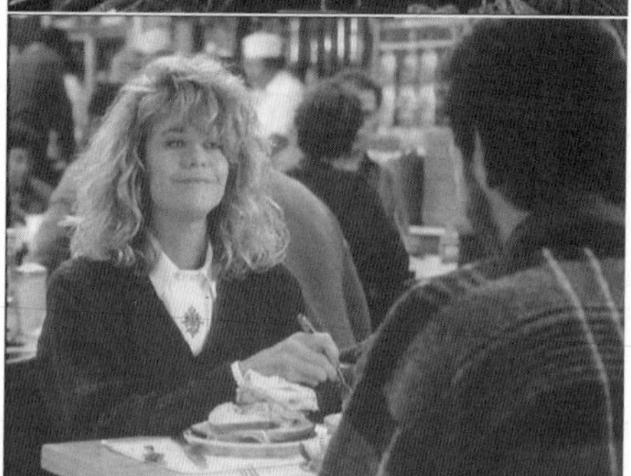

Abb. 61: Zum Abschluss wirft Sally Harry einen triumphierenden Blick zu

gemacht (auch „fremde“ Gäste in nahezu Großaufnahme) und durch die Blickrichtung direkt auf den Zuschauer gewendet (Frontalsicht). Der witzige Charakter der Szene basiert ganz wesentlich auf der als peinlich empfundenen Transponierung des privaten Themas Sex/Orgasmus in einen öffentlichen Raum. Das Spiel im Spiel wird von Sally mit einem lausbübischen Lächeln zu Harry beendet, und der fremde Gast hinter ihr dreht sich wieder zu seinem eigenen Essen um.

Die für Harry peinliche Spannung aber wird wieder dialogisch gelöst: Die einsame Dame am Tisch deutet hinüber zu Sally und bestellt: „Ich will genau das, was sie hatte.“ Das zaubert nicht nur ein Lächeln in das Gesicht des Zuschauers, sondern damit ist auch der Disput zwischen Harry und Sally extern entschieden: Ihre Orgasmus-Inszenierung war ganz offensichtlich absolut glaubwürdig.

Handlungsfunktionale Geräusche

Geräusche sind in der Regel handlungsfunktional und häufig auch ideologierelevant. Sie gehören – paradigmatisch etwa das Knarren der Tür in einem Kriminal- oder Horrorfilm – gewissermaßen zur Realität der bildhaft vorgestellten Wirklichkeit und vervollständigen insofern oft nur die visuell übermittelten Informationen. Manche Filme freilich weisen eine besonders elaborierte Geräuschegestaltung auf – SIEBEN beispielsweise, wo die Alltags- und Umweltgeräusche eine nervtötende, bedrohliche Dimension erreichen und zur Charakterisierung der Protagonisten und ihres Großstadtmilieus dienen, oder DAS TEXAS KETTENSÄGEN-MASSAKER, wo die Schreie des in Todesangst sich windenden Mädchens mit dem dumpfen Gebrülle der irren Familienmitglieder und dem Scheppern der Axt in der Blechschüssel bzw. dem Kreischen der Kettensäge gemischt werden, um den wahnwitzigen Horror einer als sinnlos begriffenen Gewalt zu vermitteln. Besonders elaboriert ist auch der Einsatz von Ton und Bild im WEISSEN HAI. Der Zuschauer „lernt“ hier bereits in der Eingangssequenz, dass die Kombination zweier Merkmale einen gefährlichen Haiangriff aus der Tiefe indiziert: erstens die subjektive Kamera bei der Fahrt nach vorne durch das tiefe Wasser, zweitens ein musikähnliches Geräusch im Halbtonschritt nach unten, das immer schneller wird und die direkte Attacke einleitet. Spielberg „spielt“ dann mit dem Zuschauer damit, dass er ihn später verwirrt und einmal nur die subjektive Kamera, dann nur das musikalische Geräusch verwendet. Dadurch entsteht unterbewusst höchste Spannung, weil nicht klar ist, ob nun ein Haiangriff erfolgt oder nicht. Geräusche werden durchaus häufiger so wie hier zur gezielten Wahrnehmungssteuerung des Publikums eingesetzt.

Rezeptionssteuerung durch Geräusche

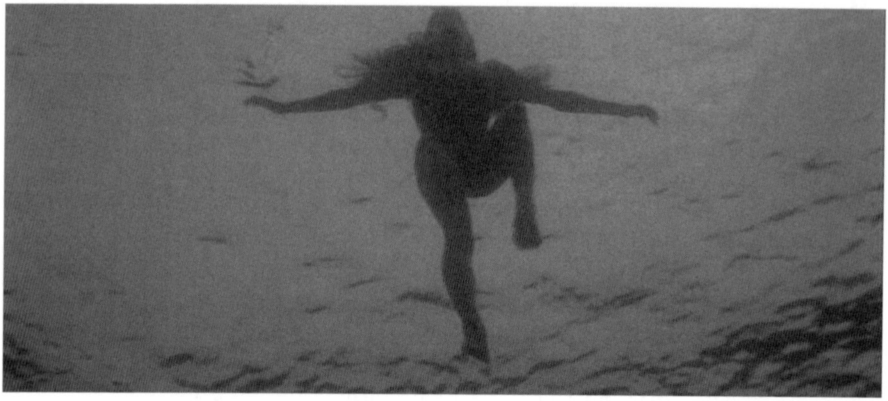

Abb. 62: Annäherung des Hais von unten an die nackte Schwimmerin (DER WEISSE HAI)

5.3 Musik

Bei der Musik muss man grundsätzlich unterscheiden in „Musik im Film" und „Filmmusik": Beim ersten handelt es sich um Musik im On, man sieht die Musiker musizieren und die Sänger singen, die Musik ist Teil der Handlung – wenn beispielsweise der Protagonist in die Disco oder in die Oper geht und dort Musik ertönt. Das betrifft auch jede Art von Musikfilm als Genre, wo Musik häufig selbst thematisiert ist (vgl. oben). Beim zweiten dagegen handelt es sich um Musik im Off: Filmmusik ist dramaturgisches Element, eine Bauform des Erzählens. In dieser Bedeutung muß sie analysiert werden. In einigen Fällen trifft auch beides zu – wenn beispielsweise in ROSEMARY'S BABY siebenmal Beethovens Klavierstück „Für Elise" vorkommt, stümperhaft gespielt, um die dünnen Wände, die Alltagstrivialität und die kleinbürgerliche Atmosphäre des Mietshauses zu vergegenwärtigen, in dem sich das irreal Teuflische der Handlung abspielt[8]; wenn in Luchino Viscontis gleichnamiger Filmversion der Thomas-Mann-Novelle TOD IN VENEDIG aus dem *Schriftsteller* Aschenbuch der *Komponist* Aschenbach wird und die *literarischen* Passagen der Vorlage medienangemessen durch *musikalische* Passagen aus Gustav-Mahler-Symphonien ersetzt werden[9]; oder wenn in LILI MARLEEN das gleichnamige Lied

Musik im On

Musik im Off

8 Hans-Christian Schmidt: Wesensmerkmale und dramaturgische Funktion der Musik in Roman Polanskis Film „Rosemaries Baby" (1968). In: Ders. (Hrsg.), Musik in den Massenmedien Rundfunk und Fernsehen. Mainz 1976, S. 250–275.

9 Vgl. Werner und Ingeborg Faulstich: Modelle der Filmanalyse. München 1977, S. 14 ff.

selbst zwar nicht weniger als zehnmal ertönt, in der Interpretation durch die jeweilige Sängerin, die Inszenierung und im wechselnden situativen Kontext aber zu einem zentralen Stilelement des Films wird, dessen Dramaturgie ohne diese Modifikation nicht zu begreifen wäre.[10]

Probleme bei der Filmmusikanalyse

Es gibt eine Reihe von Problemen bei der Filmmusikanalyse, die bewusst sein müssen. Zunächst einmal erfährt die Filmmusik im Vergleich mit dem Visuellen bei der Rezeption nur wenig explizite Aufmerksamkeit. Filmmusik wirkt meistens unterbewusst, ist damit aber um so wichtiger. Erst wenn man sich nur auf die Tonebene konzentriert, fällt einem auf, wie häufig und an welchen Stellen Filmmusik eingesetzt wird. Ein Problem besteht auch darin, dass (wie meistens der Fall) keine Partitur zur Verfügung steht; und oft gibt es auch keinen Soundtrack auf Platte oder CD. Es ist mühevoll, aber eben doch möglich und häufig unverzichtbar, wichtige musikalische Motive oder ganze Passagen der Filmmusik zu transkribieren. Allerdings stellt sich dabei als weiteres Problem, dass man dazu über Grundkenntnisse der Musikanalyse verfügen muss. Mindestens muss man Musik beschreiben können. Hilfreich sind dabei allgemeine Kategorien wie Rhythmus, Instrumentierung (Geigen, Bläser, Percussion etc.), Tempi, Melodien bzw. Motive, Modulationen, Harmonien, Dynamik, Agogik, Ornamentik, generell die jeweilige Grundstimmung (wild oder zart, laut oder leise, stringent oder verschnörkelt etc.). Zumindest sollte man Filmmusik ebenso „charakterisieren" wie die Figuren bei der Figurenanalyse.

Grundfunktionen der Filmmusik

Filmmusik dient in der Regel der unterschwelligen Emotionalisierung der Filmhandlung. Gefühle sollen stimuliert werden, man soll sich mit den Helden identifizieren, sich in Situationen einfühlen. Besonders verbreitet sind Klangteppiche im Hintergrund und klangliche Formeln (z. B. die Orgel für Sakrales, der Paukenschlag für die herannahende Gefahr oder das Stakkato für Hetze). Musik kann Erregung verstärken, Stimmung verdichten, ein Lebensgefühl veranschaulichen, aber auch Bilder verbinden und Kontinuität stiften oder als Requisit zur Spannungssteigerung dienen. Das bedeutet, Filmmusik ist nicht autonom, sondern hat eine dienende Funktion, bezogen entweder auf die Handlung, auf einzelne Sequenzen, auf einzelne Figuren und ihr Setting oder auf die Tektonik des ganzen Films, jeweils mit Blick auf den Zuschauer.

Zur Analyse hat man unterschiedliche Funktionskategorien ausgebildet. So wurden in den dreißiger Jahren zwei Arten von

---

10 Siehe ausführlich Fred Ritzel und Jens Thiele: Ansätze einer interdisziplinären Filmanalyse am Beispiel „Lili Marleen" (R. W. Fassbinder, BRD 1980). In: Werner Faulstich und Helmut Korte (Hrsg.), Filmanalyse interdisziplinär. Göttingen 1988, 2. Aufl. 1991 (LiLi-Beiheft 15), S. 109–132.

Leitmotivtechnik

Stimmungstechnik

Filmmusik unterschieden: erstens die *Leitmotivtechnik* („underscoring"), mit der eine Figur oder ein Handlungsort spezifiziert und charakterisiert wird, und zweitens die *Stimmungstechnik* („mood technique"), die eine Szene oder Handlungssituation illustriert. Das wohl berühmteste Beispiel für die Leitmotivtechnik ist der Western SPIEL MIR DAS LIED VOM TOD – bezeichnenderweise als „horse opera", als „Pferdeoper" bezeichnet. Hier haben alle Hauptfiguren je ein eigenes musikalisches Motiv, das nicht nur gemeinsam mit dem Auftritt der jeweiligen Figur erklingt, sondern beispielsweise auch dann, wenn die eine Figur an eine andere, abwesende nur denkt. Damit sind reizvolle, komplexe Vernetzungen und die Etablierung zusätzlicher Bedeutungsdimensionen möglich, die sich erst einer detaillierten Musikanalyse eröffnen. Wichtige Strukturierungsstrategie ist auch das immer wieder hörbare Pfeifen des Mörders in dem Film M – EINE STADT SUCHT EINEN MÖRDER oder das „Harry Lime-Thema", das als Zither-Motiv im Film DER DRITTE MANN gestaltend wirkt.

Beispiele für die Stimmungstechnik sind ebenfalls jedem bekannt und prägen weitgehend unsere Wahrnehmung – etwa wenn in der Liebesszene die Geigen säuseln, in der Angriffsszene die Trompeten schmettern oder eine klagende Oboe die Einsamkeit der Heldin transportiert. Solche Stimmungsmusik ist häufig Programmusik, das heißt, sie ist standardisiert und meist klischeehaft, auf Wiedererkennen ausgerichtet. Im SCHWEIGEN DER LÄMMER beispielsweise werden Clarice, Lecter und Billy zwar musikalische Motive zugeordnet, die aber weniger der Figurencharakterisierung als vielmehr der emotionalen Beschreibung von Räumlichkeiten und Situationen sowie der Verdeutlichung von Zeit und Entwicklung dienen.

Einzelfunktionen der Filmmusik

Zofia Lissa hat 1963 systematisch vier Hauptfunktionen unterschieden[11]:

- Filmmusik illustriert (unterstreicht synchron Bewegungen, stilisiert musikalisch reale Geräusche oder repräsentiert Räume).
- Filmmusik drückt psychische Erlebnisse von Figuren aus (z. B. traurige Erinnerungen, positive Erwartungen, versteckte Phantasien).
- Filmmusik steuert die Wahrnehmung des Zuschauers (erzeugt z. B. Spannung, sichert Kontinuität der Handlung).

11 Zofia Lissa: Estetyka muzyki filmowey. Krakau 1963 (dt. Ästhetik der Filmmusik. Berlin 1965).

– Filmmusik kommentiert die Filmhandlung (sei es polarisierend, sei es kontrapunktisch).[12]

Vielleicht am ausführlichsten hat Norbert Jürgen Schneider 1986 für den sogenannten Neuen Deutschen Film zwanzig Funktionen unterschieden.[13]

Filmmusik kann demnach

1. Atmosphäre herstellen
   In der BLECHTROMMEL beispielsweise erklingt jedesmal, wenn Oskar das Spielzeuggeschäft des jüdischen Händlers Sigismund Markus betritt, eine Spieldosenmusik. Damit wird atmosphärisch die Zauberwelt des Spielzeugs für Oskar evoziert. Wenn seine Mutter dagegen den Laden betritt, ist die Musik nicht zu hören.
2. Ausrufezeichen setzen
   In JAGDSZENEN IN NIEDERBAYERN beispielsweise betonen kurze musikalische Spots das Theatermäßige und Inszenierte des Films.
3. Bewegungen illustrieren
   Das ist auch als „mickey mousing“ bei den Disney-Zeichentrickfilmen bekannt: Musik ersetzt die fehlenden Geräusche des Sich-Bewegenden. In Tonfilmen wird es vor allem in Komödien zu parodistischen Zwecken eingesetzt.
4. Bilder integrieren
   In DER NEGER ERWIN beispielsweise montiert Herbert Achternbusch Gesichter aus der Großstadt zu einer geisterhaften Sequenz und unterlegt diese mit dem Schlager „Schau mich bitte nicht so an“.
5. Emotionen abbilden
   In HELLER WAHN beispielsweise wird die verletzliche Psyche der Ruth mit langen leisen Tönen der sensiblen Klarinette, in stets ruhiger Bewegung und unter Verwendung kleiner, chromatischer Intervalle veranschaulicht.
6. Epische Bezüge herstellen
   In BERLIN – ALEXANDERPLATZ beispielsweise erklingt beim Mord an Mieze das Leitthema des Franz Bieberkopf, obwohl der gar nicht anwesend ist. Damit wird auf die katastrophalen Folgen des Mords für Bieberkopf hingewiesen.
7. Formbildend wirken
   In BAAL z. B. gibt es 24 thematisch eingegrenzte Stationen, wobei die nummernhaften Songs eine wichtige formgebende Rolle spielen und den Film insgesamt strukturieren.

---

12 Vgl. auch Hans-Christian Schmidt: Musik als Einflußgröße bei der filmischen Wahrnehmung. In: Ders. (Hrsg.), Musik in den Massenmedien Rundfunk und Fernsehen. Mainz 1976, S. 126–169, hier 126 f.

13 Norbert Jürgen Schneider: Handbuch Filmmusik I. Musikdramaturgie im Neuen Deutschen Film. München 1986, 2. überarb. Aufl. 1990, hier S. 90 ff. Matthias Keller hat die Kategorien auf internationale, speziell auf Hollywood-Filme bezogen: Stars and Sounds. Filmmusik – Die dritte Kinodimension. Kassel 1996.

8. Geräusche stilisieren
   In DAS BOOT beispielsweise stilisiert der Ton cis“ das Echolot im Funkraum des Bootes.
9. Gesellschaftlichen Kontext vermitteln
   Handlungsorte wie Kirche (Orgel, feierlich) oder Disco (Rock, laut) werden musikalisch ebenso als Setting gestaltet wie kulturelle Räume (z. B. italienische, spanische, orientalische, chinesische Musik).
10. Gruppengefühl vermitteln
    In WO DIE GRÜNEN AMEISEN TRÄUMEN beispielsweise werden die australischen Ureinwohner durch die Klänge des sonor tönenden Blasrohrs zur Gemeinschaft eingebunden.
11. Historische Zeit evozieren
    In DIE EHE DER MARIA BRAUN beispielsweise wird Zeitgeschichte zentral durch die Musik akustisch präsent.
12. Irreal machen
    Das geschieht vor allem durch Hallgeräte. In WOYZECK beispielsweise werden widersprüchliche musikalische Motive miteinander verbunden, was den Hörer/Zuschauer das Zeit- und Raumgefühl verlieren lässt.
13. Karikieren und Parodieren
    In der BLECHTROMMEL beispielsweise schlägt Oskar auf seiner Trommel so lange einen Dreier-Takt, bis Hitlers Parademarsch ins Wanken gerät und die Propaganda-Großveranstaltung der Nazis umfunktionalisiert wird zu Spiel und Tanz „An der schönen blauen Donau“.
14. Kommentieren
    In MANN IM SCHILF beispielsweise wird ein Mann von einem nationalsozialistischen Trupp zusammengeschlagen. Dazu erklingt eine Blasmusik und Musik von einem Kinderkarussel.
15. Nebensächlichkeiten hervorheben
    Ein markanter Schnitt auf einen Gegenstand kann durch Musik bedeutungsrelevant gemacht werden.
16. Personen dimensionieren
    Eine visuell und handlungsmäßig zu berechnend oder böse aussehende Figur kann durch Musik gemildert und freundlicher gestaltet werden.
17. Physiologisch konditionieren
    Durch hervorgehobene Basstöne oder Sensurround kann Musik stärker „unter die Haut gehen“.
18. Rezeption kollektivieren
    Im Gegensatz zum individuellen Auge ist das Ohr kollektiv, das heißt, die Kinozuschauer werden über die Musik gemeinsam emotional beeinflusst.
19. Raumgefühl herstellen
    Die Prärie wird größer durch das Tschaikowsky-Sinfonieorchester, ein Zimmer kleiner und enger durch ein Soloinstrument in stumpfer Akustik.
20. Zeitempfinden relativieren.
    In NOSFERATU von Werner Herzog beispielsweise dauert der Ritt Jonathan Harkers zu Draculas Schloss in den Karpaten 1 Minute 20 Sekunden, zeigt ihn aber an fünf Orten schnell oder langsam reitend. Die Musik schafft hier eine glaubhafte Einbindung der Montage.

Natürlich kann Filmmusik noch viel mehr. Die genannten Funktionen können fraglos erweitert oder gekürzt werden, d.h. sie stellen keine Checkliste von grundsätzlichen oder prinzipiellen Funktionen der Filmmusik dar. Sie werden hier also nur vorgestellt, um dazu anzuregen, *selber* film-, figuren-, szenen-, setting-, atmosphärenspezifische Funktionen der Musik zu ermitteln und sie produktbezogen jeweils zu begründen und in die Analyse und Interpretation einzubeziehen.

Hilfreich kann dabei möglicherweise wieder die Genrezuordnung sein, weil die filmischen Gattungen häufig auch stilbildendes Prinzip der Filmmusik darstellen[14]: Die typische „Krimi-Musik“ beispielsweise hat Grundformen wie das hochdramatische „Agitato“- und das spukvoll romantische „Misterioso“-Stück, den isolierten „Schreck“-Akkord, das Streicherpizzikato bei vorsichtig schleichenden Schritten im Dunkeln den einzelnen Musikakzent als Signal einer überraschenden Wahrnehmung, die Dissonanz zur Erzeugung von Grauen, das elektronische Klanggebilde zur Verfremdung, den Tritonus als klassisches Krimi-Intervall usw. Genretypisch sind auch weitere Musikrequisiten: *Motive* wie Ostinati, *Harmonien* wie die übermäßige Quart oder die kleine Sekund oder auch komplexe Dissonanzen, *Rhythmen* wie der gleichmäßige Beat als Herzschlag, *Dynamik* wie Sforzati und Crescendi, *Schlagzeugeffekte* wie Pauken oder *Besonderheiten* wie Tremolo und Triller.[15]

Mitunter wird Filmmusik auch explizit zur Irreführung des Zuschauers eingesetzt, etwa wenn in Alfred Hitchcocks VERDACHT ein dissonanter Akkord erklingt, als der Ehemann seiner Frau ein Glas Milch bringt. Im Handlungskontext nährt das den Verdacht, in der Milch wäre Gift enthalten, tatsächlich aber wird sich dieser Verdacht am Ende des Films als völlig unbegründet erweisen.[16]

---

14 Vgl. Wolfgang Thiel: Filmmusik in Geschichte und Gegenwart. (Ost-)Berlin 1981, S. 299–344.

15 Z. B. Helga de la Motte-Haber und Hans Emons: Filmmusik. Eine systematische Beschreibung. München 1980, 140 ff.

16 Josef Kloppenburg hat am Beispiel des Hitchcock-Films „Spellbound“ detailliert offengelegt, welche enorme Bedeutung der Musik im anspruchsvollen Thriller zukommt: Die dramaturgische Funktion der Musik in den Filmen Alfred Hitchcocks. München 1986.

5.4 Raum, Licht, Farbe

Der Raum: Vorder-, Mittel- und Hintergrund

Räume sind nicht nur soziale Räume im Sinne des schon erwähnten Settings von Figuren, sondern vergleichbar auch dem Raum der Theaterbühne. Entsprechend kann man Vorder-, Mittel- und Hintergrund unterscheiden, wie es erstmals beim Film CITIZEN KANE erzählstrategisch und bedeutungsgenerierend eingesetzt wurde. Diese Rauminszenierung spielt speziell bei der schon erwähnten Mise-en-scène eine große Rolle. Auch in verschiedenen Genres werden Räume unterschiedlich eingesetzt – beim Western vor allem mit der Weite der Landschaft, beim Science-Fiction-Film als Weltraum oder beim Horrorfilm als Raum der eigenen unterdrückten Ängste, während in anderen Genres wie beispielsweise dem Erotikfilm oder Porno der Raum fast überhaupt keine Rolle spielt.

Raum als Mittel der Figurencharakterisierung

Raum wird als Kategorie der Filmanalyse leider ebenso selten genutzt wie Dialog oder auch Licht und Farbe. Gleichwohl können vereinzelte Beispiele belegen, dass eine entsprechende Instrumentierung gelegentlich von großem Nutzen sein kann. Bleiben wir bei CITIZEN KANE, so ist dieser Film nicht nur dadurch charakterisiert, dass er fünf verschiedene Erzähler bzw. Erzählerinnen hat, die in Form von Rückblenden mit raffinierten Zeitraffungen unterschiedliche Episoden aus Kanes Leben rekonstruieren, sondern dass auch ungewöhnliche Erzählstrategien eingesetzt werden, wie die Einstellungsperspektive, die den Protagonisten quasi monumentalisieren und zugleich demontieren, und die Tiefenschärfe. Letztere ermöglicht es durch ein Weitwinkelobjekt, Dinge, die sich in räumlicher Distanz zueinander befinden, doch gleichscharf abzubilden und damit raumübergreifend Bezüge herzustellen. Ein gutes Beispiel ist die Sequenz mit dem Selbsttötungsversuch Susans, wo im Vordergrund das Glas mit einer Medizin zu sehen ist, im Mittelgrund (verschwommen) Susans Kopf und im Bildhintergrund Kane, wie er in den Raum hereinstürmt.[17]

Dem entspricht hier ein entsprechender „Sound“: Dialoge werden verhallt, um die immensen Entfernungen zwischen den Sprechenden und die mit ihnen korrespondierenden Entfremdungen anzuzeigen, und bereits Tonmontagen wie die vom missglücktem

[17] Vgl. Knut Hickethier: Filmkunst und Filmklassik: „Citizen Kane“ (1941). In: Werner Faulstich und Helmut Korte (Hrsg.), Fischer Filmgeschichte, Bd. 2: Der Film als gesellschaftliche Kraft (1925–1944). Frankfurt/Main 1991, S. 293–309, hier 302.

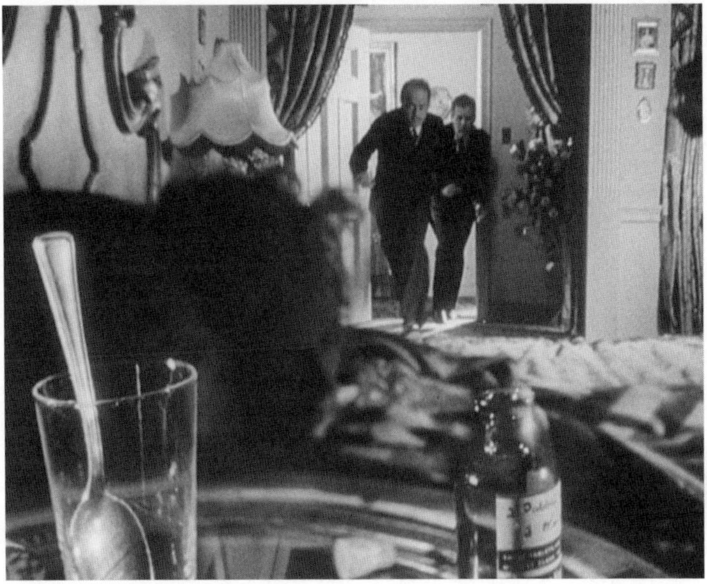

Abb. 63: Tiefenschärfe am Beispiel von Susans Selbsttötungsversuch in CITIZEN KANE

Opernauftritt, einem Opernostinato und dem schweren Atmen Susans evozieren die hysterische Spannung, die in den Bildern dann bestätigt wird.[18]

Gerade bei Kane ist die Situierung dieser Figur in unterschiedlichen Räumen zentrales Charakterisierungsmerkmal: Er wird isoliert gezeigt von den anderen Menschen, vereinsamt und ebenso liebessüchtig wie liebensunfähig, als ein Kind, das von seiner Mutter weggerissen wurde – eine frühkindliche Verlusterfahrung, die als Schlüssel zum Verständnis seines ganzen späteren Lebens vorgestellt wird. So wird etwa die *innere* Distanz zwischen Kane und Susan *räumlich* durch die große Distanz zwischen ihnen beschrieben, oder Personenkonstellationen werden durch ihre unterschiedliche Plazierung auf der jeweiligen Bühne und die Veränderung ihrer räumlichen Entfernungen zueinander mit Hilfe von Kamerabewegungen interpretiert. Das kaleidoskopische Porträt dieser Figur in ihrem prunkvollen Traumschloss Xanadu lässt Kane letztlich wie einen Gefangenen in seiner eigenen Welt

[18] Siehe Jens Malte Fischer: „Citizen Kane" – eine Filmanalyse. In: Ders., Filmwissenschaft – Filmgeschichte. Tübingen 1983, S. 107–133, hier S. 116.

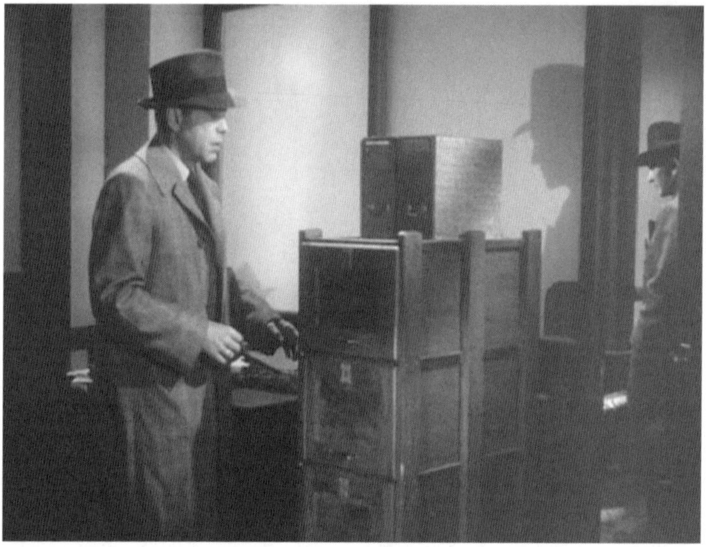

Abb. 64: Bedrohliche Schatten in TOTE SCHLAFEN FEST

erscheinen, wenn Decken und Fußböden der Räume gleichzeitig gezeigt werden und damit die Wirklichkeit totaler Verzerrung unterworfen ist. Das frühkindliche Trauma der Trennung von der Mutter (symbolisiert im Namen „Rosebud") führte bei Kane zu narzißtischer Liebesunfähigkeit, zur Verbindung größenwahnsinniger Selbstüberschätzung und Selbstfixierung mit dem unmäßigen Bedürfnis, geliebt zu werden – diese Message von CITIZEN KANE wird vor allem durch die erzählerische Kategorie Raum gestaltet.

Das Licht

Die Kategorie *Licht* kann ähnliche Bedeutung für das Verständnis eines Films haben – etwa als Unterbelichtung, Überbelichtung oder Mehrfachbelichtung, aber auch als der sprichwörtliche Schatten im expressionistischen Film, etwa DAS KABINET DES DR.CALIGARI, wo das dramatische Spiel von Licht und Schatten bereits ausgeprägt war. Auch die Schatten des Harry Lime in DER DRITTE MANN sind allgemein bekannt. Durch kalkulierte Beleuchtung werden vertraute Gegenstände und Schauplätze verfremdet, von ihrem Kontext isoliert und damit bedrohlich. Bekanntestes Beispiel ist jedoch der sogenannte Film noir, der in den vierziger und frühen fünfziger Jahren die Tiefen des amerikanischen Großstadtdschungels auslotete und den desillusionierten, verlorenen Helden etablierte. Meistens ist es dunkel in diesen Filmen, es regnet, es geht um Sex&Crime-Motive, und Werterelativismus und Pessimismus liegen eng beieinander. Klassische Beispiele dafür wären DER MALTESER FALKE, TOTE SCHLAFEN FEST, DIE WENDELTREPPE, DAME IM SEE oder ASPHALT DSCHUNGEL.

Die Analyse des Gestaltungsmittels Licht ist nur bei Filmen ergiebig, die von der naturalistischen Beleuchtungsweise abweichen, so wie die Filme der „Schwarzen Serie". Der Film noir wird vom „low key style" geprägt, das heißt, Lichtquellen werden an ungewöhnlichen Stellen plaziert, und vor allem wird das Führungslicht („key light"), das den Schauplatz und die Figuren hauptsächlich ausleuchtet, schwächer gehalten, so dass die zusätzlich verwendeten Fülllichter dominant werden. Man kann eine Vielzahl von Lichtformen unterscheiden: Haupt-, Spitz-, Füll-, Vorder-, Ober-, Gegen-, Seiten-, Unter-, Hinterlicht, ferner hartes und weiches Licht (Weichzeichner). Die Wirkungen sind enorm: Personen und Gegenstände werden nur ungleichmäßig beleuchtet, womit zum Beispiel die Augen- und Kinnpartien besonders hervorgehoben werden. Extremes Unterlicht verleiht Gesichtern ein unheilvolles Aussehen. Schattenbilder überwuchern einen Schauplatz. Gegenlicht verwandelt Personen in Silhouetten. Spotlights laden einzelne Gegenstände mit besonderer Bedeutung auf. Hell angestrahlte Gesichter erscheinen hart und grob. Zugezogene Vorhänge, heruntergelassene Jalousien, Gitter und niedrighängende Lampen verstärken den Eindruck des Versteckten, Geheimnisvollen, Bedrohlichen. Schattenmuster an der Wand überwuchern symbolisierend die Handlung. Vertikale und schräge Linien herrschen vor. Und immer besteht der Eindruck, die Dunkelheit dominiert über das Licht, das sich inselgleich zu behaupten sucht.[19]

Lichtformen

Damit wird ein Spannungsfeld erzeugt, das wieder auf die unterdrückten Abgründe der eigenen Seele verweist, auf den Film als Traum. Das durch Licht erzeugte Spannungsfeld belässt Figuren im Halbdunkel, macht sie vielschichtig und gegensätzlich, befördert die Verwicklung der Erzählstränge, unterwirft Figuren den Gesetzen des Raums. Undurchsichtigkeit, Verrätselung, Ambiguität und Bedrohung sind vielleicht die Schlüsselbegriffe zur Beschreibung der erzeugten Effekte.

Lichtfunktionen

Schließlich soll nach Raum und Licht auch die Kategorie *Farbe* zumindest erwähnt werden. Farben spielen in vielen Filmen eine

Die Farben

19 Vgl. ausführlich Paul Werner: Film noir. Die Schattenspiele der „schwarzen Serie". Frankfurt/Main 1985, S. 90 ff.

ganz wichtige Rolle – als Stilmittel atmosphärischer Gestaltung, als Handlungshinweise oder auch als symbolische, die Message indizierende Bedeutungsträger. Beispiele für eine systematische Untersuchung ihrer analytischen Potenz gibt es freilich kaum. Meist werden Farben im Rahmen von Filmanalysen nur nebenbei erwähnt oder exemplarisch für die Korrektheit und Adäquatheit einer bestimmten Interpretation angeführt. Das könnte darauf zurückgeführt werden, dass die erzählstrategische Instrumentalisierung von Farben zunächst einmal überhaupt wahrgenommen und dann mühsam protokolliert werden muss, bevor man sich zur Dechiffrierung weiterer Hilfsmittel bedienen kann. Und da in vielen Fällen Farben nicht explizit als Bedeutungsträger verwendet zu werden scheinen, wird diese Ebene zumeist vernachlässigt.

Farbsymbolik

Ermittelt man aber bei einem Film eine breite Skala offensichtlich kalkuliert eingesetzter Farben, so lohnt sich eine Analyse. In erster Linie sind da die verschiedenen Symbol-Lexika zu nennen, die auf die Bedeutungen von Farben hinweisen – Bedeutungen, die allerdings bei ein und derselben Farbe je nach Kultur, Epoche, Gegenstandsbereich oder Milieu durchaus unterschiedlich sein können.[20] Zum Beispiel signalisiert die Farbe *Weiß* in der Natur den Frühling (Blüte) oder den Winter (Schnee), in der griechischen Mythologie das Licht, in der frühgriechischen Philosophie das Wasser, in der Alltagskommunikation Klarheit und Unschuld (z. B. „Brautkleid" oder „weiße Weste"), in der katholischen Kirchenliturgie strahlende Freude und Verklärung, in Kriegshandlungen Waffenstillstand oder Kapitulation, in Indien Heiligkeit, in abendländischen Märchen Unschuld, im japanischen Kulturkreis Tod, im medizinischen Bereich Hygiene und Sauberkeit, bei den Ägyptern Freude und Glück, in der Astrologie die Venus, in der Farbpsychologie Leere, bei den Alchimisten das weibliche Prinzip und den Mond, bei den Azteken die Nacht, im Buddhismus Selbstbeherrschung und Erlösung, usw. In einem populären Film wie BEN HUR sind die Pferde des Helden beim Wagenrennen gegen den bösen Römer Messala mit seinen schwarzen Hengsten natürlich weiß – ebenso wie die Uniformen der Soldaten in einem

[20] Vgl. etwa Zusammenstellungen wie von Wolfgang Bauer, Irmtraud Dümotz und Sergius Golowin: Lexikon der Symbole. Wiesbaden, 5. Aufl. 1984; J. C. Cooper: Illustriertes Lexikon der traditionellen Symbole. Leipzig 1986; Eva Heller: Wie Farben wirken. Farbpsychologie, Farbsymbolik, Kreative Farbgestaltung. Reinbek 1994; John Gage: Kulturgeschichte der Farbe. Von der Antike bis zur Gegenwart. Ravensburg 1997.

Märchen wie STAR WARS, wo die Guten gegen die bösen Soldaten mit ihren Rüstungen, „der dunklen Seite der Macht" zugehörig, antreten müssen. Noch enorm vielfältiger sind die symbolischen Bedeutungen von „richtigen" Farben wie Blau, Grün, Gelb oder gar Rot.

Es kommt nun darauf an, nicht einzelne Farben einfach „wild" zu interpretieren, sondern zunächst Muster zu ermitteln, die in ihrer Gesamtheit, also erst strukturell Sinn machen. Das können beispielsweise durchgängig christlich-sakrale Farben sein oder die Farben des italienischen Quattrocento oder auch Farben der holländischen Malerei wie in DER KOCH, DER DIEB, SEINE FRAU UND IHR LIEBHABER. Farben können aber auch vielleicht nur situations- oder figurenbezogen Stimmungen und Gefühle zum Ausdruck bringen oder über Komplementarität latente Beziehungen zwischen Orten, Personen und Ereignissen herstellen. Oder Farben können schließlich einfach nur andere Symbole ergänzen. In unseren Beispielfilmen DIVA und WENN DIE GONDELN TRAUER TRAGEN sind Farben jeweils wichtige Gestaltungsmittel.

Beispiele 5.5

Die Bauformen des Erzählens verdeutlichen stärker das partielle WIE als die Message selbst und geben insofern eher über Teilaspekte von Bedeutung Auskunft – beispielsweise die metrische Montage bei KAMPF DER WELTEN über die Spannungserzeugung, die Leitmotivtechnik bei der Musik in SPIEL MIR DAS LIED VOM TOD über die Figurenkonstellation, der Raum in CITIZEN KANE über den Protagonisten oder das Licht in TOTE SCHLAFEN FEST über die zugrundeliegende Weltsicht. Es gibt aber auch seltene Fälle, bei denen allein die Analyse der Erzählformen zur Filmmessage führt. Ein solches Beispiel bietet DIE ÜBLICHEN VERDÄCHTIGEN, nach der Analyse von Britta-Karolin Öhding.[21] Unsere beiden anderen Beispiele sind dann wieder DIVA und WENN DIE GONDELN TRAUER TRAGEN.

Analyse der Bauformen von DIE ÜBLICHEN VERDÄCHTIGEN (Beispiel 1)

DIE ÜBLICHEN VERDÄCHTIGEN erzählt multiperspektivisch eine Geschichte um die Rekonstruktion eines Mordes und die Explosion eines Schiffs im Hafen von San Pedro. Erschossen wurde der korrupte Ex-Polizist Keaton. Aber von wem und warum? Steckte

[21] Britta-Karolin Öhding: Thriller der Neunziger Jahre. Über den Zusammenhang von Struktur, Spannung und Bedeutung an ausgewählten Spielfilmen. Bardowick 1998, S. 43–59.

Gangsterboss Keyser Soze dahinter, oder dessen Anwalt Kobayashi, oder einer der anderen Beteiligten? Wurde Keaton tatsächlich erschossen, oder lebt er noch, wie der Krüppel Verbal andeutet? Und wer ist überhaupt Keyser Soze? Mit dem Titel rekurriert der Film auf eine Stelle in CASABLANCA, als Capitain Renaults an seinen Untergebenen die Weisung gibt: „Verhaften Sie die üblichen Verdächtigen!“ – nachdem Rick den Nazi-Major Strasser erschossen hat. Der Thriller DIE ÜBLICHEN VERDÄCHTIGEN gestaltet die Suche nach dem Täter als Suche bei den Verdächtigen, die also gar nicht Täter sind, und thematisiert damit die Suche nach Wahrheit erzähltechnisch mit unterschiedlichen Rekonstruktionen der wirklichen Ereignisse.

Insgesamt vier Wirklichkeitsversionen werden angeboten:

1. die Wirklichkeit, die der Zollfahnder Kujan *vermutet;*
2. die Wirklichkeit, die Verbal dann Kujan *erzählt;*
3. die Wirklichkeit, die Verbal *erlebt* hat; und
4. die Wirklichkeit, die am Schluss des Films als wirkliche *ausgegeben* wird.

Der Film präsentiert live im Bild die jeweiligen Konstrukte von Wirklichkeit, und zwar tatsächlich, das heißt *als wirkliche.* Die filmische Visualisierung bewirkt demnach mediencharakteristisch die Beglaubigung der Handlung. Die Spannung um die verschiedenen Handlungsversionen und die verschiedenen Wahrheiten wird auf die Glaubwürdigkeit unterschiedlicher „Wirklichkeits-Lieferanten“ gegründet, d.h. es gibt nur Wirklichkeitsinterpretationen der Figuren.

Im Fortgang der Filmhandlung bemerkt der Zuschauer freilich zunehmend Brüche, unlogische Verbindungen, Diskrepanzen, leere Flecken in den verschiedenen Begründungszusammenhängen. Welche Rekonstruktion der tatsächlichen Handlung ist denn nun wahr? Die Wirklichkeitsmodelle konkurrieren zunehmend miteinander, werden partiell immer unglaubwürdiger und lösen einander ab. In der Schlußphase des Films wird endlich eine Version von Wirklichkeit geliefert, mit der alle Brüche der von Verbal erzählten Fassung aufgehoben und geschlossen werden; sie ist immanent plausibel. Die Rekonstruktion der tatsächlichen Ereignisse scheint damit gelungen.

Allerdings schließt sich dieser „Wahrheits“findung noch ein Epilog an. Er entzieht überraschend – nicht minder stimmig und plausibel – *allen* vorgängigen Wirklichkeitsvarianten die Grundlage: Auch die *Re*konstruktion erwies sich als nur eine weitere Konstruktion von Wirklichkeit, es gibt keine „externe“ Perspektive mehr. Damit ist die Kamera selbst als „objektiver Erzähler“

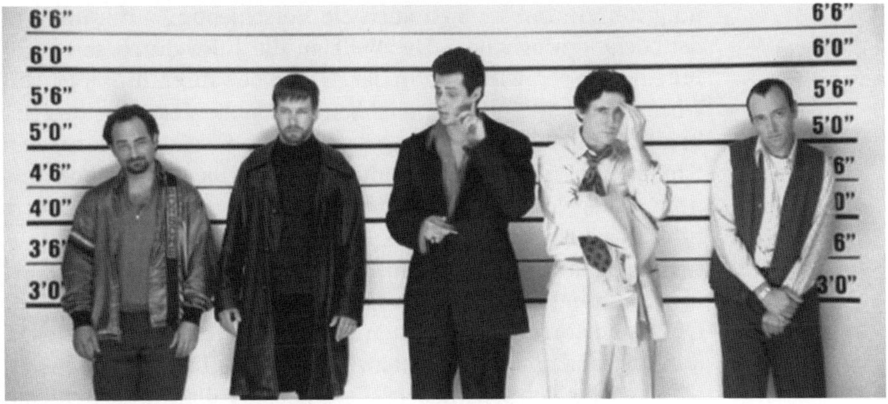

Abb. 65: Spiel mit Wahrscheinlichkeiten (Die üblichen Verdächtigen)

unglaubwürdig geworden und wirft den Zuschauer abschließend auf sich selbst zurück: Da auch die Wirklichkeit, für die sich der Zuschauer in der letzten Handlungsphase als die „wahre" Wirklichkeit entschieden hat, bei aller Kohärenz und Glaubwürdigkeit als falsch erkannt werden muss, wird dem Zuschauer abschließend die Beliebigkeit solcher Wirklichkeitsmodelle bewusst – er muss nun auch sich selbst misstrauen. Die spezifische Erzählweise von Die üblichen Verdächtigen also sensibilisiert den Zuschauer für die Frage nach der „Wirklichkeit" und zwingt ihn letztlich zu der Einsicht in die Message des Films: *Die* Wirklichkeit oder eine *reine* Wahrheit kann es nicht geben, sondern jede Wirklichkeit wird (von wem auch immer) geliefert und erweist sich damit als konstruiert; es gibt nur Versionen von Wahrheit.

Analyse der Bauformen von Diva (Beispiel 2)

Diva, unser zweites Beispiel, ist gekennzeichnet von spezifischen Bauformen, die in ihrer Verknüpfung wieder markant auf das Genre des Märchens und die zentrale Message des Films verweisen. Erstes Merkmal ist die *Parallelmontage* zur Spannungssteigerung. Während Jules seiner Arbeit als Postbote nachgeht, kommt Nadja mit der Kassette am Bahnhof an, während Paula und ein Informant auf sie warten, erscheinen die Killer und töten sie. Während Jules mit Alba den Konzertmitschnitt hört, ermorden die Killer den Informanten auf dem Rummelplatz. Während Jules bei der Prostituierten ist, zerstören die Taiwanesen die Bänder in seinem Loft, usw. Die Parallelmontage als Stilprinzip, das eine gewisse Schicksalsträchtigkeit oder Prädestination suggeriert, ist erweitert um *multiple Handlungsstränge*, die zur Verrätse-

Parallelmontage

Multiple Handlungsstränge

lung führen und letztlich auch die Verschiebung auf zwei Sündenböcke ermöglichen. Die Welt, in die Jules durch seine Tat hineingestoßen wird und in der er sich bewähren muss, ist verwirrend bis zur Unverständlichkeit. Schon die Verwechslung der beiden Tonbänder – hier mit der Wahrheit über den korrupten Sapporta, da mit dem Mitschnitt des Konzerts – ist programmatisch nahegelegt. Der Protagonist und mit ihm der Zuschauer fühlt sich ausgeliefert.

In diesem quirligen, bedrohlichen Wirrwarr erkennt er neben und in dieser Welt der Diebe, Informanten und Killer, der Huren, Opfer und korrupten Polizisten aber noch einen zweiten Bereich: den von Alba und Gorodish bzw. von Cynthia Hawkins und ihrer Musik. Über Farben (neben Weiß speziell Blau) und Symbole wird dieser Bereich gezielt vereinheitlicht: DIVA postuliert erzählstrategisch und farblich eine *2-Welten-Dramaturgie*, wie sie für Märchen üblich ist. Man hat die Wahl, die Chance der Bewährung. Die Positionierung von Jules in dieser Weltenalternative äußert sich nicht zuletzt in der *Dominanz der Halbtotalen und der Großaufnahmen*. Schließlich spielt eine wesentliche Rolle auch das immer wieder auftauchende Requisit des *Spiegels* (Rückspiegel am Moped, Garderobenspiegel, spiegelnde Wasseroberfläche, Spiegel bei der Prostituierten, verspiegelte Sonnenbrillen der Taiwanesen usw.), das wie in anderen Märchen die Frage nach der Identität aufwirft: Wer bin ich? Wer soll ich sein?

2-Welten-Dramaturgie

Analyse der Bauformen von WENN DIE GONDELN TRAUER TRAGEN (Beispiel 3)

WENN DIE GONDELN TRAUER TRAGEN, unser drittes Beispiel, hat ähnlich dem oben genannten Beispiel KAMPF DER WELTEN, quantitativ nachweisbar, eine klassisch fünfaktige Formalspannung mit „steigenden" und „fallenden" Phasen. Mit anderen Worten: Die inhaltliche Dramaturgie der Handlung wird auf der Ebene der Darstellung, mit den Stilmitteln der Montage, verdoppelt und damit – rezeptionsrelevant – enorm verstärkt. Andererseits ist die 5-Akt-Struktur, nicht minder gezielt, überdeckt, verschleiert, in der Latenz gehalten, damit sie ihre Wirkung um so kräftiger entfalten kann: der Spielfilm ganz und gar als Erlebnis, DON'T LOOK NOW (so der Originaltitel) als Erfahrung des Schicksals, ganz im Sinne der griechischen Tragödie.

Nicht nur der Aufbau der Handlung ist hier bedeutungsträchtig, nicht nur jede Figur, nicht nur der Handlungsort, sondern alle Gegenstände, Ereignisse, Farben, Geräusche und Töne dieses Films bis hin zur dominanten Erzählform: der Parallelhandlung („cross cutting"). Sie ist von Anfang an, schon in der Einleitungssequenz (Tod Christines vs. Vision Johns auf dem Dia) bestimmend. Sie setzt sich fort in der Restaurantszene (Sequ. 3), zu-

Die Parallelhandlung

nächst mit Laura und John einerseits und den Schwestern andererseits, dann mit Laura und den Schwestern einerseits (Damentoilette) und mit John auf der anderen Seite (Speiseraum). Spätestens in Phase III nimmt sie überhand, in Gestalt von Personenkonstellationen, dient in Phase IV der Distanzüberbrückung voneinander entfernter Orte (alte vs. neue Pension der Schwestern, England vs. Venedig), um im letzten Akt zu kulminieren und ausnahmslos das Bild von Wirklichkeit zu prägen. Es handelt sich hier um eine Inszenierung auf mehreren Bühnen gleichzeitig, die bezeichnenderweise in der linearen Schlusssequenz aufgelöst wird. Als eines von zwei zentralen Gestaltungsprinzipien kommt dem programmatischen Einsatz der Parallelhandlung ganz offensichtlich eine besondere Bedeutung zu, die aber auf der Ebene der Analyse der Erzählformen noch nicht aufgelöst werden kann.

Die Symbolisierung

Zweites zentrales Prinzip ist die Symbolisierung, die wie ein Netz von Bedeutungen, wie eine übergeordnete Verweisstruktur über Figuren und Welt gebreitet ist, die den gesamten Mikrokosmos damit theatralisch überhöht. Sie soll hier bereits vorweggenommen werden, obwohl sie eigentlich zur Analyse der Normen und Werte zu rechnen ist, weil bei diesem Film alle anderen Bauformen des Erzählens der Symbolisierung unterworfen sind. Beginnen wir mit den *Gegenständen,* so wäre zuallererst Glas zu nennen. Das Glasmotiv spielt bereits in der Eingangssequenz eine Rolle, als Johnny mit dem Fahrrad über eine Glasscheibe fährt, die zerbricht, als versehentlich ein Trinkglas umfällt und dann das Glasdia Johns zur Vorausdeutung eingesetzt wird. In der Restaurantszene, als Laura spektakulär am Tisch zusammenbricht, reißt sie neben dem Porzellan, Besteck und Gläsern symbolträchtig auch die Glaskaraffen mit Essig und Öl um, die auf sie heruntertropfen: Kreuz, Leiden und Tod zum einen, Salbung, Erlösung, Wiedergeburt zum andern. Im Krankenhaus wird sie von lustig spielenden Kindern durch ein großes Glasfenster getrennt, das nach ihrem Geständnis, sie fühle sich wieder blendend und so gut wie lange nicht mehr, im letzten Bild plötzlich verschwunden ist und die Kinder unverstellt sichtbar werden lässt (Sequ. 4). In der Kirche knipst John nicht minder symbolträchtig die Lampe mit dem ewigen (roten) Licht an und aus – ein bezeichnendes Spiel mit einem zentralen christlichen Zeichen (Sequ. 6). Kontinuierlich wird dieses Glassymbol in Form von Spiegeln, Gläsern, Flaschen, Glasscheiben, Glasvitrinen usf. im Verlauf des Films präsent gehalten (vgl. oben Bild 21/22), bis in der Todessequenz die Scheibe über der verriegelten Kirchentür zerbricht. Glas symbo-

... von Gegenständen und ...

lisiert die Ambivalenz von Trennung und Beziehung; etwas steht offensichtlich miteinander in Verbindung, auch wenn jedes für sich allein fungiert.

Gelegentlich treten Symbolbündelungen auf, etwa wenn John durch ein Glasfenster in einer Taverne blickt, aus einem Glas trinkt, auf Laura wartet, die sich bei den beiden Schwestern befindet, wobei die Kamera zahlensymbolisch mehrmals eine Gruppe von drei Flaschen ins Bild rückt (Sequ. 15). Andere Objektsymbole sind das Wasser, das in Form von Regen, Badewasser, Meer und den vielen Wasserkanälen Venedigs die Handlung wie einen Teppich unterlegt, ein Pferd, Raben, Kirchen, Kreuze, immer wieder Brücken und Treppen, immer wieder Tiere (Enten, Katzen, Ratten, Tauben), Türen und Tore, die auf Weisheit und Unheil, auf Leiden und Erlösung, auf Mittler zwischen Welten, auf Übergänge zwischen Diesseits und Jenseits, auf Aufbruch und Zunahme an Weisheit bzw. an Stagnation und Orientierungslosigkeit verweisen.

... von Ereignissen und ...

Auch *Ereignisse* werden bedeutungsträchtig aufgeladen. Da verlischt beispielsweise eine der sechs Kerzen, die Laura in der Kirche anzündet – Andeutung des Todes. Da legt der Kommissar die Skizzen der beiden Schwestern zufällig so aneinander, dass die Aufmerksamkeit des Zuschauers auf ein darunterliegendes Photo einer Leiche mit einer Schnittwunde am Hals gelenkt wird. Da verleugnet Laura im Streit mit John in biblischer Anspielung dreimal die Existenz des zweiten Gesichts (Sequ. 16), usw. Auch die Liebesszene mit ihrer speziellen Kontrastmontage (Sequ. 10) wird dadurch bedeutungsträchtig, dass die Schnitte trotz der zeitlichen Sprünge zwischen dem Miteinander-Schlafen und dem Anziehen-danach visuell gleichwohl fließende Übergänge suggerieren: John entblößt Lauras linke Schulter beim Liebesspiel (von vorn gezeigt) – Schnitt – Laura zieht ihre Strickjacke über ihre nackte Schulter (von hinten gezeigt). John streichelt ihren nackten Po (von hinten gezeigt) – Schnitt – Laura streicht sich die Strickjacke über den Hüften glatt (von vorn gezeigt). Das nackte Paar dreht sich im Bett um – Schnitt – Laura dreht sich bekleidet um. Sie streicht nach dem Orgasmus über seinen nackten Rücken – Schnitt – sie streicht beim Verlassen des Hotels über das Rückenteil seines Jacketts, usw.

... von Farben und ...

Die *Farbsymbolik* bedient sich neben dem schon erwähnten Hell-Dunkel-Kontrast (Schwarz-Weiß) der Grundunterscheidung von Warm und Kalt, speziell in den Farben Rot und Blau. Der Dualismus wird hier als Antagonismus inszeniert, ganz im Sinne mittelalterlicher Tafelmalerei. Rot wird eingeführt mit der Farbe

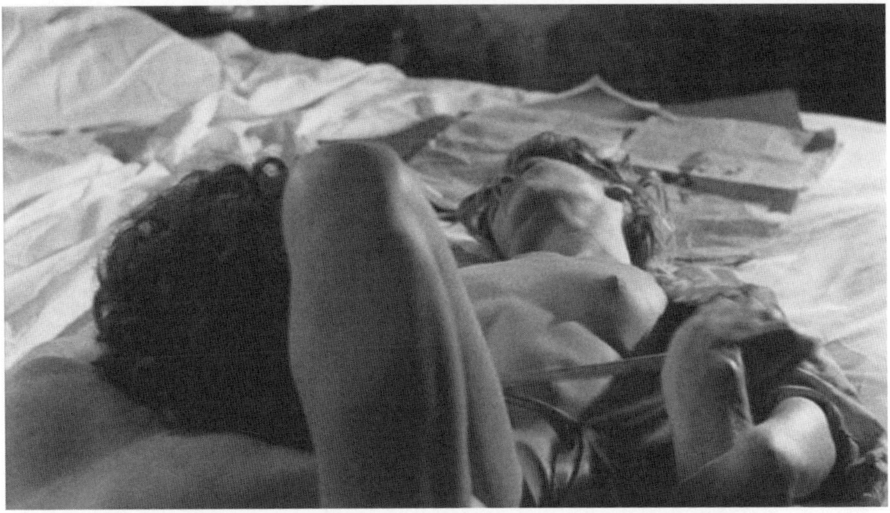

Abb. 66: John entblößt Lauras linke Schulter beim Liebesspiel.

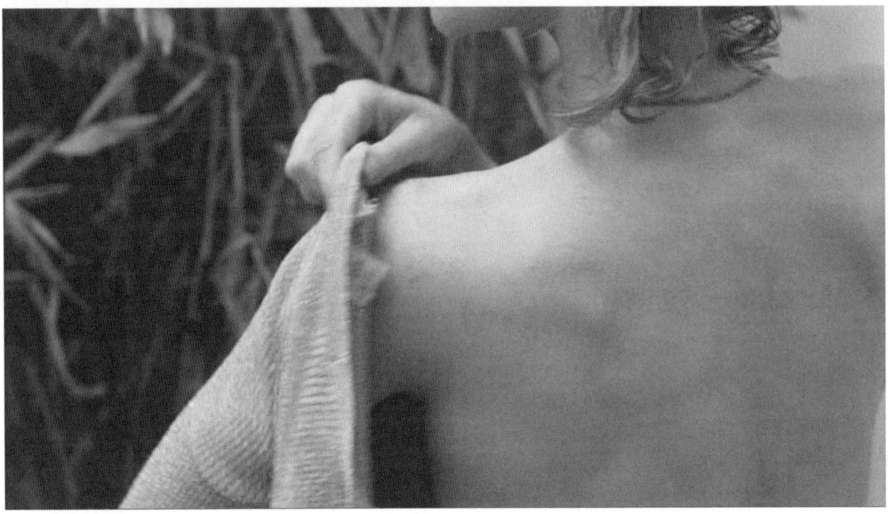

Abb. 67: Laura bedeckt ihre linke Schulter beim Ankleiden danach.

des Balles, mit dem Christine am Teich spielt, der Farbe ihres Mantels, in dem sie ertrinkt, und der Farbe, die sich langsam auf dem Dia ausbreitet. Rot als Farbe des Blutes signalisiert Gefahr, Warnung, Tod. Auch John wird durch die Farbe Rot in seinem Schal charakterisiert, als er sich als Detektiv betätigt. Blau dagegen

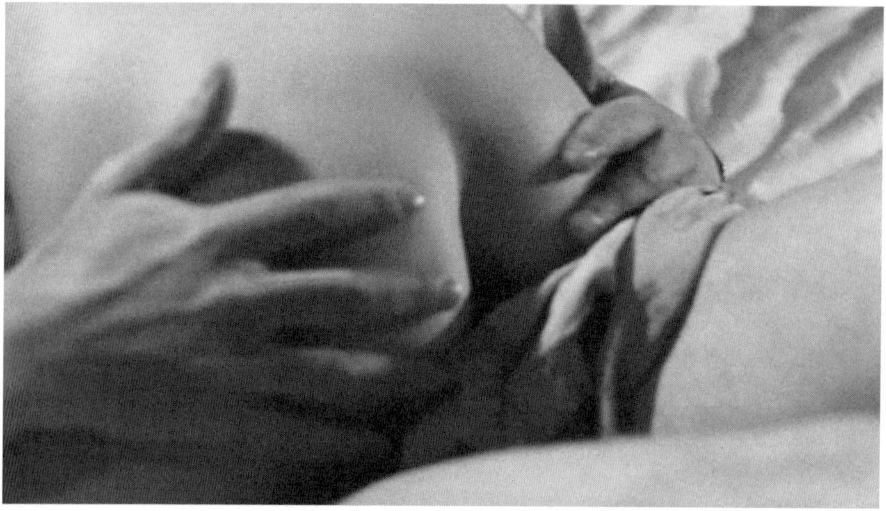

Abb. 68: John streichelt Lauras nackten Po

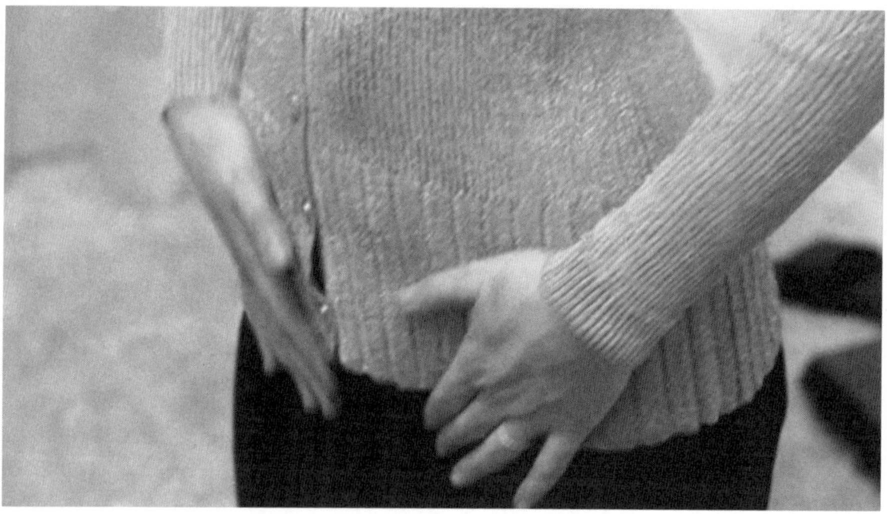

Abb. 69: Laura streicht sich die Strickjacke über den Hüften glatt.

ist die Farbe von Regen und Wasser, blau ist auch der Grundton des Diabildes vom Kircheninnenraum mit der roten Kapuzenfigur auf der Bank. Das Wasser fungiert als Ursprung allen Lebens. Wenn Rot den blauen Grundton des Diabildes überflutet, geht es um den Dualismus zweier Bewusstseinsebenen, der sich freilich letztendlich ebenso zur Einheit der Gegensätze formt wie der mittelalterliche Dualismus von Himmel (blau) und Erde (rot), von Gut und Böse. Bei Johns Unfall in der Kirche (Sequ. 19) zeigt die Kamera in der totalen extremen Aufsicht auf dem Boden einen roten Farbfleck in konträrer Position zu einem blauen.

...von Geräuschen und Musik

Geräusche und *Musik* auf der auditiven Ebene weisen nicht minder über sich hinaus, ziehen sich als roter Faden durch den gesamten Film und orientieren in ihrer symbolischen Bedeutung. Zuallererst gilt das für das Wasser, das man nicht nur sieht, sondern noch viel häufiger hört – als leises Tropfen, Plätschern, Fließen, als hohles Schwappen gegen die Mauern der Kanäle, als Rauschen des Kielwassers der Gondel, schließlich als dunkles, verzerrtes, taubmachendes und immer lauter und dumpfer werdendes, betäubendes Dröhnen bei der Verfolgung des Kapuzenmännchens im roten Mantel durch John. Das Wasser ist ebenfalls ambivalent – Symbol einer Grenze, einesteils Hinweis auf den Tod seit dem Teich, in dem Christine ertrinkt, andernteils Hinweis auf Ursprung, Wiedergeburt und Erlösung.

Auch andere Geräusche fungieren mehrdeutig. Glockengeläute erinnert nicht nur an die Präsenz des Sakralen in Venedig, sondern an die verrinnende Zeit im Sinne von Stundenschlägen (von der Eingangssequenz bis zur Todessequenz). Als John hoch oben auf der Leiter die restaurierte Statue eines hässlichen Gnoms aufstellt, umflattern ihn plötzlich Vögel; obwohl sie nicht zu sehen sind, zeigen sie seine Nervosität, stiften Unruhe und ein Gefühl von Gefahr. Ähnlich das Flattern und Gurren der allgegenwärtigen, immer wieder aufschwebenden Tauben während der Detektivgeschichte: Chance zum Aufbruch, zum „Sehen".

Vollends elaboriert ist die Filmmusik, die neben der üblichen stimmungsorientierten Situationsemotionalisierung – z. B. einem aufgeregt vibrierenden Ton bei Christines Ohnmacht im Restaurant – zwei leitmotivliche Techniken einsetzt, wieder deutlich kontrastiv in ihrer Polarität. Das Hauptthema hier ist dem Abschied gewidmet, einer Trennung, die Neues verheißt (As-Dur). Es taucht sechsmal auf und hat damit strukturbildende Funktion: kurz vor Christines Tod, während der Rückerinnerung Johns an England im Restaurant, bei der Liebesszene (die damit wieder ganz neu charakterisiert wird), bei Lauras Abfahrt aus Venedig nach England, im englischen Internat und schließlich als Rahmen von Johns Todeskampf. Ein zweites Thema (gis-Moll) hat retrospektive Bedeutung – wenn John das alte Photo von Laura im Papierkorb findet oder eine weggeworfene Puppe am Rand eines Kanals, wenn Laura ihr Photo von der Polizei zurückerhält und in der Schlusssequenz beim Trauerzug. Darüber hinaus lassen sich mehrere musikalische Motive unterscheiden, die jeweils mit Signalwirkung eingesetzt werden: etwa das Requiemmotiv, mit dem die Bergung von Christines Leiche aus dem Teich mit der Bergung einer unbekannten Wasserleiche aus einem Kanal in Venedig in Zusammenhang gebracht wird; oder das Motiv, das bei Heathers Trance-Zuständen ertönt; oder eine Art Such-Motiv, das bei der Suche Johns nach Laura und bei der Suche nach der Pension der verschwundenen Schwestern verwendet wird.

All diese Bauformen verweisen in ihrer unübersehbaren Funktionalisierung – ebenso wie das Figureninventar und der Aufbau der Handlung – auf eine Message, die sich bei WENN DIE GONDELN TRAUER TRAGEN freilich erst der Analyse der Normen und Werte eröffnet.

Die Analyse der Normen und Werte: Interpretationen 6.

Der Weg von der Handlungs- über die Figurenanalyse und die Analyse der Bauformen führt schließlich zur Analyse der Normen und Werte, der Ideologie, die einesteils im Rückblick die bereits erzielten Einsichten in die Bedeutung eines Films bündelt und andernteils versucht, unter Nutzung bewährter Interpretationsraster die Message dieses Films zu bilanzieren und auf den Punkt zu bringen.

Welche Normen und Werte werden vertreten, welche Weltsicht vermittelt der Film?

Im folgenden wird zunächst demonstriert, wie bereits die Analyse von Normen und Werten zum besseren Verständnis eines Films führen kann. Dass es sich bei den herangezogenen Filmbeispielen überwiegend um heimliche Propagandafilme handelt, ist dabei kein Zufall. Die Analyse einer spezifischen Filmideologie führt häufig direkt zur Ideologiekritik. Das gilt ganz besonders für politische Propagandafilme, wie sie etwa von den Nationalsozialisten, aber auch von Hollywood während des Zweiten Weltkriegs produziert wurden.

Sodann sollen diejenigen fünf Modelle exemplarisch vorgestellt werden, die sich für die analytisch fundierte Interpretation von Filmen bereits als geeignet erwiesen haben:

- erstens die literatur-/filmhistorische Interpretation an den Beispielen von MACH'S NOCH EINMAL, SAM bzw. CASABLANCA sowie APOCALYPSE NOW; sie stellt den Verweischarakter eines Films auf die Tradition vorgängiger Filme oder anderer historischer Einzelwerke in den Vordergrund;
- zweitens die biographische Filminterpretation am Beispiel der Filme von Steven Spielberg; sie nutzt den Regisseur als gleichbleibenden Bezugspunkt;
- drittens die soziologische Filminterpretation am Beispiel unterschiedlicher Erfolgsfilme wie LOVE STORY und UND JIMMY GING ZUM REGENBOGEN aus ein und derselben Zeit, mit dem Rekurs auf einen sozialpsychologisch übergreifend identischen Bedürfnis- und Erwartungshorizont;
- viertens die genrespezifische Filminterpretation am Beispiel des Vampirfilms; dabei wird der explizite Verweischarakter eines Films auf vorgängige Filme desselben Genres eine Filminterpretation ermöglichen;
- und fünftens die transkulturelle Filminterpretation am Beispiel von BABEL, dessen ideologische Aussage sich ähnlich wie bei

> Filmen wie SAMMY UND ROSIE TUN ES (1987) von Stephen Frears, BLACK RAIN (1989) von Philip Kaufman, SIEBEN JAHRE IN TIBET (1997) von Jean-Jaques Annaud, APRILKINDER (1998) von Yüksel Yavuz, BROT UND TULPEN (2002) von Silvio Soldini, LOST IN TRANSLATION (2003) von Sofia Coppola oder GEGEN DIE WAND (2004) von Fatih Akin nur aus der Unterschiedlichkeit der je involvierten und programmatisch aufeinander bezogenen Ethnien oder Kulturen erarbeiten lässt und deshalb einen interpretativen Sonderweg erforderlich macht.

Das soll nicht heißen, es gäbe keine weiteren Interpretationsmethoden. Aber andere Zugänge müssen ihre Ergiebigkeit wohl erst noch unter Beweis stellen. Auch hier sollte nur ganz pragmatisch vorgegangen werden.

6.1 Von den Symbolen zur Message – Beispiele

Symbole werden im Folgenden verstanden als Zeichen oder Hinweise auf allgemeine, übergreifende Bedeutungen und Sinnkonzepte, z. B. das Kreuz als Symbol für das Christentum, die Nationalflagge als Symbol für eine Nation, der Ring als Symbol für die eheliche Verbindung. Fast alles kann symbolische Bedeutung haben – Namen, Gegenstände, Figuren, Handlungsteile, Orte usw. Es gibt eine Vielzahl von Symbol-Lexika, die mehr oder weniger systematisch kulturell ausgeprägte und tradierte Symbolsysteme zusammenfassen. Doch im allgemeinen rekurrieren Symbole in Filmen auf Verweisungskontexte, die zur Entstehungszeit des Films bzw. heute allgemein bekannt sind.

Das Netz von Symbolen als Bedeutungsträger

Einige Beispiele können das veranschaulichen. Häufig benutzt wird etwa die Symbolisierung in Form von „telling names", das heißt, die Namen der Figuren haben symbolische Bedeutung. Im SCHWEIGEN DER LÄMMER etwa heißt der psychopathische Killer Buffalo Bill, denn „er häutet seine Mietzen ab". Miss Hester Mofet ist ein Anagramm und bedeutet „(I) miss the rest of me". Die Firma mit Namen Self Storage verweist auf „Selbsteinlagerung", das heißt, sie nimmt Rekurs auf die Krankheit des Verbrechers und die latente Thematik des Films. Miggs, der Zellennachbar von Lecter, der Starling mit seinem Ejakulat bewirft und dafür mit dem Tod bestraft wird, ist gleichbedeutend mit „migg" = Murmel; im Slang bedeuten „miggs" die Hoden. Chilton impliziert chill = kalt, lieblos. Starling meint „kleiner Stern", und Clarice verweist auf „clarify", das heißt 1. aufklären und 2. sich läutern – und genau

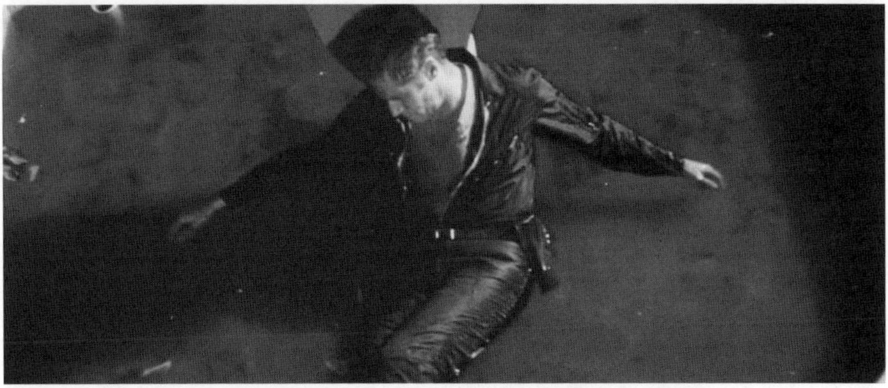

Abb. 70: Robert als Erlöser der Menschheit in OMEGA-MANN

um diese beiden Aktivitäten geht es im SCHWEIGEN DER LÄMMER. Der erfolgreiche Film hat neben seiner manifesten Handlung als Kriminalfilm auch eine latente Bedeutungsebene, nämlich die Entwicklung der Protagonistin, und letztlich sogar eine philosophische Sinnkonzeption, die direkt auf den Zuschauer gemünzt ist.[1]

Es gibt aber noch zahlreiche weitere Symbole in diesem Film, auf die hier nur verwiesen werden kann. So haben Billys Häutungen als das zentrale Handlungsmotiv eine symbolische Bedeutung: Als Pseudo-Transvestit will er sich qua künstlicher Haut ein anderes Ich zulegen, nämlich das einer Frau. Oder der Insektenkokon, der im Hals der ermordeten Frau gefunden wird, verweist auf Metamorphose, auf Veränderung und Werden. Oder die Frühlingslämmer, die getötet werden, stehen für Opfer, Errettung, Auferstehung, Überwindung des Todes, usw. Im Kontext aller Symbole dieses Films wird deutlich: Es geht um das Problem der Identität.

Die singuläre Symbolisierung als Ideologisierung

Bei anderen Filmen wird kein komplexes Netz von Symbolen im Film ausgebreitet, sondern ein Symbol einem Gegenstand, einer Figur oder einem Handlungsteil zugeordnet oder einfach übergestülpt. Ein gutes Beispiel dafür ist die Schlusssequenz von OMEGA-MANN. Der Protagonist Robert – dank eines Serums, das

1 Ausführlich Werner Faulstich: Der neue Thriller: „Das Schweigen der Lämmer“ (1991). In: Werner Faulstich und Helmut Korte (Hrsg.), Fischer Film Geschichte, Bd. 5: Massenware und Kunst (1977–1995). Frankfurt/Main 1995, S. 270–287.

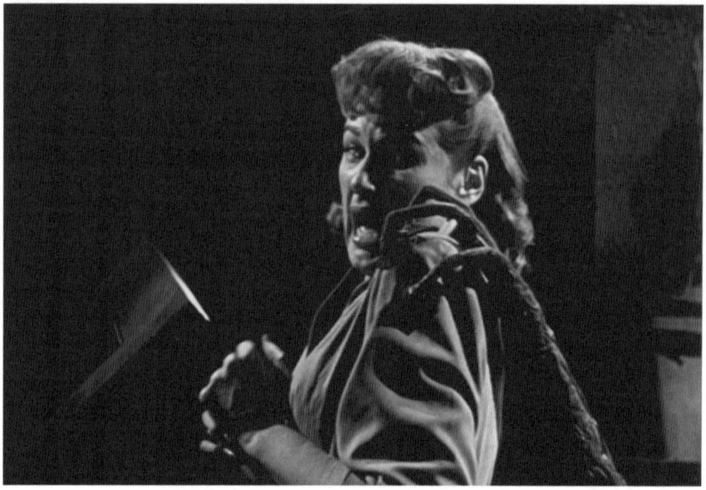

Abb. 71: Sylvia in Kampf der Welten spürt – alleine mit ihrem Freund Forester auf dem Dachboden – das schleimige Begehren eines Außerirdischen

er sich selbst injizierte, einziger gesunder Überlebender einer bakteriologischen Weltkatastrophe – wird vom bösen Gegenspieler mit einer Lanze durchbohrt und liegt, halb aufgerichtet, in einem Brunnen. Bereits im Sterben begriffen, übergibt er die letzte Konserve mit seinem gesunden Blut an einige andere Überlebende, die damit eine neue Chance erhalten. Dann bricht er, mit ausgebreiteten Armen, zusammen und stirbt – worauf die Musik in eine fröhliche Melodie umschwenkt. Die Logik ist in der christlichen Ikonographie begründet: Jesus' Seite wurde von einer Lanze durchbohrt, und mit seinem Tod am Kreuz gab er sein Blut für die Menschheit und begründete damit einen neuen Bund. Eine solche Erlösersymbolik wird auch von vielen anderen Filmen transportiert; E. T. der Ausserirdische und Matrix sind da vielleicht nur die bekanntesten Beispiele.

Der bereits mehrfach erwähnte Film Kampf der Welten bietet gleich eine zweifache Symbolisierung der Handlung an: Zum einen thematisiert die Invasion der Marsmenschen, auf einer politischen Ebene, die Invasionsängste der Amerikaner im Kalten Krieg; die brutalen, alles vernichtenden Eindringlinge rekurrieren auf die „fremdartigen“ bösen Russen. Zum andern thematisiert der Film mit den Invasoren die sexuellen Impulse, die in die Welt der Jugendlichen eindringen und Junge und Mädchen, die sich

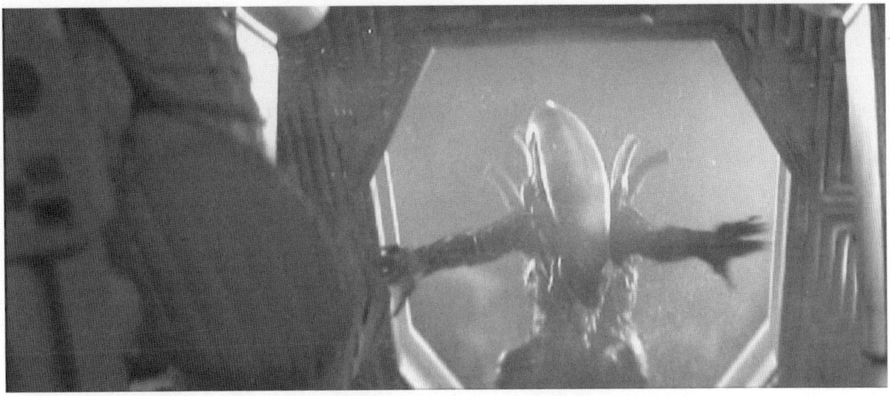

Abb. 72: Ripley befördert das Alien aus dem Raumschiff ins Weltall

(bezeichnenderweise) in einem einsamen Farmhaus verborgen halten, bedrohen. Das Marsmonster berührt die erschreckte Sylvia, worauf Forester in panischer Angst zunächst Kastrationstendenzen zeigt (er hackt das Elektronenauge ab, so dass sich der Schlauch wieder zurückzieht) und äußert dann Masturbationswünsche (der Schal ist feucht), was von Sylvia als Blut gedeutet wird (Hinweis auf den Verlust ihrer Unschuld).

Dieser „Kampf der Welten" führt denn auch zu einem doppelten Sieg: Amerika bleibt gegenüber der UdSSR siegreich, und Sylvia und Forester heiraten am Schluss.[2]

Ein interessanter Sonderfall, bei dem die gesamte manifeste Handlung mit einem ausgefeilten Netz von Details symbolischen Charakter hat, ist ALIEN. Auf den ersten Blick handelt es sich hier um das Science-Fiction-Sujet: Der voll beladene Raumfrachter Nostromo auf dem Rückweg zur Erde wird umgeleitet zu einem fremden Planeten, von dem rätselhafte Signale kommen. Man landet und entdeckt ein uraltes extra-terrestrisches Raumschiff mit einer fremden Lebensform. Eines dieser Wesen („alien") dringt in den Körper eines Besatzungsmitglieds ein und gelangt damit an Bord des irdischen Raumschiffs. Dort entwickelt es sich, wächst heran und tötet nacheinander alle Menschen bis auf die dritte Offizierin Ripley. Ihr gelingt es zum Schluss, das Alien in den Weltraum hinauszubefördern.

Tatsächlich wird der manifesten Science-Fiction-Handlung komplett und bis in kleinste Einzelheiten eine latente Bedeutung unter-

[2] Werner Faulstich: Filmästhetik. Tübingen 1982.

legt, die auch visuell und akustisch ihre Entsprechungen hat. Demnach thematisiert der Film ALIEN die Angst des Mannes vor der Frau als Gebärerin. Er beschreibt das gesamte Geschehen bei der Frau von der Empfängnis über die Schwangerschaft bis zur Geburt, und zwar aus der Sicht des Mannes, der weitgehend „draußen" bleiben muss, ausgeschlossen ist. Die für ihn niemals erreichbare Reproduktionsfähigkeit der Frau erscheint ihm als „alien", als fremdartig – und deshalb als bedrohlich. Das Alien ist tatsächlich nichts weiter als das werdende Kind im Leib der Mutter. Ein entsprechend aufbereitetes Sequenzprotokoll kann das verdeutlichen[3]:

Manifeste Bedeutung	Latente Bedeutung
	I. EMPFÄNGNIS
– Signal: Besatzung wird geweckt	– männliche Samenzellen werden „geweckt"
– Landung auf dem Planeten	– Näherung an den Reizauslöser
– Finden des fremdartigen Raumschiffs	– Finden der Frau
– Eindringen durch den mittleren der drei Eingänge	– Eindringen durch die Schamlippen in die Vagina (zwischen Harnröhre und After)
– Kane kommt in eine abgeschlossene Höhle,	– Eines der Spermien gelangt in das Ovar,
– in der sich Eier befinden	– in dem sich Follikel befinden
– Das Alien springt Kane ins Gesicht und durchbricht dessen Helmschutz	– Das Spermium vereinigt sich mit dem befruchtungsfähigen Ei
	Damit ist die Empfängnis vollzogen, und die restlichen Spermien können später absterben.
	II. SCHWANGERSCHAFT
– Kane mit dem Alien kommt in die Luftschleuse,	– Das befruchtete Ei wandert durch den Eileiter,
– dann ins Landungsboot bzw. in das irdische Raumschiff, denn:	– dann bis in die Gebärmutter und nistet sich dort ein, denn:
– Quarantäne findet nicht statt	– Empfängnisverhütung findet nicht statt
– Das Alien bricht aus der Brust Kanes und wächst schnell	– Aus dem passiven Embrio wird ein aktiver, kaulquappenähnlicher Foetus mit Eigenleben
– Das Wesen von Kanes Gesicht und Kane selber sind tot	– Ei und Samenzelle haben kein Leben mehr

[3] Vgl. ausführlich dazu Werner Faulstich und Ricarda Strobel: „Verbuchung" als medienästhetisches Problem. Eine Fallstudie zu „Alien". In: Massenmedien und Kommunikation, H. 45. Siegen 1986. Eine Kurzfassung erschien in Werner Faulstich: Die Filminterpretation. Göttingen 1988, S. 69–75.

– Die Mannschaft baut einen Soundwaver
– Dalles versucht vergeblich, das Alien mit dem Flammenwerfer auszutreiben

Ripley ist die einzige, die überlebt:

– erkennt schon früh das „Not“signal als „Warn“signal
– will die Expedition zurückholen

– verlangt kategorisch die Quarantäne

– aufwendige Vorbereitungen der Selbstzerstörung der Nostromo
– Alien im Gang zum Rettungsboot
– Tür bereits geöffnet
– Alien schlüpft ins Rettungsboot

– Selbstzerstörungsmechanismus lässt sich nicht mehr aufhalten
– Rettungsboot wird vom Mutterschiff getrennt: greller Blitz, grelles Licht
– Ripley: Keuchen, Stöhnen, schweißüberströmtes Gesicht, verzweifelt gemurmelte, gesummte Worte
– Dann: Druckabfall in der Kabine
– Leine zum Alien wird gekappt
– Das Alien ist draußen im Weltraum

– Man kann inzwischen die Herztöne hören
– Dalles versucht vergeblich eine Abtreibung

Ripley kommt von Anfang an die Funktion der werdenden Mutter zu:
– will sich dem sexuellen Reiz verschließen

– will das Eindringen, die Vereinigung verhindern
– will eigentlich die Verhütung

III. GEBURT

– Eröffnungswehen, Vorbereitungen auf die Geburt
– Kind im Geburtskanal
– Muttermund geweitet
– Kind bewegt sich in Richtung Beckenausgang
– Presswehen setzen ein, die Geburt ist nicht mehr aufzuhalten
– Geburt des Kopfes: die Augen des Neugeborenen werden vom Licht geblendet
– Ripley: Sie muss das Kind aktiv austreiben, damit auch der Rumpf geboren wird

– Dann: Druckabfall in der Bauchhöhle
– Nabelschnur wird durchtrennt
– Das Kind ist auf der Welt

Abb. 73: Aus dem passiven Embryo wird ein aktiver Foetus (ALIEN)

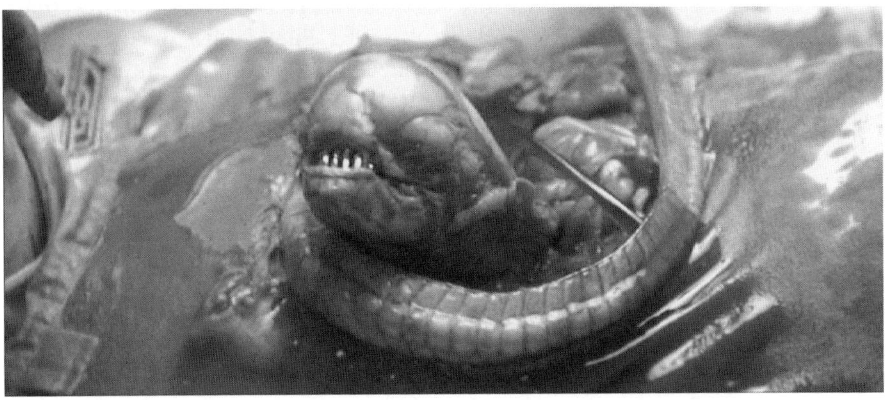

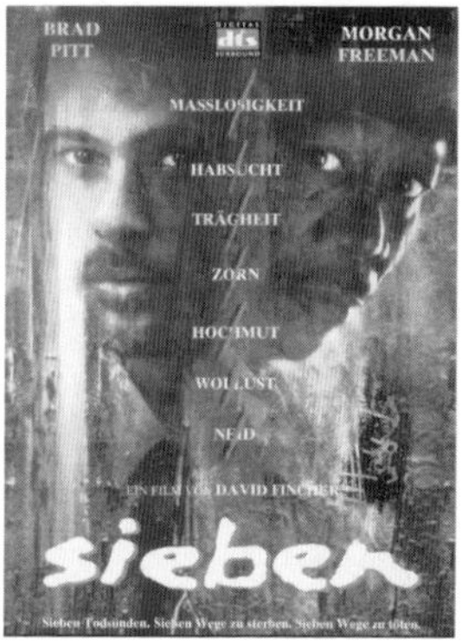

Abb. 74: Die sieben Todsünden und die Möglichkeit oder Unmöglichkeit ihrer Überwindung (SIEBEN)

Spätere Nachfolger wie ALIENS – DIE RÜCKKEHR, ALIEN 3 sowie ALIEN RESURRECTION variieren und modifizieren die Mutterproblematik: In Teil 2 geht es um die Konfrontation der bösen, zerstörerischen Mutter mit der guten, sorgenden Mutter als Gegenpol; in Teil 3 um die Problematik eines werdenden Ungeheuers im Leib der Frau, die das Kind ablehnt und tötet, also um eine Abtreibung – deshalb der Rekurs auf Schuld und Religion; und in Teil 4 um die Gegenüberstellung der zwar geklonten, aber humanen Frau und ihrer jungen humanoiden Maschinen-Gefährtin auf der einen Seite mit den wirklichen, aber absolut inhuman-verbrecherischen Menschen sowie den pseudomenschlichen Monstern auf der anderen Seite.[4]

Symbole verweisen auf Normen und Werte im Kontext von Ideologien, das heißt kompletten Bedeutungsmustern, bei denen alles zusammenpasst (wenn es ein guter Film ist wie etwa ALIEN). Es gibt Filme, die ihre Message freilich erst der Analyse ihrer Normen und Werte eröffnen. Das gilt nicht für einen Film wie DIVA, bei dem die Message von Anfang an deutlich war: Errettet die Musik, die Kunst, die Lebenskunst vor der habgierigen, ausbeuterischen, verbrecherischen, kommerziellen Alltagswirklichkeit. Denn die Kunst ist göttlich („ars diva"). Der Filmtitel DIVA bezieht sich gar nicht auf die Figur Cynthia Hawkins, sondern auf die Utopie von Kunst in Gesellschaft. ALIEN eröffnet sich dem Verständnis durch eine genaue Analyse der Handlung, der Figuren und vor allem der Bauformen. Manche Filme können aber erst und nur über ihre Ideologie zureichend verstanden werden. Ein gutes Beispiel dafür wäre der Film SIEBEN, der mit seinem strukturellen Verweis auf die sieben Todsünden mit ihren Symbolen und mit der identifikatorischen Einbindung des Zuschauers seine zentrale Message entfaltet: dass letztlich jeder Mensch schuldig ist oder schuldig werden kann.[5] Im folgenden soll aus-

[4] Diverse andere Interpretationen verfehlen diesen Sinn, weil sie nicht (symbol)analytisch fundiert werden und auch noch den Stand der Forschung vernachlässigen. Siehe exemplarisch Ronald Hitzler und Daniel Barth: Die Ripley-Saga. Eine lebensweltliche Perspektive zur „Alien"-Trilogie. In: Wilhelm Hofmann (Hrsg.), Sinnwelt Film. Beiträge zur interdisziplinären Filmanalyse. Baden-Baden 1996, S. 57–68. Hier wird auf die „Alien"-Filme die blanke Hypothese einer „Passionsgeschichte der Ellen Ripley" aufgepfropft.

führlicher entsprechend auf den Film MISSION eingegangen werden – kein Abenteuerfilm oder Historienfilm, sondern ein religiöser Propagandafilm von beachtlicher Perfektion.

Analyse der Normen und Werte von MISSION (Beispiel 1)

Propaganda ist die bewusst geplante Beeinflussung von Wirklichkeitssicht und gesellschaftlicher Wahrnehmung und Beurteilung. Sie ist durch und durch parteilich und manipulativ. Sie ist nicht dasselbe wie Ideologie, denn sie bedient sich psychologischer Techniken. Propaganda ist nicht rational und diskursiv, sondern emotional und suggestiv. Sie wirkt beim Rezipienten auf dem Weg über unbewusste Mechanismen. Besonderes Augenmerk muss sich deshalb auf die allgemeinen Techniken und Mechanismen von Propaganda richten. Propaganda macht die Unterscheidung von (manifester) Ideologie und (latenter) Message notwendig. In der Filmgeschichte spielt der Propagandafilm keine unwichtige Rolle, wie bereits Ricarda Strobel etwa an LIFEBOAT und DIE SPUR DES FREMDEN filmanalytisch aufgezeigt hat.[6]

Propagandatechniken allgemein

Die wichtigsten oder erfolgreichsten Propagandatechniken sind: suggestive Symbolisierung; Nutzung verbreiteter Emotionen wie Schuld, Hoffnung, Angst, Liebe, Hass, Eifersucht; Simplifizierung; Verschiebung auf Ersatzhandlung (Sündenbock-Schema, Ersatzlösung); ausdrückliche Berücksichtigung (und Diffamierung) von Gegenpositionen; Stereotypisierung, Etikettierung; Personalisierung von Konflikten; Sentimentalisierung durch Musik; visuelle Ästhetisierung; strukturelle Dramaturgie (Idylle, Bedrohung, Kampf und Sieg der Idee). In MISSION werden fast alle diese Techniken gezielt eingesetzt.

Ohne dass hier ausführlich das Sequenzprotokoll und die Einzelergebnisse der Analysen von Handlung, Figuren und Bauformen ausgebreitet werden können, muss doch ausführlicher auf einzelne Inhalte, Personen, Bauformen und Werte dieses Films eingegangen werden, um seinen propagandistischen Charakter verstehen zu können. Zunächst sei festgehalten: Der Film ist in zwei Teile geteilt, zusammengehalten von einem Rahmenerzähler. In jedem Teil steht ein spezieller Auftrag („mission“) im Zentrum:

Zwei Aufträge

- die Aufgabe für Pater Gabriel, Mendoza zu bekehren, bzw. für Mendoza, seine Schuld auf sich zu nehmen, und
- die Aufgabe für den Kardinal, im Konflikt zwischen Spanien und Portugal im Sinne des Papstes zu intervenieren.

---

5 Siehe ausführlich Britta-Karolin Öhding: Thriller der Neunziger Jahre. Über den Zusammenhang von Struktur, Spannung und Bedeutung an ausgewählten Spielfilmen. Bardowick 1998, S. 60–75.

6 Ricarda Strobel: Propagandafilm und Melodrama. Rottenburg-Oberndorf 1984.

Auftrag 1 erzeugt Parteilichkeit für Pater Gabriel und die Missionsgemeinde, Auftrag 2 Parteilichkeit gegen den Kardinal, die Politiker, Sklavenhändler und Soldaten. Beide Aufgaben bleiben merkwürdig unglaubwürdig und sind wenig überzeugend inszeniert. In der Dramaturgie der Abfolge aber wird damit eine Identifikation mit den Opfern der Gewalt bewirkt.

Protagonist und zugleich „Held“ ist Pater Gabriel. Als individueller Charakter ist er gleichwohl blass und eindimensional; er lässt sich durch wenige Adjektive beschreiben (zielstrebig, leidensfähig, väterlich). Ähnlich „flach“ sind der Kardinal (als Figur) und Altamirano gezeichnet. Selbst Mendozas „Schuld“ und „Bekehrung“ überzeugen nicht, trotz der schauspielerischen Leistungen von Robert de Niro; eine „Entwicklung“ oder „Wandlung“ ist emotional hier nicht nachvollziehbar (vgl. etwa Sequ. 7). Nicht zuletzt auch dem Häuptling der Indios und dem Indianerjungen fehlt jegliche „innere“ Individualität. MISSION ist also definitiv kein Personenfilm; Figuren sind reduziert auf reine Handlungsträger und Verkörperungen von Ideen/Ideologien: Gabriel verkörpert das moralisch Gute und perfekte Opfer, Mendoza das Ideal des Bekehrten (vom Saulus zum Paulus), Altamirano den human-gehorsamen Jesuiten, der Kardinal die Machtinteressen des römischen Papstes und damit die Korruption der Kirche, und die Indios sind nur Staffage, bloßes Anschauungsmaterial für die „guten Wilden“.

Natur als zentrales Symbol

Es gibt zwei zentrale Bauformen: „Natur“, als das beherrschende Symbol, und der auktoriale Erzähler; sie stehen in engem Zusammenhang miteinander. Natur glorifiziert die „guten“ Indios, und der „böse“ Erzähler sichert die Akzeptanz dieser ansonsten unerträglichen Glorifizierung (so wie übrigens auch im Film AMADEUS). Der Erzähler, dem wir naturgemäß vertrauen, outet sich als der Böse und garantiert durch die eigene Einsicht in die Schlechtigkeit seines Tuns die Glaubwürdigkeit des Erzählten. Ansonsten wäre die Inszenierung der Idylle als Kitsch erkenntlich und lächerlich (vgl. z. B. „Friede, Freude, Eierkuchen“ in Sequ. 11); „Natur“ wäre als speziell christlich-idealisierte „Kultur“ (z. B. Sequ. 16) erkenntlich, und die Propaganda würde nicht mehr funktionieren.

Bleiben wir bei „Natur“ als dem zentralen Symbol. Da heißt es unter anderem:

- „Die reinen Seelen der Indianer sind der Musik zugeneigt.“ (Rahmen 1) Später werden die Indianer immer wieder singen, und zwar Choräle und sonstige sakrale Musik, außerdem werden sie Geigen bauen usw.

- Die Gegend oberhalb der Wasserfälle wird charakterisiert als der Bereich, „wo die Indianer noch in ihrem natürlichen Zustand lebten“ (Sprecher im Off, Rahmen 1)
- „Natur-Natur“ wird entfaltet: gigantische Landschaften, Wasserfälle, Himmel, Licht, Farben, Urwald.
- Und kontinuierlich werden Indiokinder als Symbol der Unschuld eingeschnitten.

Die Indios sind anfangs noch die „Wilden“: nackt, mit Lendenschurz, die Körper und Gesichter bemalt, die Frauen und Mädchen barbusig (Sequ. 2, 3, 10, 11). Später aber verzeihen sie dem verhassten Sklavenhändler Mendoza; statt ihm die Kehle durchzuschneiden, befreien sie ihn von seiner Last (Rüstung) (Sequ. 10). Ein halbnackter Indiojunge singt sakrale Gesänge (Sequ. 13):

> Kardinal: „Don Cambesa, wie kommen Sie zu der Behauptung, dass dieses Kind ein Tier sei?“
> Cambesa: „Euer Eminenz: einen Papagei kann man auch singen lehren.“
> Kardinal: „Wie bringt man ihm bei, so melodiös zu singen wie dieses Kind?“
> Cambesa: „Euer Eminenz, dies ist ein Kind des Dschungels, ein Tier mit einer menschlichen Stimme. Dies soll ein Mensch sein? Jedes Tier würde sich seiner Laster schämen. Diese Kreaturen sind tödlich und wollüstig. Sie müssen mit dem Schwert unterdrückt und mit der Peitsche zu profitabler Arbeit gebracht werden.“
> Gabriel: „Sie sind von Natur aus keine Tiere. Sie sind von Natur aus gläubig.“

In der ältesten Mission von San Miguel sind denn auch alle Männer, Frauen und Kinder in weiße Gewänder gehüllt: „kultiviert“ (Sequ. 16). In der Mission von Pater Gabriel sind die Männer zwar meist noch nackt, aber die allermeisten Frauen und sogar viele Kinder haben ebenfalls bereits die weißen Gewänder an (Sequ. 18):

> Kardinal: „Der Garten Eden.“
> Gabriel: „Ja, Euer Eminenz, er ist nur ein bisschen verwildert.“

Als es am Schluss zum Kampf kommt, sind die meisten Männer nicht nur nackt, sondern auch wieder bemalt, die Frauen aber mit wenigen Ausnahmen immer noch bekleidet (Sequ. 26 ff.). Der Natur/Kultur-Gegensatz wird an Körperlichkeit demonstriert, so etwa im Falle der Füße, die als Symbol für Demut und Unterwerfung von der Kamera in Großaufnahme immer wieder fokussiert werden:

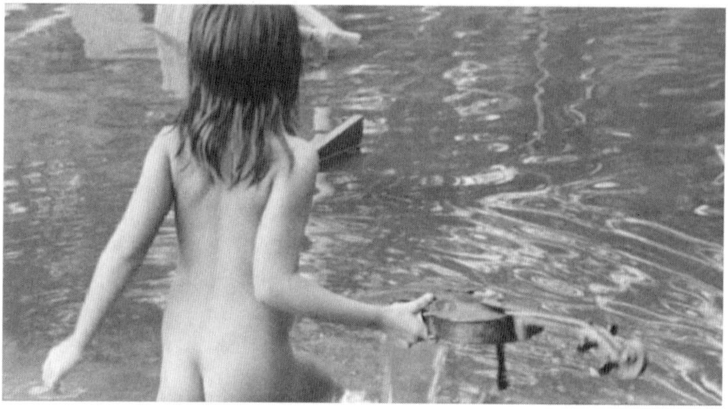

Abb. 75: Das Indiomädchen mit der Geige am Schluss von MISSION

- die Füße der Indiokinder auf dem Weg zum Fluss, in den der gekreuzigte Missionar geworfen wird (Rahmen 1),
- die Füße des „Helden“ Pater Gabriel beim mühsamen Aufstieg im Felsen neben dem Wasserfall (Sequ. 1),
- die Stiefel von Mendoza beim Laufen, auf dem Weg zu seinem Bruder (Sequ. 7),
- die Füße des aufsteigenden und dann auch des abstürzenden Mendoza im Felsen (Sequ. 9),
- die tanzenden Füße der Männer bei der Ankunft des Kardinals in Gabriels Mission (Sequ. 18), usw.

Die Schlusssequenz bringt das ideologische Schema noch einmal symbolisch auf den Punkt: Ein nacktes Indiokind („Natur“) sucht in der zerstörten Kirche eine Geige („Kultur“) und nimmt sie mit in das Boot, das es zurück in den Urwald bringt.

Verbleiben wir zunächst bei der manifesten Ideologie von MISSION. Es gibt demnach zwei Arten von Missionaren/Jesuiten:
- die bösen, die das Wohl der Institution Kirche bzw. des Ordens und eiskaltes Machtkalkül an oberste Stelle setzen, auch um den Preis, dass sie dem Kulturimperialismus der Sklavenhändler in die Hände arbeiten;
- und die guten, die sich auf die Seite der Eingeborenen schlagen, auch um den Preis, dass sie – quasi als Märtyrer – das Leben lassen müssen.

Der Film suggeriert insofern – und damit kommen wir zur Ideologiekritik – zweierlei:

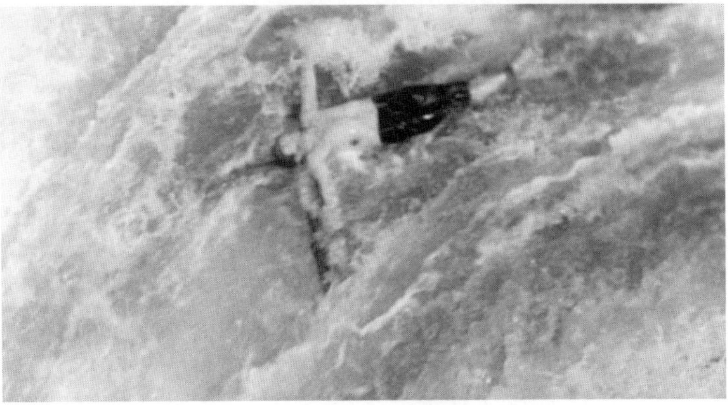

Abb. 76: Einleitend, als Hinweis auf die (zunächst fehlgeschlagene) Missionierung, erleidet ein Pater in MISSION den Tod seines Herrn.

Die Ideologie

- (auf Handlungsebene) dass die Kolonialmächte in Gestalt der Sklavenhändler von den Missionaren Widerstand erfuhren, obwohl (historisch korrekt) letztere dem Imperialismus erst den Weg ebneten;
- (auf Personenebene) dass die Missionare die weißen Kolonialisten in Gestalt des Sklavenhändlers Mendoza befriedeten, ins Christentum integrierten und für die Missionsarbeit funktionalisierten, obwohl (historisch korrekt) umgekehrt die Missionare als Instrumente kolonial/imperialer Befriedungsstrategie dienten.

MISSION rekurriert manifest und explizit auf Geschichte: „Die historischen Ereignisse der folgenden Geschichte sind wahr", heißt es im Einleitungssatz. Tatsächlich aber werden historische Ereignisse nicht rekonstruiert, sondern umgeschrieben, korrigiert: verfälscht; die tatsächlichen Kausalbeziehungen zwischen Christentum und Kolonialismus/Imperialismus werden geschönt. Geschichtsbezug dient hier der Manipulation.[7] Politischer Hintergrund ist die Diskussion um die „Theologie der Befreiung" in Lateinamerika in den achtziger Jahren (MISSION erschien 1986).

Die Ideologiekritik

Der Film rekurriert aber auch latent auf Geschichte, und zwar in Gestalt der „historisierenden" Filmgeschichte. Als Verschleie-

7 Zu den historischen Befunden bietet die entsprechende Fachliteratur eine ganz andere Sichtweise als der Film. Exemplarisch vgl. dazu Horst Gründer: Welteroberung und Christentum. Ein Handbuch zur Geschichte der Neuzeit. Gütersloh 1992, z. B. S. 568–594.

rung und Ablenkung verlegt Mission etwas ins 18. Jahrhundert zurück, was tatsächlich heute zur Debatte steht und ebenfalls in den achtziger Jahren verstärkt diskutiert wurde: die Einsicht in christliche „Missionierung“ generell als Kulturimperialismus. Geschichtsbezug dient hier der Maskierung. Die wichtigste Frage bei jedem Propagandafilm lautet: Was wird ausgespart? In Mission ist es der Prozess der Bekehrung der Indios und vor allem deren gesamte Kultur. Tatsächlich geht es gar nicht um die vorgenannten beiden Aufträge, sondern der eigentliche Auftrag („mission“) besteht darin, dass Pater Garbiel den Stamm der Guarani-Indianer missionieren soll.

In Sequenz 3 wird das, nachdem der entsprechende Kontakt hergestellt wurde und das Programm angelaufen ist, unverblümt auf den Punkt gebracht: „und so kam es, dass die Indianer endlich der unermesslichen Gnade Gottes zugeführt wurden, und der kurzlebigen Gnade der Menschen“ (Erzähler im Off). Mission zielt im Grunde auf die Rechtfertigung der „Missionierung“ und der Eliminierung der Eigenkultur der Indianer: Auf der *Handlungsebene* wird der eigentliche Auftrag ausgelassen und die Aufmerksamkeit verschoben auf Pseudoaufträge. Auf der *Figurenebene* werden die Missionare mit den Indios in denselben Topf der „Opfer“ geworfen. Auf der *Ebene der Bauformen* werden die Missionare als Schuldige verdeckt durch Kardinal, Kirche und anonyme Machtpolitiker. Und auf der *Ebene der Normen und Werte* werden die Argumente der Kulturimperialismus-Kritik zwar erwähnt, aber den „Bösen“ in den Mund gelegt und damit abgewehrt.

Zusammengefaßt: Mission ist ein religiöser Propagandafilm, der auf den ersten Blick die Idee des Christentums gegen institutionelle Interessen propagiert (Kirche, Orden, Machtpolitik). Auf den zweiten Blick aber wird deutlich, dass er im Kern emotional verschleiert, dass die Missionare selbst als die Kulturzerstörer aufgetreten sind. „Missionierung“ soll damit – der hehren Idee nach – gerechtfertigt werden.

Analyse der Normen und Werte von Wenn die Gondeln Trauer tragen (Beispiel 2)

Auf einen ähnlichen Bedeutungskontext stoßen wir, wenn schließlich auch die exemplarische Analyse von Wenn die Gondeln Trauer tragen mit Blick auf die latente Ideologie des Films zu Ende geführt wird. Die Mehrdimensionalität und Vielzahl der Symbole – wie oben beschrieben – muss als theatrales Bedeutungsmuster begriffen werden, weil diese visuell wie auditiv einem einzigen Fluchtpunkt zustreben, der freilich gezielt verborgen wird: der Message. Das zentrale Thema des Films ist „Sehen“, und zwar das Sehen einer anderen Dimension, welche die sichtbare Welt transzendiert. Der Titel DON'T LOOK NOW spielt mit dieser zweifachen Bedeutung des Sehens. WENN DIE GONDELN TRAUER TRAGEN ist also ebenfalls ein religiöser Film.

Was genau soll gesehen werden, welcher Art ist diese andere Dimension? Was sind „die Dinge", wenn sie „nicht das sind, was sie zu sein scheinen"? Die Transzendenz in dieser Welt, die es zu erkennen gilt (so der Film), ist vor allem formal charakterisiert durch eine holistische Sicht: die Einheit allen Seins, aller Dinge. Sie wird auf drei Arten versinnbildlicht: erstens als Einheit des Raums. Dieses Moment wird durch die wichtigste Bauform des Films, die Parallelhandlung, eingebracht. Immer wieder befinden sich Personen an ganz unterschiedlichen Orten, erleben aber dasselbe oder werden in Bezug zueinander gebracht. Die Differenz von Räumen wird so überbrückt, *Raum* als Kategorie wird eliminiert. Zweitens geht es um die Einheit der *Zeit*. Sie wird durch „die Gabe" Heathers, die „Ahnungen" Johns und auch des Bischofs sowie die Flashbacks (für den Zuschauer) eingebracht. Wichtige Bedeutung erhält hier die Liebesszene: Durch die Montage wird nicht nur Lüsternheit verhindert, sondern vor allem die Einheit von Jetzt und Danach gestaltet, das heißt, sie bildet die These ab, dass es zwischen Jetzt und Später, zwischen Gestern, Heute und Morgen keinen unüberwindbaren Abgrund gibt. Auch die Flashbacks drehen die Zeitchronologie quasi zurück. Auch Zeit wird damit bedeutungslos. Drittens ist die Einheit der *Gegensätze* maßgeblich: z. B. die Klarsichtigkeit der blinden Heather; die Farben Rot und Blau; das Element Wasser, das gleichermaßen für Leben wie für Tod steht; Personen und ihre Bilder im Spiegel oder im Wasserspiegel; Welt und Kirche bzw. profan vs. sakral; Ereignisse treten immer wieder doppelt auf, usw.

Die Einheit des Raums

Die Einheit der Zeit

Die Einheit der Gegensätze

DON'T LOOK NOW ist ein religiöser Film, weil er das Transzendente nicht nur formal, sondern auch inhaltlich bestimmt: als Vorsehung (oder als Schicksal, je nach Interpretation). Keiner kann sich dieser Aufforderung, diesem Appell („zu sehen") entziehen. Nicht das Scheitern ist schicksalhaft für den Menschen (wie in der antiken Tragödie), sondern die „Aufgabe". Laura entdeckt die Existenz einer zweiten, übersinnlichen Dimension und enwickelt sich gerade dadurch zu einer selbstbewussten Persönlichkeit. Die Einsicht in die Transzendenz dieser Welt begründet den Trost, den Laura findet. Ihr abschließendes selbstbewusstes, in sich selbst gründendes Lächeln erklärt sich daraus, dass sie weiß, dass Tochter und Mann zwar tot sind, aber in einer anderen Dimension, gleichsam hinter der Glasscheibe, weiterleben.

Die Message

Nur auf den ersten Blick also sieht WENN DIE GONDELN TRAUER TRAGEN aus wie eine Tragödie. Tatsächlich erweist sich der Film als Melodrama mit religiösem Happy End. Dabei steht John für den Zuschauer. Der Film enthüllt darin seine didaktische oder moralische Komponente. Weil John nicht lernt, weil er das Übersinnliche, das Transzendente nicht sehen will, wird er schuldig; weil er Heathers Warnung nicht ernst nimmt und Lauras Bitten, Venedig zu verlassen, nicht nachkommt, muss er sterben. Er nutzt die allen Menschen verliehene „Gabe" („zu sehen") nicht, verweigert sich, flüchtet – sei es in die private Liebesbeziehung, sei es in die Suche als Detektiv nach Kriminellen – und wird dafür bestraft. Der Film nutzt ihn als Objekt des Zeigens, er instrumentalisiert ihn für den Zuschauer. Der appellative Filmtitel DON'T LOOK NOW (so die ersten drei Worte der Erzählung im Original) – „Jetzt mal nicht hinsehen!" – meint den Zuschauer. Man müsse aus dem Labyrinth der Dunkelheit, des Verfalls herausfinden, dürfe sich nicht nur an das Rationale, Oberflächliche, Sichtbare, das Manifeste halten, sondern müsse die Verdoppelung der Welt, ihre Latenz, und damit die Einheit von Diesseits und Jenseits und von Leben und Tod erkennen. Das ist die klare Message des Films. Mit anderen Worten: Der Film ist wie MISSION ein religiöser Propagandafilm. Seine Strategie der Inszenierung dient der suggestiv-emotionalen Beglaubigung einer ideologischen Botschaft.

6.2 Die film- oder literarhistorische Filminterpretation

Abgesehen von solchen analytisch fundierten ideologiekritischen Interpretationen, die primär auf Normen und Werte des Films Bezug nehmen, haben sich verschiedene Interpretationsmethoden bewährt, allen voran die film- und literarhistorische Filminterpretation. Diese historiographische Methode ist wie auch die anderen Methoden der Interpretation gleichsam eine „Brille", die auf einen bestimmten Kontext des einzelnen Films abhebt. Ihr Erkenntnisinteresse zielt auf ein Verständnis des Films im Licht einer literarhistorischen oder filmhistorischen Tradition. Hier ist das Wissen um Traditionszusammenhänge vorgängig, die der Film aufgreift und verarbeitet. Der historiographische Interpretationsansatz also setzt den „informierten Zuschauer" voraus bzw. fordert ihn. In dem Maße, in dem die von einem Film gesetzten Verweise auf Tradition als solche erkannt und in ihrer Bedeutung aufgespürt werden, wird die Bedeutung des Films selbst zugänglich. Die sinnvolle Anwendbarkeit dieser Methode beschränkt sich demnach auf Filme, die bedeutungsgenerierend explizit mit Tradition „spielen", das heißt diese modifizieren, kritisieren, karikieren, idealisieren usw.

Ein gutes Beispiel dafür ist der Film MACH'S NOCH EINMAL, SAM mit Woody Allen, der schon im Titel auf eine bestimmte Figur und damit den Film CASABLANCA anspielt.[8] Insbesondere die Schlusssequenz von MACH'S NOCH EINMAL, SAM formuliert ihre Aussage in expliziter Relation zur Schlusssequenz von CASABLANCA, die deshalb bei der Filmanalyse unbedingt einbezogen werden muss. Die Dreieckssituation zwischen Allen, Linda und deren Mann Dick in MACH'S NOCH EINMAL, SAM rekurriert direkt auf die Dreieckssituation zwischen Rick, Ilsa und deren Mann Victor in CASABLANCA. Offensichtlich gezielt ähnlich und nahezu identisch ist dabei das Setting der jeweiligen Szene: In beiden Filmen spielt die Handlung nachts auf einem Flugplatz, im Hintergrund ein Flugzeug mit dem Ehemann an Bord. Auch die Figurenkonstellation ist identisch: In beiden Fällen haben wir ein Gespräch zwischen der Frau und dem Liebhaber. Die verschiedenen Accessoires sind identisch – etwa die lautmäßige Ähnlichkeit der Namen „Ilsa" und „Linda" oder die gleiche Form des Hutes, den Linda und Ilsa tragen. Auch die Musik ist dieselbe. Ähnlich sind sich weiterhin die Einstellungsperspektiven, die Einstellungsgrößen und die Montage der Einstellungen. Nicht zuletzt liegt auch dieselbe handlungsmäßige Struktur vor: Zunächst findet ein Gespräch statt zwischen dem Liebhaber und der Frau; dann kommt der Ehemann hinzu, und die Dreieckssituation wird erneut eta-

Der Verweis als Zitat der Vorlage

Abb. 77: Allen und Linda in MACH'S NOCH EINMAL, SAM

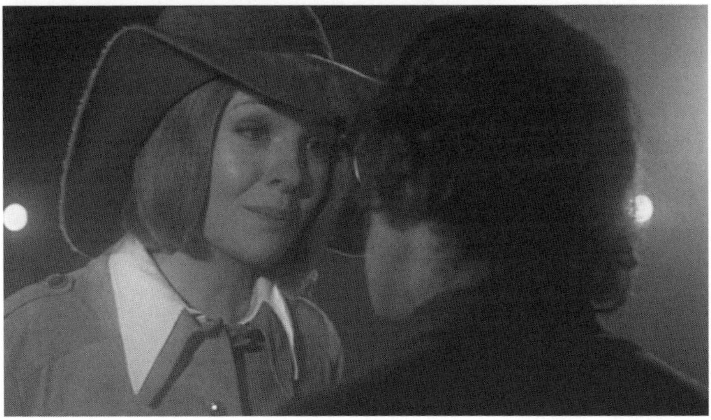

[8] Werner Faulstich: Methodologische Überlegungen zur Theorie und Praxis der Filmanalyse. In: Augenblick Nr. 3, Marburg 1986, S. 5–20.

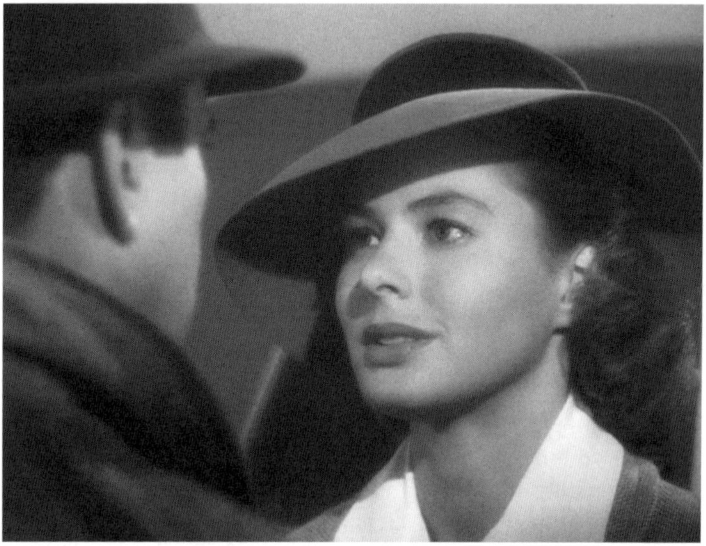

Abb. 78: Rick und Ilsa seitenverkehrt in CASABLANCA

bliert (in jedem der beiden Filme startet erst der eine, dann der andere Motor des Flugzeugs); und schließlich fliegt das verheiratete Paar ab, während unser Held allein zurückbleibt.

Zugleich gibt es aber wichtige Unterschiede zwischen den beiden Sequenzen, die vor allem im Dialog ausgedrückt werden. In CASABLANCA sagt Rick zu Ilsa:

> „Du gehörst zu Victor. [...] Du musst jetzt auf mich hören. [...] Im Grunde wissen wir genau, dass du zu Victor gehörst. Du bist ein Teil seiner Arbeit, du gibst ihm Kraft, weiterzumachen. Wenn du jetzt nicht mit ihm gehst, wirst du es bereuen. [...] Vielleicht nicht heute, vielleicht nicht morgen – aber bald, und dann bis an dein Lebensende. [...] Ich passe nicht in eine noble Rolle. Aber zu der Erkenntnis, dass die Probleme dreier Menschen in dieser verrückten Welt völlig ohne Belang sind, gehört nicht viel. Eines Tages wirst du das verstehen."

Hier weiß der Mann, wie die Dinge zu laufen haben. Hier ist es der Mann, der die Entscheidung trifft. Die Gesprächssituation versetzt Ilsa in eine untergeordnete Position innerhalb einer konventionell bürgerlichen Paarbeziehung mit den traditionellen Geschlechterrollen.

Die Kritik an der Vorlage als Funktion

Ganz anders in MACH'S NOCH EINMAL, SAM, wo die Gesprächspartner sich auf derselben Ebene austauschen. Allen sagt zu Linda:

> „Im tiefsten Innern wissen wir beide, daß du zu Dick gehörst ... Wenn die Maschine startet und du bist nicht bei ihm, wird es dir mal leid tun. Und wenn nicht heute: morgen oder übermorgen. Aber glaub mir, der Tag wird kommen. [...] Das ist aus CASABLANCA. Ich habe mein Lebtag darauf gewartet, es zu sagen."

Und Linda zu Allen:

> „Ich liebe Dick. Und obwohl du ein wundervoller Mensch bist und die Versuchung für mich groß war, kann ich mir ein Leben ohne Dick nicht vorstellen. [...] Er braucht mich, Allen, und in gewisser Beziehung brauche ich ihn auch, wenn ich's auch nicht erklären kann."

Hier werden nicht festgelegte Rollen gespielt, hier wird auch nicht gelogen, sondern hier kommen die Partner gemeinsam zu der Entscheidung, sich zu trennen.

Dazu gehört, daß MACH'S NOCH EINMAL, SAM auch in der Rolle des Protagonisten und letztlich in der Gesamtideologie vom Vorläufer CASABLANCA programmatisch abweicht. Rick ist ein archetypisches Idol, er personifiziert einen Traumhelden, einen Mythos, eine Kulturfigur: die Inkarnation eines neuen Sisyphus – der „tough guy" als der ewige Verlierer. Insofern taugt Rick als Über-Ich. Allen dagegen ist der Anti-Held, der ungeschickt unsere geheimsten Ängste auslebt, der verzweifelt nach Vorbildern und Ersatz, nach Krücken auslangt. In CASABLANCA siegt das Schicksal mit einer entsprechenden Verzichtsideologie; das Glück des Helden wird geopfert für „die Sache" (das heißt den Kampf gegen den Faschismus). Ganz anders in MACH'S NOCH EINMAL, SAM, wo

Abb. 79: Allen, Linda und Dick

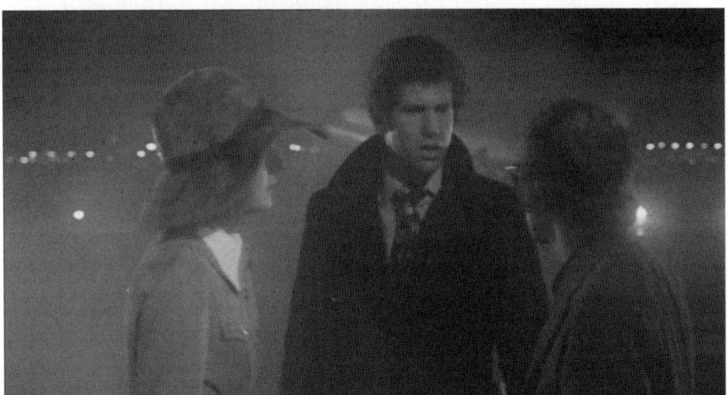

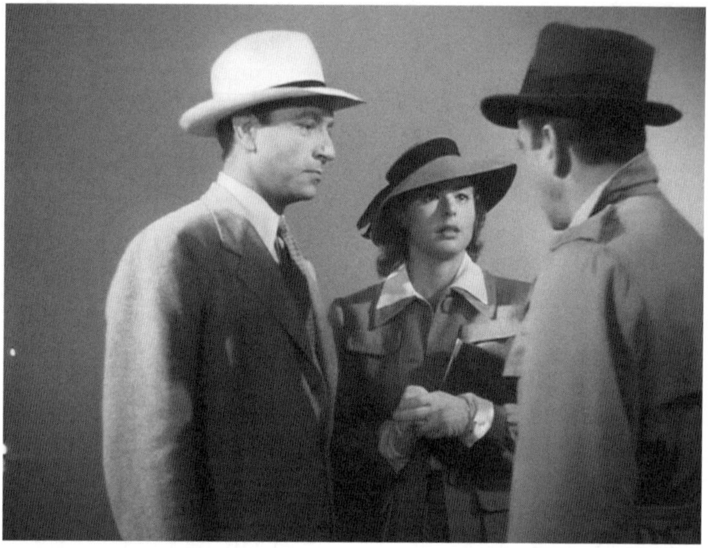

Abb. 80: Rick, Ilsa und Victor

Allen noch einmal seinem verehrten Ersatz-Ich begegnet und Pseudo-Bogie zu ihm sagt:

> „Weißt du, ich glaube, du brauchst mich in Zukunft nicht mehr. Ich wüßte nicht, was ich dir noch sagen könnte, was du nicht schon weg hast."

Allen antwortet selbstbewusst:

> „Ja, das stimmt wohl. Der Witz ist, dass ich ich selbst bin und nicht du. Ich meine – du bist nicht gerade groß und keine Schönheit. Aber, verdammt noch mal, ich bin selbst klein und hässlich genug, um mich durchzusetzen."

An die Stelle des Appells, den eigenen Glücksanspruch zu opfern und sich für den Krieg zu engagieren, tritt hier der Appell, sich selbst zu finden und sich selbst zu akzeptieren als der, der man ist. Nicht zufällig endet denn auch CASABLANCA mit der Marseillaise (Thema: Krieg), MACH'S NOCH EINMAL, SAM dagegen mit „You must remember this" (Thema: Liebe) – jenem Song des Klavierspielers Sam, der dem Film den Titel gab. MACH'S NOCH EINMAL, SAM formuliert in dieser Szene und insgesamt eine ideologische Kritik an CASABLANCA, wie sie schärfer kaum vorstellbar ist.

Die Interpretation eines Films von seinen Traditionsverweisen, Bezugspunkten und Quellen her ist durchaus häufig so ergiebig wie auch im Falle von APOCALYPSE NOW.[9] Dieser Film, der in Videotheken fälschlicherweise meist unter der Rubrik „Kriegsfilme" eingeordnet ist und auch von Kritikern in der Regel als „Vietnamfilm" missverstanden zu werden pflegt, greift drei printliterarische Quellen auf und verarbeitet sie zu einem neuen Werk mit einer eigenen moralischen Message. Dabei handelt es sich erstens um das kritische Vietnambuch „An die Hölle verraten" von Michael Herr, zweitens um die Novelle „Herz der Finsternis" von Joseph Conrad und drittens um den Gedichtzyklus „Waste Land" von T. S. Eliot. Entsprechend lässt sich der Film begreifen einmal physikalisch als Fahrt durch das vom Krieg verwüstete Vietnam, dann psychologisch als Reise ins eigene Ich des Menschen und schließlich mystisch als Suche nach dem heiligen Gral.

Quelle 1: APOCALYPSE NOW als Reise durch das kriegsverwüstete Vietnam

Zahlreiche Details, Stimmungsbilder, Orte und einzelne Handlungszüge wurden aus den Vietnam-Reportagen von Michael Herr übernommen. Das gilt zum Beispiel für die Szene mit dem „Eisenwerfer", einen archaisch anmutenden farbigen Soldaten, dem es gelingt, in völliger Dunkelheit einen provozierenden Vietcong draußen vor den Linien zu töten. Angestrebt wird Authentizität durch Dokumentarismus.

Es ist aber der Wahnwitz des Krieges, der hier versinnbildlicht wird, es geht im Grunde nicht eigentlich um das historisch konkrete, geschichtliche Vietnam. Vietnam ist nur Setting und Beispiel für den Protest gegen Krieg überhaupt. APOCALYPSE NOW thematisiert die Aggressionen der Menschen unter- und gegeneinander, den Weltuntergang in der Form der Selbstvernichtung – aber selbst dies nur in der ersten Hälfte des Films. Der gesamte zweite Teil hat mit Vietnam und dem Vietnamkrieg der Amerikaner praktisch gar nichts mehr zu tun.

Quelle 2: APOCALYPSE NOW als psychologische Reise ins eigene Ich des Menschen

Die Amerikaner in Vietnam erscheinen in APOCALYPSE NOW vielmehr als Aktualisierung der weißen Söldner und Elfenbeinjäger am Kongo, wie sie Joseph Conrad in seiner Novelle beschrieben hat. Mit dieser zweiten printliterarischen Quelle wird der gesamte Aufbau des Films überhaupt erst sichtbar. Es wird deutlich, dass der Film mitnichten in die vielkritisierten „zwei Teile" zerfällt, sondern sich in der Struktur exakt an Conrads Erzählung hält; das Sequenzprotokoll entspricht dem Aufbau der Novelle. Damit wird

9 Siehe ausführlich Werner Faulstich: Didaktik des Grauens. Eine Interpretation von Francis Ford Coppolas „Apocalypse Now". In: Ders., Medienkulturen. München 2000, S. 89–102.

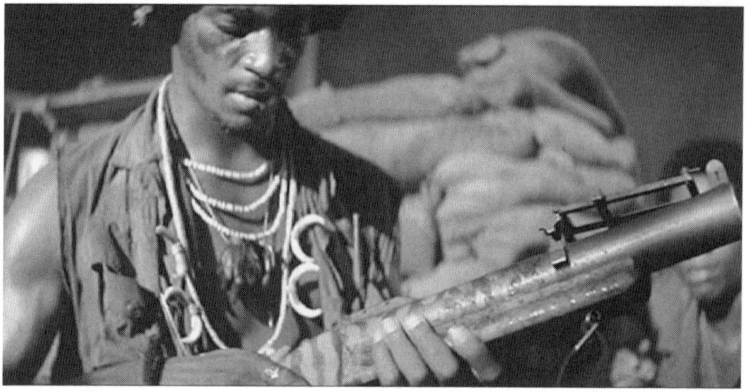

Abb. 81: Der „Eisenwerfer“ in Apocalypse now

die symbolische Bedeutung jener Reise eingeholt, die Marlow den Kongo hinauf bis ins Herz der Finsternis führt. Entsprechend dieser Quelle verschiebt sich die Bedeutung auch des Films vom Äußeren zum eher Innerlichen: Es geht um die totale Zerstörung jeglicher traditionellen Ordnung, um den umfassenden Verlust von Idealen und Werten, um das Chaos und Grauen der eigenen Seele. Die Konfrontation des Conrad-Helden Marlow mit Kurtz bedeutet die Konfrontation des Menschen mit dem Dunklen und Bösen seiner eigenen Seele. Wenn ähnlich der Coppola-Held Willard mit Kurtz (dieser Name aus der Erzählung wurde beibehalten) zusammentrifft, wird an die Conrad-These erinnert: Der Weg zurück zur Primitivität rettet nicht regenerativ die Ursprünglichkeit und Natürlichkeit, sondern führt zur Entfremdung des Menschen von seinem Urgrund. Das Abstreifen der Zivilisation zeigt nicht Kultur als Substanz, sondern nur Verrottung und Wahnsinn.

Quelle 3: Apocalypse Now mystisch als Suche nach dem heiligen Gral

Aber ebenso wie Coppola mit der Nutzung der Conrad-Erzählung über die Vietnam-Reportagen von Michael Herr hinausgeht, führt er mit seiner dritten Quelle auch noch über Conrad hinaus. Vor allem mit zahlreichen mythologischen Symbolen und wörtlichen sowie motivlichen Übernahmen, dann aber auch mit der Figur des Protagonisten Willard und mit dem symbolischen Schluss des Films zitiert Coppola den englischen Lyriker und Dramatiker Eliot und interpretiert ihn neu für uns heutige Zeitgenossen. Beispiele für Symbole und Motive aus dem „Waste Land“ wären etwa:

– die Aufgabe, die Willard am runden Tisch der Tafelrunde erhält: Wie seinerzeit Lancelot, Parzival, Gawein oder Galahad soll er sich auf die Suche nach dem Gral machen,

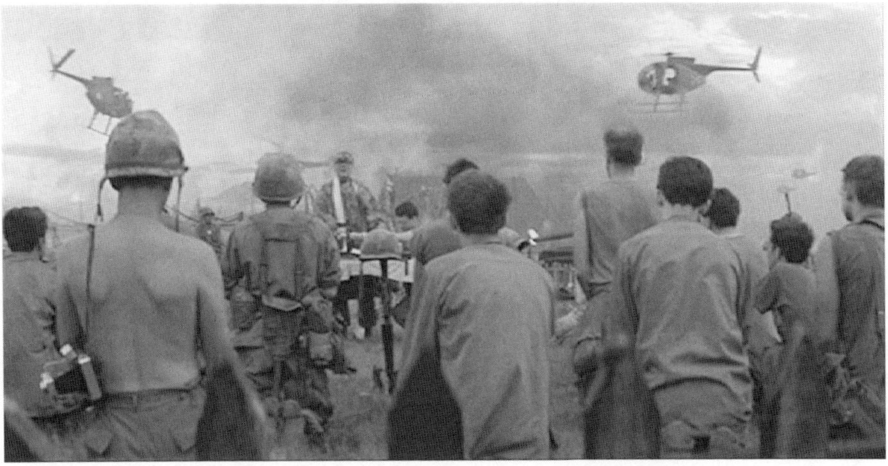

Abb. 82: Das Feiern der heiligen Messe im Kriegsgetümmel von APOCALYPSE NOW

– die Figur des Colonel Kurtz als Verkörperung des leidenden Fischerkönigs inmitten eines öden, unfruchtbaren Landes,
– die Spielkarten, die Kilgore auf den Körpern der getöteten Vietnamesen verteilt,
– die Hinweise auf Wagner beim Hubschrauber-Angriff oder auf den Tiger im Urwald,
– der kleine Hund, der bei dem Sampan-Zwischenfall eine zentrale Rolle spielt,
– oder auch der Tod des Chief, der auf dem Boot von einer Lanze durchbohrt und dann rituell im Fluss „begraben" wird.

In diesem Bedeutungskontext erscheinen Willard und Kurtz nur als zeitlich versetzte Manifestationen ein und derselben Figur: Willard als Erbe von Kurtz.

Wenn schließlich am Ende Willard gleichsam wiedergeboren wird aus dem Wasser des Lebens und, nach dem Opfertod von Kurtz, mit dem blutbeschmierten Schwert in der Hand auf den Stufen des Tempels erscheint und die Eingeborenen vor dem Nachfolger ihres Königs auf die Knie fallen, gerät sein Gesicht zur Hälfte in den Schatten.

Nach der Moral und Message des Coppola-Films besteht die Aufgabe darin, nicht dem Weg eines Kurtz zu folgen, sondern gerade der Versuchung zu widerstehen, sich selber anzumaßen, Gott zu sein. Nach Coppola ist es der sich absolut setzende Geist, der die Apokalypse heraufbeschwört. Damit wird die „Apocalypse

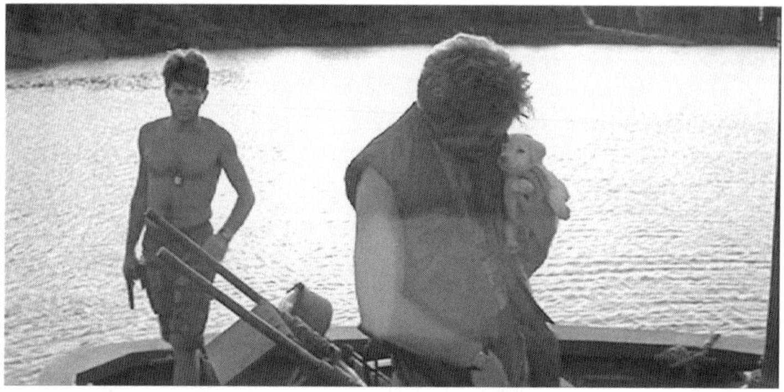

Abb. 83: Lance mit dem kleinen Hund nach dem Massaker an der Bootsbesatzung

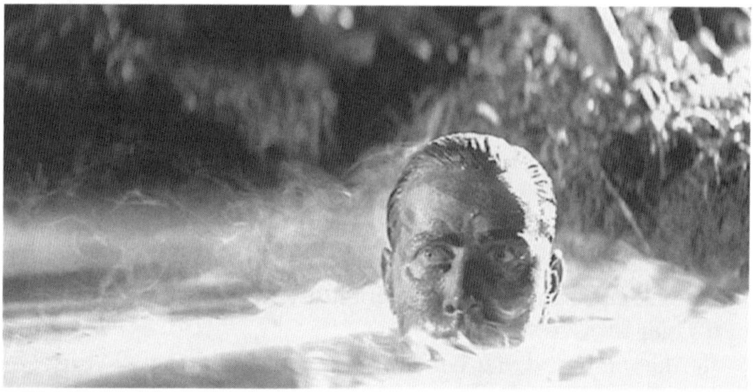

Abb. 84: Die symbolische Wiedergeburt des Menschen in APOCALYPSE NOW

Abb. 85: Willard im Zwiespalt zwischen Gut und Böse

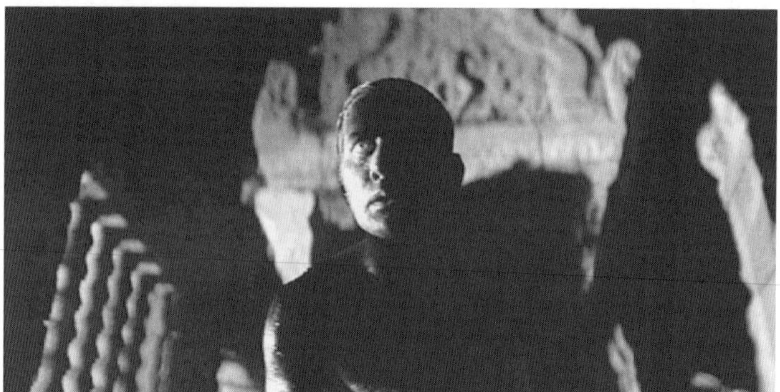

jetzt" aber zugleich zur Chance – mit dem Appell, die Gralssuche fortzusetzen, weil die Bewährung noch nicht abgeschlossen, die spirituelle Reife noch nicht erreicht ist.

Die Message

Im Licht dieser dritten Quelle erscheint Coppolas APOCALYPSE NOW also nicht mehr als ein politischer Film (gegen Vietnam oder gegen den Krieg) noch als ein psychologischer Film (über die Entdeckung des Selbst oder des Bösen im Menschen), sondern als ein Mythos mit didaktischen Vorgaben. In dieser Bedeutung hätte sich APOCALYPSE NOW ohne Nutzung seiner printliterarischen Quellen wohl nicht erschließen lassen. Immerhin gibt Coppola im Film selbst auch explizit entsprechende Hinweise – etwa wenn er in den Einstellungen Nr. 1051 ff. Kurtz Eliot zitieren lässt oder wenn die Kamera in Einstellung 1069 über einen Tisch mit einer brennenden Kerze und mehreren Bücher wandert, von denen deutlich die Titel „The Golden Bough" (von James Frazier) und „From Ritual to Romance" (von Jessie L. Weston) zu lesen sind, die genau diesen mythologischen Kontext begründen. Wohlgemerkt: Nicht die Traditionsquellen selbst stehen bei der historiographischen Filmanalyse im Zentrum, sondern ihre Verarbeitung im konkreten Film, durch die er in einem kulturellen Kontext positioniert wird.

6.3 Die biographische Filminterpretation

Eine zweite interpretationsleitende Strategie orientiert sich am Regisseur: der biographische Zugriff als Methode. Dabei geht es natürlich nicht um Helden- oder Genieverehrung. Die biographische Filminterpretation zielt auch nicht etwa auf die Intentionen des Regisseurs bei der künstlerischen Gestaltung eines Films. Man kommt der Message eines Films keineswegs etwa dadurch näher, dass man den Regisseur dieses Films beispielsweise interviewt. Es geht überhaupt nicht um den Regisseur als Person, sondern um seine Biographie funktional als Mittel, als Weg zum besseren Verständnis seiner Filme.

Da es sich hier um die Filme ein und desselben Menschen handelt, ist die Überlegung naheliegend, in der Biographie dieses Regisseurs Anhaltspunkte zum Verständnis dieser Filme zu finden. Die Nutzung der Biographie als Quelle bedeutet die Suche nach zentralen, prägenden, dominanten Lebensumständen, Erlebnissen, Problemen oder Perspektiven dieses Menschen. Solche biographischen Merkmale, gleichsam persönliche Konstanten, werden sodann als erkenntnisleitende Kategorien eingesetzt. Sie werden natürlich nicht in platter Analogie in den Filmen nachgezeichnet oder gar auf diese projiziert, sondern lediglich auf ihre Schlüsselfunktion hin überprüft. Entscheidend ist jeweils die Frage, ob und inwiefern ein biographischer Anhaltspunkt zum Verständnis der Filme dieses Regisseurs erkenntnisleitend beiträgt. Das Verständnis der Filme muss dann selbstverständlich wieder analytisch an den Filmen selber fundiert werden. Dabei wird deutlich, dass der biographische Ansatz durchaus strukturalistisch geprägt ist, das heißt auf die systematische Überprüfung biographischer Konstanten in allen Werken eines Regisseurs abzielt. Die Nutzung der Biographie eines Regisseurs hat demnach ausschließlich heuristische Funktion, das heißt, sie ermöglicht vorläufige, versuchsweise Annahmen über interpretative Zusammenhänge, die dann überprüft werden können.

Die heuristische Funktion des biographischen Zugriffs

Es gibt zahlreiche Fälle, wo ein Regisseur innerhalb seines Gesamtwerks Bezüge zwischen einzelnen seiner Filme sogar selbst herstellt. Ein bekanntes Beispiel dafür ist Alfred Hitchcock, der in allen seinen Filmen als kleine Nebenfigur auch jeweils selbst kurz auftritt. Ein anderes wäre David Lynch, der in BLUE VELVET das aufflammende Streichholz zum Symbol für die Verknüpfung von Sex und Gewalt als dem Moment höchster Lust und Vereinigung stilisiert: „Tu mir weh!“, „Schlag mich!“ fordert die nackte Dorothy von Jeffrey, der sich zunächst weigert, ihr dann aber nachgibt und zuschlägt: gezielt, hart – und zu seinem eigenen Entsetzen lustvoll.[10] Seinen Film WILD AT HEART beginnt Lynch just mit diesem Symbol, um das damit bedeutete Grundthema weiter auszuloten und in das abschließende „Love me tender“ zu überführen.

Selbstzitate des Regisseurs

Strukturelle Reziprozität im Filmvergleich

Ist bei Hitchcock die Verknüpfung personell und bei Lynch motivlich und ideologisch gehalten, so nimmt sie bei Francis Ford Coppola die Form einer strukturellen Reziprozität von DER PATE und DER PATE, Teil II an: Die beiden Filme sind formal parallel identisch aufgebaut, aber inhaltlich-ideologisch gegenläufig. Damit ist mehr gemeint als bloße inhaltliche Entsprechungen wie z.B. in DER PATE einleitend die Party anlässlich der Hochzeit Connies, der Tochter des Don, und in DER PATE, Teil II einleitend die Party anläßlich der Erstkommunion des Sohns von Michael, dann die Solozzo-Verhandlung bzw. die Roth-Verhandlung, usw. Auf der Grundlage der beiden Film-Transkripte[11] lässt sich vielmehr

[10] Siehe ausführlich Werner Faulstich: „Blue Velvet“ (David Lynch, 1986), in: Werner Faulstich und Andreas Vogel (Hrsg.), Sex und Gewalt im Spielfilm der 70er und 80er Jahre. Bardowick 1991, S. 81–93.

[11] Werner Faulstich und Joachim Auch: ‚Der Pate‘/‚The Godfther‘. Ein Filmtranskript. Rottenburg-Oberndorf 1986, sowie diess.: ‚Der Pate, Teil II‘/‚The Godfather, Part II‘. Ein Filmtranskript. Rottenburg-Oberndorf 1987.

übergreifend aufzeigen, dass dem kontinuierlichen Aufstieg des Paten in DER PATE, der Etablierung des Familien-Mythos und der totalen Verehrung, die man dem Don und seiner Familie am Schluss entgegenbringt, in Teil II der kontinuierliche Niedergang der Mafia, die zunehmende Missachtung des Don und ein tragischer Pyrrhus-Sieg, fundiert auf Angst und Hass und Tod, programmatisch entgegengehalten werden. Keine Fortsetzung also wurde hier mit „Teil II" vorgelegt, sondern eine Widerlegung dergestalt, dass der etablierte Vater-Mythos durch seine eigene Folgerichtigkeit und Logik destruiert wird.[12]

Biographisch das Motiv des Erwachsenwerdens

Der biographische Ansatz wurde bislang nur erst ansatzweise genutzt, erfolgreich etwa bei Alfred Hitchcock. Hier soll er am Beispiel von Steven Spielberg demonstriert werden.[13] Die Beschäftigung mit der Person Spielberg und seiner Biographie, provoziert von einer guten Kenntnis seiner Filme, bietet eine ganze Reihe von zentralen Merkmalen an. Konkret inhaltlich fällt in seinen Filmen besonders das Motiv des Kindlichen im Kontrast zur Erwachsenenwelt auf, des Märchenhaften im Gegensatz zur Alltagsrealität – und damit das Motiv des Erwachsenwerdens.

Die biographischen Indizien hierzu, die sich hier lediglich andeuten lassen, sind herausragend: Spielberg ist Jude und war als Kind stark von Walt-Disney-Filmen geprägt. Immer wieder gab er in Interviews zu erkennen, dass er sich noch heute als Peter Pan fühlt oder als Pinocchio. In der Geschwisterkonstellation war Steven der einzige Junge mit drei jüngeren Schwestern. Bei seinen Erinnerungen an seine Kindheit spielen stets Ängste eine besondere Rolle: die Angst vor einer Clownpuppe oder vor einem Baum draußen vor dem Fenster, die Angst vor jemandem, der sich unterm Bett versteckt hat, oder vor einem Riss im Verputz des Hauses, usw. Steven wuchs in einem Mittelklasse-Einfamilienhaus in einem Vorort von Phoenix/Arizona auf. Sein Vater war viel auf Reisen und taugte offenbar nur wenig zum Vorbild. Als Junge von dreizehn Jahren drehte Steven selbständig bereits seinen ersten Film. Seine Jugend ging mit der Scheidung seiner Eltern zu Ende. Seine Mutter zog mit den Kindern nach Kalifornien. Mit einundzwanzig Jahren hatte Steven Spielberg seinen ersten Vertrag in der Tasche. Bereits sein zweiter Film war ein internationaler Bestseller. Heute ist er längst Multimillionär und

[12] Ausführlich siehe Werner Faulstich und Ricarda Strobel: Ästhetische Qualitätsveränderungen im Medienwechsel: „Der Pate" in Buch, Zeitung und Film. In: Diess., Innovation und Schema. Wiesbaden 1987, S. 143–180.

[13] Siehe Helmut Korte und Werner Faulstich (Hrsg.): Action und Erzählkunst. Die Filme von Steven Spielberg. Frankfurt/Main 1987.

Oskarpreisträger. Von sich selber sagte er einmal: „Ich hab' den Geist meiner Kindheit nie aufgegeben. Ich hänge noch heute daran. Ich glaube wirklich, ich habe aufgehört, mich zu entwickeln, gefühlsmäßig, als ich 19 war."

Beschränken wir uns im Folgenden auf nur eine biographische Konstante: das Motiv des Erwachsenwerdens. Dabei handelt es sich in der Tat um einen Schlüssel zum Verständnis vieler seiner Filme. Nicht gemeint damit ist ein inhaltliches Sujet oder gar nur der Tatbestand, dass in Spielberg-Filmen häufig Kinder zentrale Rollen besetzen. Sondern das Erwachsenwerden ist in den Strukturen der Filme selber funktional thematisiert. Mit dem Erwachsenwerden ist also ein zentrales Form- und Gestaltungsmerkmal benannt, das seinerseits von Film zu Film bestimmte Interpretationen erlaubt.

Das sei am Beispiel der drei Filme DUELL, DER WEISSE HAI und DIE FARBE LILA veranschaulicht. Keiner der drei Filme ist, was er auf den ersten Blick zu sein scheint; keiner macht „Sinn" auf seiner manifesten Ebene. DUELL ist kein Film über Straßenrowdies in Amerika, DER WEISSE HAI kein Film über gefährliche Fische und DIE FARBE LILA kein Film über Farbige. Statt dessen thematisieren diese Filme jeweils ein spezifisches Moment des Erwachsenwerdens.

als Konfrontationsangst

In DUELL wird der Normalbürger David Mann – die Namenssymbolik ist offensichtlich –, der sich mit seinem Auto auf der Straße unterwegs befindet, von einem riesigen Truck bedroht und herausgefordert. Über die Motive des Fahrers, der niemals ins Bild kommt und der ebenso anonym und gesichtslos bleibt wie der Truck selbst, wird keinerlei Aufschluss gegeben. Der Protagonist verhält sich gegenüber der Herausforderung auf ganz verschiedene Weise: Zunächst rationalisiert er sie weg, dann bagatellisiert er sie, ist nach Kräften bemüht, sie zu verharmlosen. Später will er ihr mit einem Trick entgehen, will den Gegner ausmanövrieren. Dann wieder relativiert er die Herausforderung, versucht sie auszugrenzen und als einmalig hinzustellen. Als dies nicht gelingt, strebt er einen Kompromiss an, der aber ebenso scheitert wie der Versuch, sich durch blindwütiges Dreinschlagen der Herausforderung zu entledigen. Sein folgender Versuch, sich zu arrangieren, geht schief. Vergeblich ist später auch der mehrfache Versuch, Hilfe herbeizurufen. Als schließlich selbst die Möglichkeit entfällt, die Herausforderung (im wörtlichen Sinn) zu verschlafen, bleibt nur die verzweifelte Flucht. Erst ganz am Schluss, mit dem Rücken zum Abgrund und bedroht von dem heranrasenden Truck, wendet sich David dem Angreifer zu,

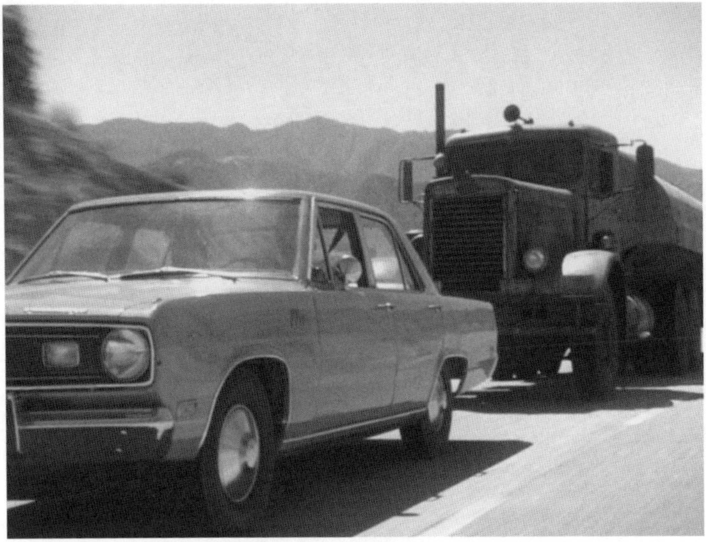

Abb. 86: David Mann wird in DUELL von einem übermächtigen Truck bedroht

nimmt die Herausforderung zum Duell an, wehrt sich – und besiegt den Goliath.

Duell baut demnach zunächst einen zentralen Punkt auf, gleichsam eine Chiffre, eine Leerstelle, die als Projektionswand für die Zuschauer dienen kann (hier: der Truck). Sodann entwickelt der Film einen Handlungsaufbau, der sich als Erlebnismuster zu erkennen gibt: Fast systematisch werden alle nur möglichen und denkbaren Abwehrmechanismen und Konfliktvermeidungsstrategien durchgespielt, bis endlich am Schluss die Katharsis eintritt: in Form der Konfrontation. Diese analytisch fundierte Interpretation erlaubt die Einsicht in das tatsächliche Thema von Duell: Konfrontationsängste. Der Film zwingt uns als Zuschauer, uns einer Herausforderung gegenüber zu verhalten, und „führt" uns dabei durch die verschiedenen Abwehrmechanismen bis hin zur Konfrontation. David wird zum Mann. Erwachsenwerden heißt hier: sich der Herausforderung, welcher auch immer, zu stellen. Von seiner Struktur her ist Duell geradezu ein Lehrfilm für alle Zuschauer, die konfrontationsscheu sind.

als Sexualangst (Kastrations-, Penetrationsangst)

Vergleichbares gilt für den Film Der Weisse Hai. Die Chiffre oder Leerstelle ist natürlich der weiße Hai selber, der nicht zufällig bis in die Mitte des Films gar nicht oder nur andeutungsweise sichtbar wird. Auch hier lässt sich ein markantes Erlebensmuster

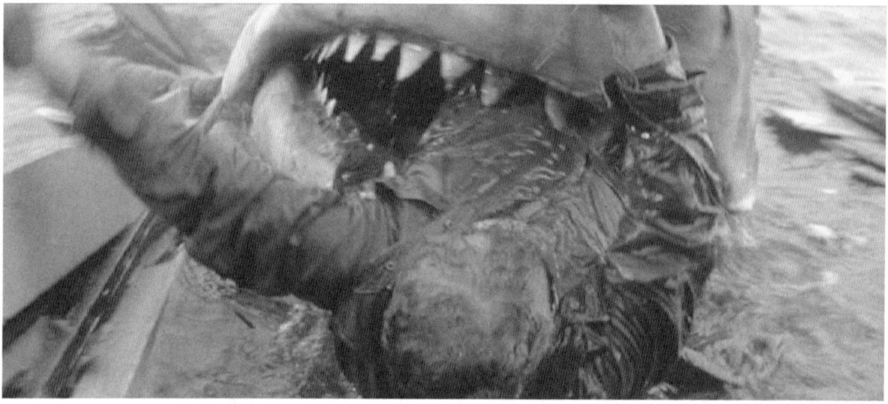

Abb. 87: Quint mit dem Unterleib im Maul des Ungeheuers (Der Weisse Hai)

nachzeichnen. Das Unsichtbare, das bedroht, wird zunächst als nicht existent behauptet. Dann wird versucht, es hinwegzureden. Dann wieder wird es bagatellisiert. Als es immer wieder schmerzhaft und todbringend zuschlägt, als es dadurch „hautnah" wird, dass es auch die eigene Familie und damit einen selber bedroht, wird es angegangen. In der Gemeinsamkeit mit den Nachbarn und Freunden wird der Hai gejagt, und in der Tat wird auch einer gefangen. Flugs wird der für den großen weißen Killer gehalten und für besiegt erklärt. Aber das wirklich bedrohliche Unsichtbare schlägt erneut zu – die ersatzhafte Tötung hatte nur den Sündenbock getroffen. Als es nicht mehr möglich ist, die Existenz des bedrohlichen Unsichtbaren zu leugnen, und man auch nicht gewillt ist, für alle Zeiten die Strände zu schließen und auf das Schwimmen zu verzichten, wird der Kampf aufgenommen. Wieder geht es um Abwehrmechanismen und um Ängste, aber nicht mehr um Konfrontationsängste wie in Duell, sondern um Sexualängste, insbesondere Penetrations- und Kastrationsängste (vgl. auch Bild 36 und 62).

Die Katharsis besteht hier in der Vernichtung des Bedrohlichen durch Martin Brody, den wasserscheuen Coastguard, Marke Otto Normalverbraucher. Nicht umsonst akzentuiert der Film den Protagonisten als glücklich verheirateten Familienvater, mit einer charmanten Frau und zwei lieben Kindern.

als Trennungsangst

Auch das dritte Filmbeispiel lässt sich mit demselben biographischen Schlüssel öffnen: Die Farbe Lila. Die kaum individuierte Protagonistin Celie fungiert hier als rezeptionssteuernde Chiff-

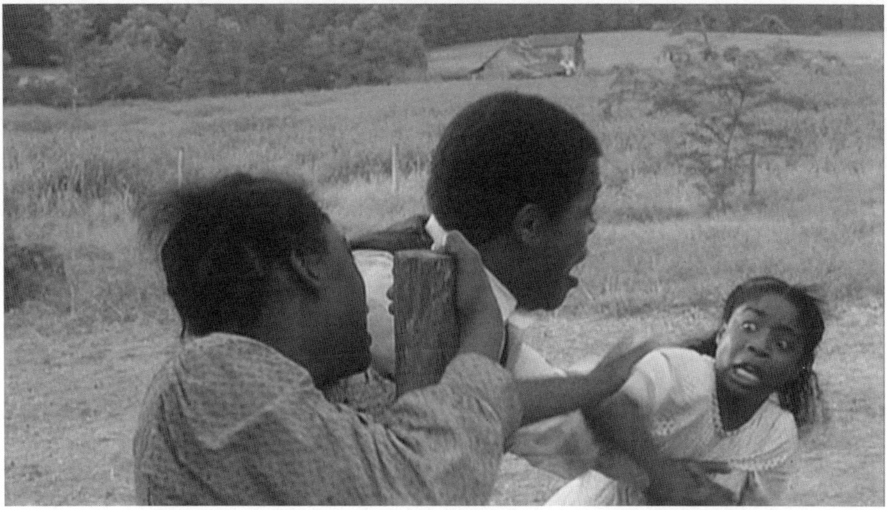

Abb. 88: Der Mister trennt Celie mit Gewalt von ihrer geliebten Schwester (DIE FARBE LILA)

re analog dem Truck bzw. dem weißen Hai. Der Film gestaltet mit ihr alle nur denkbaren Arten und Formen von Trennungen und Beziehungen. Von seiner emotionalen Grundstruktur her zwingt er die Zuschauer zum Durchleben und emotionalen „Überleben" und schließlich zum Neubewerten von Trennungen. Sie erscheinen anfangs als schmerzhaft und bedrohlich und widernatürlich, mit Trauer und Verzweiflung verknüpft, zum Schluss aber positiv als Voraussetzung für Beziehung; nicht als Verlust, sondern als Gewinn, als Ablösung und Befreiung, als Aufbruch und neuer Anfang. DIE FARBE LILA beginnt mit Trennung (negativ) als Verhängnis und endet mit Trennung (positiv) als Lebensregel. Diesen Film zu sehen bedeutet, sich in der Identifikation mit Celie Trennungsängsten zu stellen, Trennungen zu durchleben und zu verarbeiten. Erneut ist es Angstbewältigung, hier in Form der Trauerarbeit, mit der das Erwachsenwerden angesprochen wird.

Fassen wir zusammen, so wäre festzuhalten, dass Spielberg in allen drei Filmen Momente des Erwachsenwerdens gestaltet, Aspekte der Persönlichkeitsreifung thematisiert und sich dabei einer zwar immer differenzierteren, prinzipiell aber gleichbleibenden Struktur bedient (Aufbauen einer Chiffre, Durchleben bestimmter Verhaltensweisen, Katharsis). Auch zahlreiche weitere seiner Filme thematisieren solche unterschwelligen Momente des Erwachsenwerdens – UNHEIMLICHE BEGEGNUNG DER DRITTEN ART die infantile

Heils- und Erlösungssehnsucht, die INDIANA-JONES-Trilogie die Angst vor dem Fremden sowie die jugendliche, auf Mutproben ausgerichtete Abenteuerlust, E. T. DER AUSSERIRDISCHE die kindliche Sehnsucht nach Regression und Geborgenheit, JURASSIC PARK die Angst vor der Natur, HOOK die märchenhafte Rückkehr des Erwachsenen in die märchenhafte Phantasiewelt „Nimmerland" – bis hin zum Problem der Selbstfindung in DER SOLDAT JAMES RYAN und dem Problem des Kind-Menschen in A. I. KÜNSTLICHE INTELLIGENZ.

Der biographische Wandel

Der biographische Ansatz als Methode der Filminterpretation muss sich naturgemäß auch auf Veränderungen und Wandel im Gesamtwerk eines Regisseurs einlassen, die nicht weniger Anregungen vermitteln zum besseren Verständnis des einzelnen Films. Das sei hier am Beispiel des Spielberg-Fernsehfilms SOMETHING EVIL (1972) und des Kinofilms POLTERGEIST (1982) verdeutlicht. In POLTERGEIST führte offiziell zwar Tobe Hooper Regie, aber der Film wurde von Spielberg als Autor, Produzent und mindestens teilweise auch als Regisseur dominant geprägt.[14]

Die beiden Filme weisen erstaunlich viele Gemeinsamkeiten auf. Inhaltlich entsprechen sich beispielsweise die Figuren, die Orte der Handlung, die Themen usw. auf der manifesten Ebene. Jeweils geht es um parapsychologische Erscheinungen, und in beiden Fällen ist die Mutter die Hauptbetroffene. Auch die formalen Entsprechungen sind bemerkenswert: Beide Filme weisen exakt dieselbe Schnittgeschwindigkeit auf (einen Durchschnitt von 6,1 Sekunden pro Einstellung), der Komplexitätsgrad der Bildgestaltung ist identisch, und die Parallelität der Handlungsstruktur ist gemäß den Sequenzprotokollen unübersehbar.

... vom magisch-religiösen Welterleben ...

Trotz dieser auffallenden Gemeinsamkeiten zeigen die Filme eine grundlegend verschiedene Perspektive auf die Welt. In SOMETHING EVIL spielen die Pentagramme als magische Gegenstände eine zentrale Rolle. Die Erklärung der Ereignisse ist eine religiöse: Das Böse kommt vom Teufel, der als unabhängig vom Menschen existierende, äußere Macht verstanden wird. In POLTERGEIST dagegen spielen die Versatzstücke des „American way of life" mit dem Fernsehgerät als zentralem Symbol die entscheidende Rolle. Die Erklärung der Ereignisse ist eine sozialkritische: Das Böse kommt aus der amerikanischen Gesellschaft und materialisiert sich in den Ängsten der Familienmitglieder.

In SOMETHING EVIL besteht die Rettung in der Wiederherstellung der Ausgangslage bzw. der Negativwertung jeder Veränderung,

---

14 Siehe Ricarda Strobel: „Something Evil" (1972) und „Poltergeist" (1982). Eine vergleichende Interpretation. In: Helmut Korte und Werner Faulstich (Hrsg.): Action und Erzählkunst. Frankfurt/Main 1987, S. 52–72.

die angstbesetzt erscheint. Die Mutter Marjorie besinnt sich innerhalb des magischen Pentagramms auf ihre Mutterliebe und kann so ihren Sohn dem Teufel entreißen. Damit ist aber nur der Ausgangspunkt wieder erreicht. SOMETHING EVIL ist mit seiner zirkulären Handlungsstruktur ein konservativer Film. Gerade die Abgeschiedenheit von der Gesellschaft und das weltliche, rationale Denken verursachen Angst und schaffen dem Bösen einen Zugriff auf den Menschen. Die Stadt wird hier als Ort der Geborgenheit verstanden.

... zum aufgeklärten Weltbild

Demgegenüber besteht in POLTERGEIST die Rettung zunächst in einer symbolischen Wiedergeburt, einem echten Neubeginn. Die Mutter Diane entreißt ihre Tochter Carol-Anne kraft ihrer Mutterliebe dem Bösen, aber das wird als ungenügend hingestellt. Im letzten Teil unterstreicht der Film die Notwendigkeit der Persönlichkeitsreifung. Erst mit der Weiterentwicklung Dianes zur erwachsenen Frau, erst nach der Konfrontation mit ihren eigenen Ängsten wird der Schluss der Handlung erreicht. POLTERGEIST zeigt das Böse als etwas den Menschen und der Gesellschaft Immanentes. Es entspringt den verdrängten Ängsten der Figuren und der infantilen Konsumgesellschaft, in der sie leben. Die Rettung schließt sich nicht am Ausgangspunkt zum Kreis, sondern die Symbole des alten Lebens werden alle zerstört. Insofern ist dieser Film ein progressiver Film. Die Wohnsiedlung wird kritisch dargestellt, sie engt ein und hindert an der Persönlichkeitsentwicklung. Daraus folgt die Trennung von der Konsumgesellschaft und ihren Symbolen, speziell dem Fernsehgerät.

Das heißt mit Blick auf den biographischen Ansatz: In der Entwicklung von SOMETHING EVIL (1972) zu POLTERGEIST (1982) vollzog Steven Spielberg den Übergang von einem magisch-religiösen Welterleben zu einem aufklärerischen, sozialpsychologisch ausgerichteten Weltbild. Erwachsenwerden wird nicht mehr als Befreiung von mythischen Kräften des Teufels definiert, sondern als Befreiung von gesellschaftlichen und internalisierten Mächten als dem wahren Übel. Man könnte noch einen Schritt weiter gehen und im Blick auf SCHINDLERS LISTE (1993) festhalten: Auch hier wird Verdrängtes kathartisch ans Licht gehoben – nämlich appellativ die Angst vor Geschichte und Schuld.[15] Erwachsenwerden erweist sich hier als Selbstkonfrontation und Verarbeitung der eigenen Vergangenheit.

---

[15] Vgl. Helmut Korte: Hollywoodästhetik und die deutsche Geschichte: „Schindlers Liste“ (Spielberg 1993). In: Ders., Einführung in die systematische Filmanalyse. Berlin 2000, 2. Aufl. 2001, S. 147–194.

Man darf aus der Einheit einer Person nicht auf die Einheitlichkeit einer „Handschrift“ schließen. Auch Regisseure entwickeln sich, können ganz grundlegend andere Themen und Gestaltungsweisen und Messages gestalten. Und Person und Werk dürfen nicht miteinander identifiziert werden – ein „guter“ Regisseur kann durchaus auch „schlechte“ Filme machen. Der Regisseur darf nicht als Maßstab für die Interpretation und auch nicht als Maßstab für die Bewertung seiner Filme missbraucht werden. Aber die biographische Filminterpretation legt übergreifend Verständnisparameter nahe. Und außerdem bietet der biographische Ansatz eine Begrenzung des Samples von Filmen, die in die Analyse einbezogen werden. Bei der soziologischen Analyse ist ein solcher Vorteil nur im Ausnahmefall gegeben.

6.4 Die soziologische Filminterpretation

Einen solchen Ausnahmefall bietet das Werk von John Carpenter, dessen Filme geradezu systematisch amerikanische Traumata und kollektive Ängste der aktuellen Geschichte gestalten – jeweils in direktem Rekurs auf Gesellschaft. Um dafür nur einige Beispiele zu nennen[16]:

– DARK STAR (1974) thematisiert die Angst vor einer totalen Technisierung und vor galaktischen Eroberungsvisionen, wie sie die Mondlandung der Amerikaner 1969 in Gang setzte. Der Film wurde bereits 1970 geplant und ab 1971 gedreht.

– ASSAULT – ANSCHLAG BEI NACHT (1976) handelt von der Angst vor einer absolut sinnlosen, anonymen Gewalt, von der sich seit 1973, dem Ende des Vietnam-Engagements der Amerikaner und einer Welle von Gewalttaten, Morden, Raubüberfällen und Vergewaltigungen in den USA speziell durch junge Leute, breite Gesellschaftsschichten in den USA bedroht fühlten.

– ELVIS (1979), eine Fernsehproduktion, thematisiert kritisch den sagenumwobenen Aufstieg des Rock-und-Popstars anläßlich des Todes von Elvis Presley am 16. August 1977.

– THE FOG – NEBEL DES GRAUENS (1979) thematisiert die Vernichtung der amerikanischen Ureinwohner bei der Besiedelung des amerikanischen Kontinents anläßlich der 200-Jahr-Feierlichkeiten der USA.

[16] Ausführlich siehe Werner Faulstich und Ricarda Strobel: Struktur, Spannung, Bedeutung. Zum Erfolgsgeheimnis der Filme von John Carpenter. In: Sibylle Bolik et al. (Hrsg.), Medienfiktionen. Illusion – Inszenierung – Simulation. Festschrift für Helmut Schanze zum 60. Geburtstag. Frankfurt/Main u. a., 1999, S. 267–274.

– DAS DING (1982) ist nur scheinbar ein Remake des gleichnamigen Science-Fiction-Films aus dem Jahr 1951. Tatsächlich handelt es sich um die Thematisierung der Gefahren von Aids, die dann 1983 von der Tagespresse verbreitet wurden.
– CHRISTINE (1983) rekurriert auf den Mythos Auto als Fortschrittsfetisch, der Anfang der achtziger Jahre in Folge von Umweltschäden und insbesondere des sich vergrößernden Ozonlochs zu einer Kritik an den großen amerikanischen Autoproduzenten und generell der Industriegesellschaft führte.
– DIE FÜRSTEN DER DUNKELHEIT (1987) thematisieren das sogenannte New Age als neuen Sektenglauben, kurz nachdem Standardwerke dieser Pseudoreligion ungeahnte Bestsellererfolge verzeichneten.

Damit kommt den Carpenter-Filmen historiographische Bedeutung zu: Es sind Ideenfilme, deren Bedeutung sich nur im Blick auf analoge gesellschaftliche Zeitphänomene erschließt.

Explizite Thematisierung gesellschaftlich akuter Phänomene: Ideenfilme

Der direkte Bezug von Film und Gesellschaft ist für die Filmanalyse aus soziologischer Perspektive mitunter auch für ganze Subgenres nachweisbar, das heißt, dass größere Gruppen von Filmen gebildet werden durch ein gleichbleibendes Sujet, eine vergleichbare Dramaturgie, vergleichbare Bauformen des Erzählens oder eine vergleichbare Figurenkonstellation. Beispiele wie der Film noir, der Gangsterfilm und der Katastrophenfilm wurden bereits benannt. Ein weiteres Beispiel dafür wäre der neuere Teufelsfilm Ende der sechziger und Anfang der siebziger Jahre.[17] Filme wie HEXENJÄGER (1968), DER EXORZIST (1973) und DAS OMEN (1975), die allesamt auf Roman Polanskis ROSEMARY'S BABY (1967) basieren, stehen für ganze Bündel von filmischen Fortsetzungen, Spinoffs und Variationen zu den immergleichen Themen Hexe, Besessenheit und Antichrist. In ihrer Erlebnisstruktur rekurrieren sie ausnahmslos auf dominante Kulturphänomene der damaligen Zeit:

– Angst vor Sexualität bzw. der sexuell autonomen Frau infolge der Antibabypille; Papst Paul VI. reagierte darauf just im Jahr 1968 mit der Enzyklika „Humanae Vitae". Die Diffamierung der Frau als *Hexe* war ein naheliegender Abwehr- und Entlastungsmechanismus.
– Rückfall in infantiles bzw. regressives Verhalten in der Zeit der großen Autoritätskrise bei der Nach-68er-Generation in der „va-

[17] Ausführlich siehe Werner Faulstich: Antichrist, Besessenheit und Satansspuk. Zur Typologie und Funktion des neueren Teufelsfilms. In: Zeitschrift für Literaturwissenschaft und Linguistik, Jg. 17 (1987), H. 66, S. 102–117.

terlosen Gesellschaft". Die *Besessenheit* der Tochter in der zentralen Mutter-Tochter-Beziehung und ihre Erlösung durch einen Exorzisten suggerierten die Illusion, in unschuldiger Jugend sich auf Dauer der Übernahme von Verantwortung entziehen zu können. – Entsetzen über Korruption, Amtsmissbrauch, Terror und Krieg angesichts des Watergate-Skandals (1972), des Überfalls von Arabern auf Israelis bei den Olympischen Spielen in München (1972), der verbrecherischen Entmachtung Allendes in Chile (1973), des neuen Militärputsches in Griechenland (1973), der Übernahme der Regierungsgewalt in Nordirland durch die britische Regierung (1973), des Bürgerkriegs in Vietnam (1974) usw., generell des zynischen Wettrüstens der Supermächte angesichts zunehmender weltweiter Hungerprobleme. Das schwindende Vertrauen in die als korrupt, machthungrig und unfähig erkannten politischen Führer führte zu Ohnmachtsgefühlen und zu Ängsten vor der moralischen Verderbtheit des *Antichrist*.

Latente Thematisierung gesellschaftlich akuter Phänomene: Genrefilme

Die Beispiele machen deutlich, was die soziologische Filminterpretation ausmacht: Nicht die „Biographie" des Regisseurs und nicht die „Tradition" bilden hier die Schlüsselkategorie, sondern „Gesellschaft". Mit Hilfe der soziologischen „Brille" wird der Film in einen allgemeinen oder umfassenden gesellschaftlichen Kontext versetzt. Es geht um den Bezug des Films zur Gesellschaft seiner Zeit. Ausgehend von der Gesellschaftsbedingtheit des Films wird nach seiner sozialen Bedeutung und Funktion gefragt. Es geht um seine Parteilichkeit für oder gegen bestimmte Randgruppen, Schichten, Institutionen oder Personen, auch in Problemfragen und Interessengegensätzen. Die soziologische Filminterpretation untersucht und bewertet den Film im Hinblick auf seine Wiedergabe von zeitgenössischer Wirklichkeit.

Grundproblem dabei ist die Auswahl der Filme, die in das zu analysierende Sample einbezogen werden. Man darf die Filme ja nicht von vornherein so bündeln, dass Untersuchungsresultate quasi vorprogrammiert sind – so, als könnte man das Kaninchen, das man zuvor im Zylinder versteckt hat, zur Überraschung aller wieder hervorzaubern. Zwei Lösungsstrategien dazu wurden bereits vorgestellt: der Rekurs auf das Gesamtwerk des Regisseurs (John Carpenter, freilich als ein Ausnahmefall) und der Rekurs auf zeitspezifische Subgenres (z. B. Teufelsfilm). Einfacher und nicht minder ergiebig ist die Analyse von Filmen, die zur gleichen Zeit herauskamen und gleich erfolgreich waren, das heißt, denen zeitspezifisch eine sozialpsychologische Relevanz zugesprochen werden muss. Ein solcher Versuch wurde etwa für das Jahr 1970 unternommen, in dem national bzw. international in Deutsch-

Sozialpsychologisch funktionale Thematisierung gesellschaftlicher Strukturprobleme: Bestsellerfilme

land, England und den USA so unterschiedliche Romane und Filme erfolgreich waren wie LOVE STORY, UND JIMMY GING ZUM REGENBOGEN, DER PATE, SCHULMÄDCHEN-REPORT und IM GEHEIMDIENST IHRER MAJESTÄT.[18]

LOVE STORY handelt auf der manifesten Ebene von der Liebe zwischen Oliver und Jenny. Sie lernen sich kennen, verlieben sich, heiraten gegen den Willen von Olivers Vater, bis Jenny an Leukämie erkrankt und stirbt. Mit dieser Liebesgeschichte wird freilich nur ein begrenzter Teil der gesamten Filmhandlung erfasst. Eine genauere Betrachtung etwa des Handlungsaufbaus macht deutlich, dass alle Handlungsumschwünge gar nicht mit der Liebesgeschichte zusammenhängen, sondern sich auf das Verhältnis Olivers zu seinem Vater beziehen. Eine wichtige Rolle in dem Film spielen demnach auch die beiden Väter: der Milliardär Barrett II (Olivers Vater) und der kleine Pizzabäcker Phil (Jennys Vater). Interessanterweise gibt es in der Liebesbeziehung überhaupt keine eigenständige Handlungsentwicklung. Etwaige Beziehungskrisen, Streits und Hindernisse auf dem Weg zur Ehe und auch noch während der Ehe sind immer von Olivers Vater abhängig oder werden direkt bzw. indirekt von ihm ausgelöst. Auch in den besonders langen Sequenzen des Films geht es meist um das Verhältnis zwischen Oliver und seinem Vater. Eine komplette Handlungs- und Figurenanalyse kann zeigen, dass Olivers Vater von Anfang an das zentrale Thema von LOVE STORY ausmacht und dass diese Thematik kontinuierlich den gesamten Film hindurch verfolgt wird. Das heißt, hinter der manifesten Handlungsebene der Liebesgeschichte gibt es noch eine zweite: das Vater-Sohn-Verhältnis. Noch schärfer: Die Liebesgeschichte ist der Vater-Sohn-Konfrontation funktional untergeordnet. Erst auf der zweiten, latenten Ebene gibt es eine deutliche Entwicklung der Handlung, nämlich die Geschichte des Ablösungskonflikts Olivers von seinem Vater. Mit Jennys Vater Phil, der wie ein Freund zu ihm ist, gibt es solche Probleme nicht. Wohl aber mit dem eigenen Vater als Autoritätskonflikt. Oliver bricht mit dem Vater, verzichtet auf die von ihm angebotenen Vorteile und bringt es selber zu einer Position in der Welt. Erst dann, nach dem Tod Jennys, die zum passenden Zeitpunkt und nicht zuletzt auch ästhetisch ak-

[18] Detailliert Werner Faulstich und Ricarda Strobel: Bestseller als Marktphänomen. Ein quantitativer Befund zur internationalen Literatur 1970 in allen Medien. Wiesbaden 1986. Die folgenden Ausführungen ausführlicher bei Werner Faulstich und Ricarda Strobel: Innovation und Schema. Medienästhetische Untersuchungen. Wiesbaden 1987.

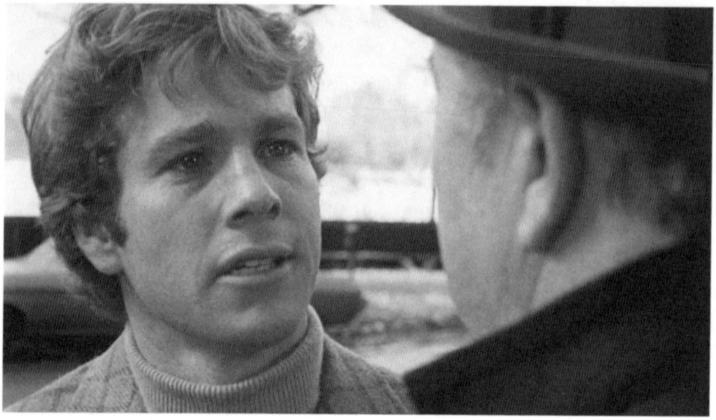

Abb. 89: Oliver versöhnt sich nach Jennys Tod mit seinem Vater (LOVE STORY)

zeptabel und emotional herzzerreißend stirbt, kann er sich abschließend mit seinem Vater wieder versöhnen.

Die amerikanischen Filmproduzenten haben diese latente Message nicht beachtet, als sie nach LOVE STORY nicht nur den Nachzieher OLIVER'S STORY herausbrachten, sondern auch eine Fernsehserie LOVE STORY, bei der im wöchentlichen Abstand in jeder neuen Folge die Heldin auf andere „tragische" Weise ums Leben kam. Nach der dritten Folge mußte die Serie wegen Erfolglosigkeit bzw. zu geringer Einschaltquoten eingestellt werden.

UND JIMMY GING ZUM REGENBOGEN, Verfilmung des gleichnamigen Bestsellerromans von Johannes Mario Simmel, erzählt auf der manifesten Ebene eine verwirrend komplexe Agentengeschichte und hat auf den ersten Blick mit LOVE STORY (außer dem zeitgleichen Erfolg) weder inhaltlich noch ästhetisch, weder ideologisch noch formal oder sonstwie irgend etwas zu tun. Auf die Verwicklung um die drei Handlungsstränge (Agenten, Nazi-Vergangenheit, Liebesgeschichte) und auf die beiden Zeitebenen mit ihren vielfältigen Verschachtelungen kann hier nicht näher eingegangen werden. Doch bei der Analyse des Handlungsaufbaus wird erneut deutlich, dass alle wichtigen, den Handlungsverlauf ändernden Einschnitte weder die Agenten- noch die Liebesgeschichte betreffen, sondern ausschließlich das Verhältnis des Helden Manuel zu seinem Vater.

Auch hier thematisieren die extrem langen Einstellungen speziell die Vater-Sohn-Problematik. Selbst die meisten Figuren, die

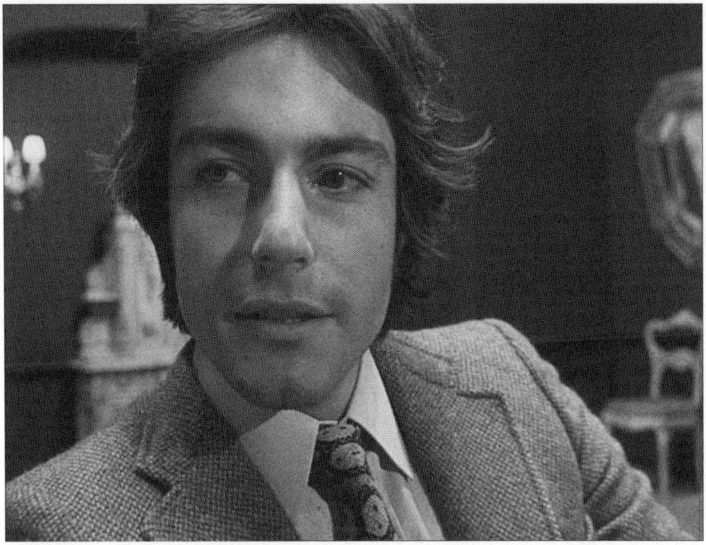

Abb. 90: Der Held Manuel auf Vatersuche (Und Jimmy ging zum Regenbogen)

in dem Film auftreten, werden ausschließlich bei der Suche Manuels nach seinem Vater in ihren Beziehungen zueinander aufgedeckt. Alle Handlungsfragmente, Handlungsstränge und Zeitebenen, das gesamte Filmgeschehen und alle auftretenden Figuren sind ausnahmslos auf das sich allmählich verändernde Verhältnis Manuels zu seinem Vater hin angeordnet und werden nur in dieser Zuordnung bedeutungsträchtig. In Und Jimmy ging zum Regenbogen geht es zentral darum, daß Manuel erkennt, wer sein Vater in Wirklichkeit war: ein Agent im Geheimdienstmilieu, der Erfinder eines gefährlichen Kampfgases, das er hinter dem Rücken seines Auftraggebers den Agenten verschiedener Nationen zu verkaufen suchte, tatsächlich der untergetauchte Nazi Karl Friedjung. Mit seinem Tod büßt Manuel schließlich für die Sünden des Vaters bzw. der Elterngeneration.

Es lässt sich also zeigen, dass die beiden Filme trotz aller Unterschiede ein und dieselbe latente Thematik haben: den Vater-Sohn-Konflikt. Andere Bestsellerfilme der damaligen Zeit mit derselben latenten Thematik wären unter anderen Der Pate mit der Darstellung des ruhmreichen Aufstiegs zum fast allmächtigen Mafia-Don in New York; Schulmädchen-Report über die angebliche Rebellion von Schülerinnen gegen ihre prüden

Eltern und Lehrern, die von Psychologen und Sexualpädagogen in die rechten Bahnen gelenkt werden; IM GEHEIMDIENST IHRER MAJESTÄT, der James Bond in den Hafen der Ehe einweist; HURRA, DIE SCHULE BRENNT, wo der Institution Schule von Heintje, Peter Alexander und ihren lustigen Freunden eine Absage erteilt wird, nur um sie latent um so nachdrücklicher zu etablieren; nicht zuletzt AIPORT, wo alle Irrungen und Wirrungen durch einen väterlichen Helden gut zu Ende gebracht werden und schließlich die alte Ordnung wieder gilt. Hintergrund waren gesellschaftliche Umwälzungen wie der Vietnamkrieg, die Meinungsmacht des Springerkonzerns, die deutschen Notstandsgesetze, Enthüllungen über die Nazi-Vergangenheit zahlreicher deutscher Politiker und Juristen, der Schahbesuch, die Ermordung des Studenten Benno Ohnesorg, das Attentat auf Rudi Dutschke, die Protestbewegung an den Hochschulen. Die Erfolgsfilme des Jahres 1970 zeigen eine kulturelle „Bewältigung" der 68er Protestbewegung dergestalt, dass die gestürzten Väter wieder auf das Podest zurückgestellt werden – „Kulturarbeit" ganz im Sinne Freuds. Die soziologische Filmanalyse kann hier zu einem Teil von Kulturgeschichte werden.

6.5 Die genrespezifische Filminterpretation

Der Zugriff, der uns mit der groben Darstellung von Genres als *wahrnehmungs*leitenden Kategorien am Anfang beschäftigt hat, soll auch als *analyse*leitende Interpretationsmethode vorgestellt werden. Genres sind Konventionen, regulative Prinzipien, die eine historische Abfolge darstellen. Sie lassen sich auch als Interpretanten nutzen, die den Film möglicherweise in einen genrespezifischen Verweisungszusammenhang einordnen. Im Grunde verbindet die genrespezifische Filminterpretation die filmgeschichtliche und die soziologische Interpretation und positioniert den Einzelfilm umfänglicher als jede andere in seine Kontexte: Film innerhalb von Filmgeschichte in Gesellschaft und ihrer Geschichte.

Die Geschichtlichkeit der Message

Die Ergiebigkeit dieser Methode liegt in der Konfrontation von Systematischem und Historischem: Der genrespezifische Ansatz fragt stets nach drei Aspekten:

Erstens: Was bleibt bei dem zu interpretierenden Film unverändert im Verhältnis zu anderen Filmen desselben Genres, welches sind die Konstanten, aus denen sich die Genrezugehörigkeit herleitet?

Zweitens: Was ändert sich im Verhältnis zu den anderen Filmen, welches sind die Variablen, aus denen sich die historische Genre-Entwicklung ersehen lässt?

Drittens: Was sind die gesellschaftlichen Gründe für die Variation, welche Bedeutung muss dem genre-internen ästhetischen Wandel zugeordnet werden?

Exemplarisch sei am Beispiel des Vampirfilms erläutert, wie die „Brille" der genrespezifischen Filminterpretation konkret funktioniert. Margit Dorn hat diesen Ansatz beeindruckend fundiert umgesetzt. Dabei können wir uns hier nur auf einige wenige Beispiele beschränken: DRACULA (1930), TANZ DER VAMPIRE (1966), JONATHAN, VAMPIRE STERBEN NICHT (1970), BEGIERDE (1983) und BRAM STOKER'S DRACULA (1992).[19]

Der historische Stoff (19. Jahrhundert)

Vampire sind eine atavistische, heidnische Vorstellung, die eng mit dem Kannibalismus zusammenhängen dürfte. Zweite wichtige Quelle ist dann aber auch das Christentum, und zwar mit seiner Symbolisierung der geweihten Hostie als Leib Christi und des Weins als Blut des Erlösers. Der Vampir kam also nicht erst mit dem Subgenre des Vampirfilms in die Welt, sondern fand auch schon früher etwa literarische Gestaltung, besonders konsequenzenreich mit dem Roman „Dracula" (1897) von Bram Stoker. Der Roman wurde bislang vor allem soziologisch und psychologisch interpretiert.

Aus soziologischer Sicht erscheint Graf Dracula mit seinen blutsaugerischen Absichten als Rache des im 19. Jahrhundert endgültig entmachteten Adels am Bürgertum, das inzwischen die Herrschaft angetreten hat. Deutlich sind im Roman die Kontraste zwischen den beiden grundsätzlich verschiedenen Gesellschaftsformen ausgezeichnet.

Aus psychologischer Sicht erscheint Dracula dagegen als die Verkörperung eines Inzestwunsches, das heißt der sexuellen Begierde des übermächtigen Vaters nach allen Töchtern und Frauen der Urhorde. Das Inzesttabu sei notwendig gewesen, um andere Beziehungen und Vereinigungen möglich zu machen – aber um den Preis, dass der verdrängte Inzestwunsch maskiert in Gestalt des Vampirs die Phantasie belebt.

Beide Interpretationsansätze werden dem Roman durchaus gerecht, auch wenn das in der Knappheit, wie sie hier wiedergegeben werden, vielleicht nicht überzeugend erscheinen mag. Der Vampirfilm weist über seine inzwischen rund 370 verschiedenen Exemplare hinweg eine Vielzahl von genrespezifischen Elementen auf, von denen uns viele wohl bekannt sind: düstere Schlösser und

19 Margit Dorn: Vampirfilme und ihre Funktionen. Frankfurt/Main u.a. 1994.

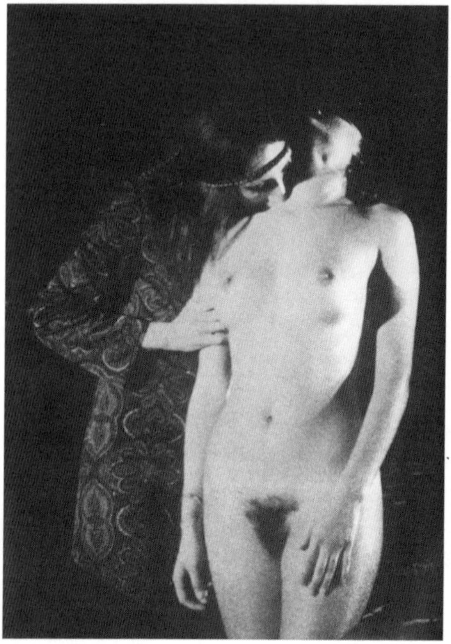

Abb. 91: Gierig beißt der Vampir die schöne Nackte, um sie zu genießen (LE FRISSON DES VAMPIRS – Sexual-Terror der entfesselten Vampire)

arglose Städter; Heimaterde in Särgen und wilde Blutgier; Spiegelbildlosigkeit und männlicher Charme; sexuelle Attraktivität und junge Frauenhälse; eine merkwürdige Willigkeit der betroffenen Opfer und eine ebenso hartnäckige Beharrlichkeit der Vampirjäger; zunehmende Blässe und zunehmende Schwäche des Körpers nach jeder neuen Hingabe; auch bestimmte Geräusche und die gezielte Verwendung von Licht und Schatten; die Großaufnahme auf den Deckelrand des Sargs, aus dem sich langsam die Hand des erwachenden Vampirs schiebt; die Fledermaus, wehende Schleier und wogende Busen ... Dabei sind die zahlreichen gesonderten Entwicklungen wie die Umschwünge zum Pornofilm (z. B. DRACULAS LÜSTERNE VAMPIRE oder DRACULAS EROTISCHE ABENTEUER), zum Satansfilm (z. B. DRACULA BRAUCHT FRISCHES BLUT) oder zum Zombiefilm (z. B. NACHT DER LEBENDEN TOTEN) noch gar nicht einbezogen. Zentrales Merkmal des Vampirfilms und unverzichtbares Schlüsselsymbol des Genres ist jedoch das Blutsaugen. Was bedeutet es jeweils konkret vor dem Hintergrund gesellschaftlichen Wandels?

In DRACULA (1930), einem Klassiker und Prototyp des Vampirfilms, verkörpert Dracula einerseits das Romantisch-Fremde, das Geheimnisvoll-Magische und Souverän-Beherrschende, das Verführende, andererseits das Bedrohlich-Gefährliche, das Hässlich-Grauenvolle, das Eklige. In dieser Ambivalenz verbirgt sich überdeutlich der sexuelle Impuls. Er lässt sich zunächst durch christliche Symbole abwehren, üblicherweise durch das Kreuz oder gekreuzte Stäbe oder auch Weihwasser, bis er letztlich durch ein phallisches Symbol, normalerweise einen Holzpflock, der ins Herz getrieben werden muss, eliminiert – und das heißt: domestiziert – wird. Dieses psychologische Verständnis wird plausibel vor einem entsprechenden Wertehintergrund der bürgerlichen Gesellschaft der Zeit, mit ihrem spezifischen Verhältnis der Geschlechter zueinander und einer äußerst puritanischen, repressiven Moral. Dracula fungiert als Ausdruck für die erwachende Sexualität der Frau, zwischen einsetzender Geschlechtsreife und ihrer Heirat. Insofern dominiert die Sicht des Mannes, der die geliebte Frau prinzipiell von anderen Männern umworben sieht: von potentiellen Nebenbuhlern, möglicherweise attraktiver als er selber. Das Konkurrenzproblem wird erst gelöst, wenn der Film-Mann – sei es der blasse Verlobte der gefährdeten Schönen, sei es stellvertretend der Übervater und erfahrene Gelehrte, der Experte, gewöhnlich mit dem Titel eines Professors – zum Pfahl greift und ihn in den Leib des „Bösen", des Konkurrenten hämmert. Dieser Schlussakt ist Sinnbild sowohl für den Triumpf über den männlichen Konkurrenten als auch für den ehelichen Vollzug mit der Frau. Das Blutsaugen meint hier den sexuellen Akt.

Das Blutsaugen als sexueller Akt (dreißiger bis fünfziger Jahre)

Der Vielzahl der Variationen dieses mehrere Jahrzehnte lang dominanten Motivs waren freilich Grenzen gesetzt, und das Schema drohte langweilig zu werden. Die Etablierung des Genres und der gleichbleibenden Bedeutung seines zentralen Motivs konnte deshalb selber zum Gegenstand der filmischen Darstellung werden – in Form der Karikatur, der Persiflage, der Satire. Bekanntestes Beispiel dafür ist TANZ DER VAMPIRE (1966) von Roman Polanski. Hier wird alles, was am Genre inzwischen als charakteristisch und typisch herausgebildet und eingefahren war, in massiver Bündelung gleichsam vorgeführt, zitiert, gehäuft und geballt dargeboten und aneinandergereiht, wodurch der Vampirfilm insgesamt als Genre über das Wiedererkennen zur Quelle des Vergnügens gemacht wird. Die Überzeichnung des Typischen, also der Konstanten, der Invarianten, ist so frappierend, dass sie der Lächerlichkeit preisgibt. Beispiele: Der Vampir ist homosexuell. Der Professor ist trottelig bis zum Umfallen. Die Sinnlichkeit und sexuelle Attraktivität der Frauen ist prall und üppig. Die Impotenz der Vampirjäger mit ihren Pfählen bringt zum Schmunzeln, usw.

Der Vampir erscheint als ein Böses, das aber nicht mehr wirklich bedroht – auch wenn es mit dem am Schluss selber zum Vampir gewordenen Gehilfen des Professors, der ausgerechnet von der scheinbar geretteten geliebten Frau gebissen wird, weiter in der Welt bleiben und sich ausbreiten wird.

Die Persiflage als Lachen über das Sexualtabu (sechziger Jahre)

Hintergrund des Wandels war die Veränderung von der bislang prüden Sexualmoral Mitte der sechziger Jahre und der gesellschaftlichen Dominanz des Kleinbürgertums in den westlichen Demokratien hin zu mehr Freizügigkeit, Körperlichkeit, Lustorientiertheit, hin zu den neuen Freiheits- und Selbstentfaltungs-

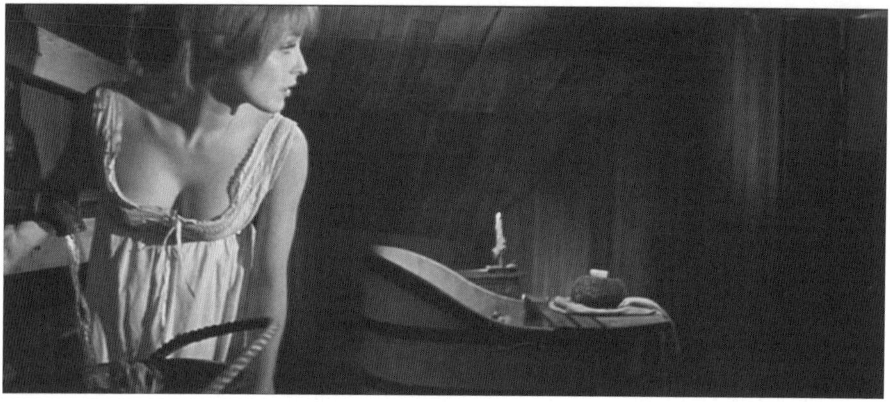

Abb. 92: Mit ihrer Üppigkeit verführt die Wirtstochter Sarah als Parodie in TANZ DER VAMPIRE selbst Graf Dracula.

werten. Das Blutsaugen als Hinweis auf die Maskierung sexueller Impulse und einer sozial reglementierten exklusiven Ehebeziehung erwies sich nun als hinfällig und überholt. Damit konnten die Gestaltungsformen des bis dahin Verdrängten selber thematisiert und durchschaubar gemacht werden.

Das Blutsaugen als politische Unterdrückung und wirtschaftliche Ausbeutung (siebziger Jahre)

Statt dessen wurde die zentrale Metapher – wiederum konform mit dem neuen Wertesystem – mit ganz anderen Bedeutungen gefüllt. In JONATHAN, VAMPIRE STERBEN NICHT (1970) steht die politische und soziale Befreiung der Gesellschaft im Vordergrund, so wie sie in der Studentenbewegung der ausgehenden sechziger Jahre angestrebt wurde. Es gibt in dem Film keinen zentralen einzelnen Vampirjäger mehr, sondern der langhaarige (!) Jonathan ist nur eine Art Stellvertreter und Identifikationsfigur für den Zuschauer, nicht eigentlich der Anführer und Held. Er fungiert als Wegbereiter der Revolution gegen die absolutistische Territorialherrschaft. Die Vampire sind nichts weiter als die Verkörperung der Fürsten und ihrer Lakaien und Helfershelfer. Gegen ihren absolutistischen Ständestaat wird die Revolution der Bürger gesetzt. Im Kampf gegen ihre Unterdrücker zettelt eine große Menschenmenge aus Bürgern und Bauern einen Aufstand an und treibt schließlich die Vampire ins Meer. Gutsituierte Bürger, Intellektuelle und „Unterprivilegierte" geben sich dabei ein Stelldichein – idealtypisch, weil das weder in der historischen Bezugszeit des Vormärz noch in der zeitgenössischen Gegenwart der Studentenbewegung gelungen war. Indem JONATHAN die Solidarität aller Unterdrückten im Sinne einer „Volksfront" zur beherr-

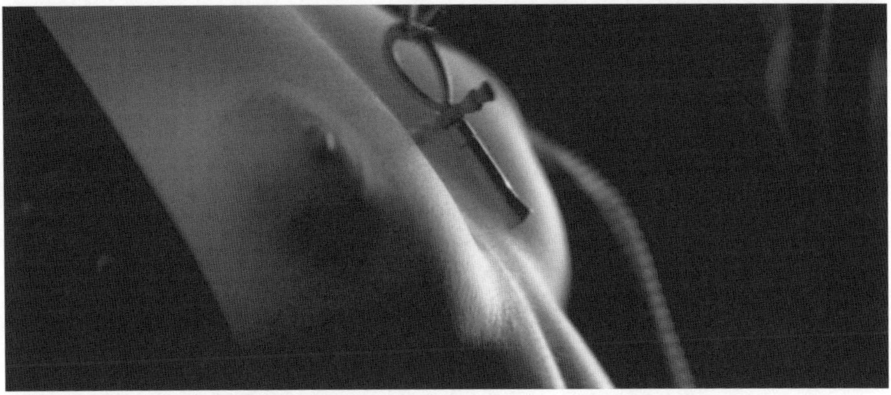

Abb. 93: Die Abwehr sexueller Konnotation in BEGIERDE mit dem altägyptischen Anch

schenden Idee gestaltet, formuliert der Film eine politische Utopie: ein Plädoyer für Widerstand und Revolution.

Entsprechend wird hier eine Einfühlung der Zuschauer gezielt verhindert. Die ästhetischen Strategien des Films zielen statt dessen auf Verfremdung und „Kopfarbeit" – etwa durch distanzierte Sprechweisen der Schauspieler und durch rezitierte Dialoge; durch das Fehlen eines fortlaufenden Erzählflusses bzw. durch Sprünge und Leerstellen in der Handlung; durch symbolische Elemente ohne Aufklärung; auch durch gezielte Verweise auf den Hitlerfaschismus ebenso wie auf die christliche Leidens- und Erlösungsideologie, in denen sich die intellektuelle Überformung der Genre-Konventionen erkennen lässt.

Das Blutsaugen als Kulturimperialismus (achtziger Jahre)

In den achtziger Jahren war das Blutsaugen im Vampirfilm-Genre nicht mehr Symbol für sexuelle Impulse noch Amüsement über überwundene Zwänge, auch nicht mehr Symbol für politische Unterdrückung, die es zu überwinden gelte, sondern wurde so wie in BEGIERDE mit einer ganz neuen Bedeutung versehen.[20] Der entsprechende Hinweis findet sich schon ganz am Anfang des Films, der im Heute und in Manhattan spielt: Mit „Begierde" ist nicht mehr die sexuelle Begierde gemeint. Und es steht auch kein Graf oder feudaler Landesherr mehr im Zentrum. Insofern geht es auch nicht mehr um die Rettung der exklusiven Ehe im Kampf der Konkurrenten um die geschlechtsreif gewordene Frau,

20 Erstmals siehe Werner Faulstich: Die Filminterpretation. Göttingen 1988, S. 80 ff.

um die Frau als bürgerlichen Besitz, noch um den Wandel von der Feudalgesellschaft zum Bürgertum und politische Utopien.

Tatsächlich thematisiert BEGIERDE vielmehr einen Wandel ganz anderer Art: nämlich einen Wandel der Werte im Übergang von Europa zu Amerika. Europa wird repräsentiert in den sprachlichen Akzenten der beiden anfänglichen Protagonisten Miriam und John, in der romantischen Zweierbeziehung zwischen Mann und Frau, in der klassischen Musik und Hausmusik, ganz generell in der Bevorzugung der traditionellen, insbesondere der antiken Kunst und Kultur, wie sie in einer Überfülle an Details immer wieder ins Bild, ins Gespräch oder in das vordergründige Geschehen eingerückt werden. Amerika dagegen ist gestaltet als Alltagsamerika, bestimmt von Rockmusik und Diskotheken, von Geld, von modernen Beziehungen junger Berufstätiger wie den späteren Protagonisten Sarah und Tom, von Polizisten und Ärzten, von New-Wave-Kultur, von hektischer Praxis, ehrgeiziger medizinischer Forschung und Wissenschaft. Der in BEGIERDE zentrale Austausch des Hauptvampirs Miriam (Vertreterin eines uralten französischen Adels) durch Sarah (Vertreterin der postmodernen amerikanischen Großstadtszene), die ihrerseits zum Hauptvampir wird, bezeichnet die Ablösung der einen dominanten Kultur durch eine andere dominante Kultur.

Miriam und John „verführen" einleitend ein junges Paar aus einer Disko, aber dabei geht es nicht mehr um Sexualität, sondern um etwas viel Entscheidenderes: um Hunger und Gier nach Leben, verkörpert im Prinzip ewiger Jugend und bedroht durch den völlig unerwartet und unvorhersehbar einsetzenden, rapiden körperlichen Verfall. Die Geschlechterbeziehung rückt weg vom Bedeutungszentrum, und die Frau wird als Lesbe denunziert: Miriam verführt Sarah und diese am Schluss des Films wiederum eine andere Schöne. Beides entspricht dem generellen Lebensgefühl der achtziger Jahre: die absolute Amerika-Dominanz bzw. das Gefühl des Verlusts der alten europäischen Kultur, Tradition, Werte; und das Scheitern bei dem Versuch, eine neue Beziehung zwischen den Geschlechtern zu etablieren, die tragfähiger wäre als die alte.

Von der Gier nach sexueller Lust bzw. politischer Freiheit zur Gier, endlich sterben zu dürfen

BEGIERDE spielt mit Versatzstücken und Konventionen des Vampirfilms, aber bedient sich ihrer als Ausdrucksmittel für Neues. In bisherigen Werken des klassischen Vampirfilms, bei DRACULA wie bei JONATHAN, werden bevorzugt Perspektive und Partei der Vampirjäger eingenommen, während die Vampire durch die zentrale Metapher des Blutsaugens ihre Lebensgier, ihre Sehnsucht nach dem ewigen Leben zum Ausdruck bringen.

In BEGIERDE fühlen die Zuschauer umgekehrt mit den Vampiren selbst – und erleiden mit ihnen den fürchterlichen Preis für das Leben „auf immer und ewig“: Die Gestalt unveränderlicher Jugend ist zeitlich begrenzt und muss erkauft werden durch das anschließende Weiterleben als Mumie im Sarg in Ewigkeit. Das altägyptische Anch oder Henkelkreuz, Symbol für ewiges Leben, wird entwertet und gleichsam überholt durch die Begierde, endlich sterben zu dürfen. Mit anderen Worten: Der Vampir will nicht Menschen beißen und sie zu seinen Gefährten, zu anderen Vampiren verwandeln, sondern er will vielmehr selber zum Menschen werden, um endlich auch sterben zu können. An die Stelle der Gier nach sexueller Lust bzw. nach politischer Freiheit tritt zunächst die Gier nach Leben und dann die Gier nach Erlösung von dieser Lebensgier.

Die Tragik des Blutsaugens (neunziger Jahre)

Diese Umdeutung der klassischen Symbolik fand in BRAM STOKER'S DRACULA (1992) von Francis Ford Coppola eine konsequente Weiterführung. Zwar wird die sexuelle Komponente hier markant ausgezeichnet – Lucy als zügellose Nymphomanin, Jonathans Gruppensex mit gleich drei Bräuten von Dracula, eine tiergleiche Potenz des Vampirs –, aber damit wird nur wieder verdeutlicht, dass es nicht um den sexuellen Normverstoß geht.

Abb. 94: Mina schenkt aus Liebe ihrem über alles geliebten Grafen Frieden, indem sie das Schwert in sein Herz stößt und dann den Kopf vom Rumpf trennt (BRAM STOKER'S DRACULA)

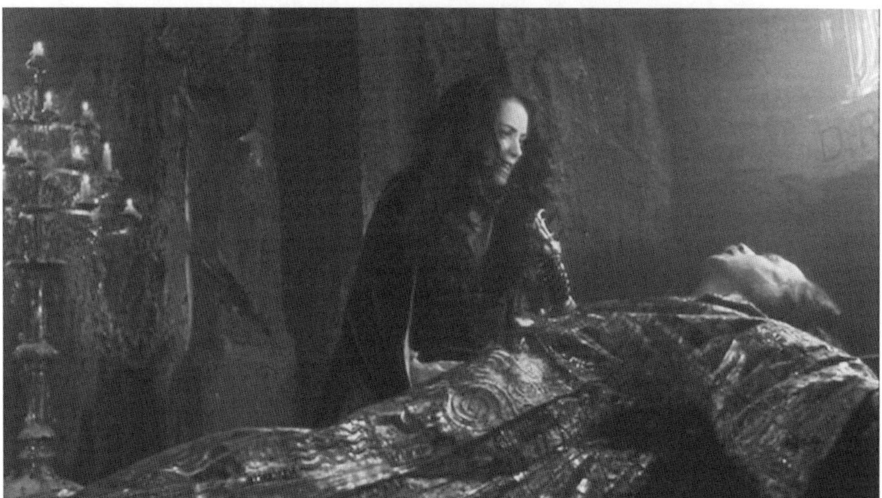

Statt dessen rückt die Liebesbeziehung zwischen dem Vampir Dracula und der Menschen-Frau Mina ins Zentrum.

Statt Mina egoistisch auszusaugen und damit zum Leben eines Vampirs zu verdammen, entschließt sich Dracula aus Liebe zu ihr zu ewiger Entsagung und Sehnsucht. Sie wiederum kann ihn nicht solcherart leiden sehen und entschließt sich ebenfalls aus Liebe, ihn durch Pfählung und Enthauptung zu erlösen: „Wahre" Liebe zielt nicht auf das Ego, sondern auf den Geliebten, und die Erlösung des Vampirs liegt im Tod. Mit Hilfe Minas wird Dracula also vom Monster zurückverwandelt zum Menschen. Wie weit sich darin Momente eines erneuten Wertewandels der neunziger Jahre verbergen, muss hier offenbleiben. Die Geschichte des Genres wird aller Voraussicht nach weitergehen und immer wieder neue inhaltliche Konkretisierungen des Blutsaugens als dem gleichbleibend zentralen Motiv generieren (z. B. BLADE). Das gilt auch für andere Genres und letztlich sogar für die innovative Vermischung verschiedener Genres.

6.6 Die transkulturelle Filminterpretation

Es gibt spätestens seit den 90er Jahren immer mehr Spielfilme im Kino, die unterschiedliche Sprachen, Nationen und Ethnien sowie deren Aufeinandertreffen mit allen daraus folgenden Problemen und Chancen in den Mittelpunkt stellen, sei es in Handlungen und ihren Orten, sei es in Figuren und ihren Konstellationen oder auch im jeweiligen kulturellen Setting und den entsprechenden Ideologien – Filme mit kontrastreichen, widersprüchlichen Systemen ganz unterschiedlicher Normen und Werte (Faulstich 2005, 300ff.). Hintergrund dafür sind die gesamtgesellschaftlichen, vor allem ökonomischen Globalisierungstendenzen mit der allgemeinen Zunahme der Migration, die natürlich auch ihre kulturellen Auswirkungen haben und sich nicht zuletzt im Kinofilm niederschlagen: Globale Märkte bedeuteten auch globale Kinomärkte (genannt z.B. „Migrantenkino", „global film", „World Cinema", „Kino der doppelten Kulturen", „postcolonial film", „cross-cultural movies"). Der Einsatz der transkulturellen Filminterpretation ist demnach sinnvoll nur bei einer bestimmten Gruppe neuerer Filme, und nur in dem Maße, in dem Normen und Werte kulturbezogen hybride Gestalten annehmen.

neuer Filmtypus

Im Unterschied zu Begriffen wie Multinationalität, Internationalität oder auch Interkulturalität meint Transkulturalität hier die integrative Verknüpfung von Kulturen, die sich nicht mehr auf der Ebene von politischen Nationen und eben auch nicht mehr auf der Ebene von nebeneinander bestehenden oder aufeinander Bezug nehmenden, in sich mehr oder weniger homogenen Kulturen beschränkt. Transkulturalität bezeichnet vielmehr einen Prozess, bei dem das klassische Kulturkonzept aufgelöst wird, ohne dass es gleich politische Relevanz haben muss, ohne dass es gleich global angesiedelt ist. Es ist kennzeichnend, dass dieser Prozess keineswegs abgeschlossen ist. Hochgradige Differenzierung der Kulturen nach innen und ihre multiple Vernetzung nach außen waren die Umstände einer zunehmend kulturintegrativen Lebenspraxis (Wolfgang Welsch), die freilich von vielen Menschen nicht gesehen, ausgeblendet oder explizit abgelehnt wird. Nicht mehr nur der Pakistani in England, die Amerikanerin in Japan, die Skandinavierin in Italien oder der Türke in Deutschland sind gemeint, sondern diffundierende Basiskonzepte wie Religion, Geschlechterrollen, Sexualverhalten, Alltagskulturen wie Essen, Trinken, Schlafen, Wohnen, Kommunizieren und Arbeiten. Sie prallen nicht mehr konfrontativ aufeinander, sie stehen auch nicht mehr harmonisch nebeneinander, sondern man eignet sie sich wechselseitig an, mehr oder weniger zwangsläufig: Unaufhaltsam durchdringen sie einander gegenseitig. Dabei rückt vieles von dem vormals Fremden so nahe, dass es ins Ich übergeht, wobei zugleich das Eigene den Charakter des Fremden erhalten kann. Dabei stellt sich ganz neu wieder die Frage nach der Identität und der Perspektive, von der aus man die Welt betrachtet.[19]

Transkulturalität

In dem Maß, in dem kulturelle Grenzen fallen und eine integrative Vermischung stattfindet, entsteht tendenziell eine transkulturelle Filmästhetik. Nicht nur werden klassische Genres, US-amerikanische Filmästhetik mit europäischen Ansätzen, populäres und Randgruppen-Kino, „commercial and independant film“ zunehmend miteinander vermischt, in Koproduktionen und natürlich über die Rezeption auf dem Weltmarkt. Vielmehr verändert, erweitert, relativiert sich auch das filmische Gestaltungs- und Bedeutungsreservoir enorm. Da bislang noch nicht viele Filmanalysen mit diesem speziellen Interpretationsmodus vorliegen, ist

transkulturelle Filmästhetik

[21] Wichtige Anregungen verdanke ich Ricarda Strobel und Andreas Jahn-Sudmann als Organisatoren der internationalen Tagung „Film transnational“, die in Göttingen stattfand (Juli 2008) und das Problemfeld facettenreich bearbeitet hat. Siehe Ricarda Strobel und Andreas Jahn-Sudmann (Hrsg.): Film transnational und transkulturell. Europäische und amerikanische Perspektiven. München 2009.

man über erste Beobachtungen und Teilbefunde auch noch nicht hinausgekommen. Eher Defizite wurden bewusst:

Handlung – So lässt sich ein traditionelles *Handlungssujet* wie beispielsweise eine Liebesgeschichte zwischen einem jungen Deutschen und einer Türkin, einem abgelehnten Asylbewerber und einer älteren deutschen Frau oder einem Ghanesen mit einer Italienerin nur begreifen, indem man den traditionellen Erfahrungs- und Erwartungshorizont der westlichen Liebeskonventionen aufbricht im Rekurs auf die jeweils ganz anderen, höchst unterschiedlichen Konzepte von Liebe und ihre jeweilige soziale Kontextualisierung. Das bislang Vertraute wird dabei plötzlich unverständlich, das Exotische alltäglich, das vormals Selbstverständliche unerträglich. In solchen Filmen liegen die Handlungsorte auf der ganzen Welt und zugleich bestehen die unterschiedlichsten gesellschaftlichen Rahmenbedingungen neben-, mit- und ineinander auf engstem Raum.

Figuren – Entsprechend eröffnen sich neue Problemkonstellationen, aber auch die Handlungsspielräume verschieben sich in unerwartete Richtungen. Indem der Heimat- und Lebensraum von Menschen als Übergangsprozess gestaltet wird, gewinnen sie als *Filmfiguren* sowohl an Komplexität als auch an Vorläufigkeit – was die rasche Identifikation verhindert. Rollen wie Mutter und Vater, Beziehungen zwischen Mann und Frau, Sozialkulturen wie Freundschaft und Familie werden als bekannte Versatzstücke aufgelöst und müssen im Rekurs auf die involvierten kulturellen Werteparameter zunächst einmal mühsam je neu dechiffriert werden. Das gilt insbesondere auch dann, wenn die Hautfarbe unwichtig wird (oder gerade ausschlaggebend) oder Religion relativiert erscheint (oder ganz im Gegenteil absolut). Spannung und Dynamik werden hier anders erzeugt als gewohnt – weniger primär auf der Handlungs- oder der Figurenebene als vielmehr im Aufeinanderprallen von etablierten Verhaltensnormen und individuellen Zielvorstellungen der handelnden Personen.

Bauformen – Nicht nur das Erzählte und Dargestellte verwirrt, sondern die *Erzählmuster* selbst wandeln sich: Die zielgerichtete Kontinuität kann beispielsweise durch eingebaute Schleifen und Wiederholungen aufgebrochen werden. Die Abfolge von Handlungsmomenten lässt sich durch die Abfolge von Imagefragmenten oder die Parallelisierung von kulturgebundenen Handlungssträngen oder Personen ersetzen. Bauformen wie die Musik werden, z.B. im Unterschied zwischen Hollywood- und Hindifilm, melodisch, instrumentell, rhythmisch und bedeutungsfunktional völlig unterschiedlich konzipiert. Sprache etwa taucht einfach als (unverständliche) Fremdsprache auf und wird möglicherweise durch übersetzende Untertitel als solche noch unterstrichen. Komik, Ironie oder Witz erhalten eine bis dahin nicht gekannte hintergründige Ambivalenz. Oder auch die Farbsymbolisierung zwingt zur kulturspezifischen Dechiffrierung und unterläuft das Gewohnte.

Normen und Werte

– Alles zielt demnach auf die *Analyse von Normen und Werten*, wird ihr untergeordnet; alles wird mit Blick auf diese interpretiert. Im Unterschied zu oben erwähnten Filmen wie MISSION und WENN DIE GONDELN TRAUER TRAGEN, die ebenfalls einen solchen Zugriff erforderlich machen, geht es hier aber um explizit *unterschiedliche*, antagonistische, in sich widersprüchliche Normensysteme, um den Werte*clash* mehrerer und vor allem *fremder* Kulturen, wie er sich in Handlungen und Figuren ausdrückt und wie er in den Bauformen gestaltet und als solcher transportiert wird. Die transkulturelle Interpretation setzt also nicht die „Brille" der literarhistorischen oder filmhistorischen Tradition auf – einer Tradition, die es für diese Filme noch nicht gibt. Sie orientiert sich nicht an den biographischen Merkmalen des Regisseurs und an seinem Gesamtwerk, auch wenn das in manchen Fällen später einmal möglich und ergiebig sein dürfte. Sie wählt auch nicht den Rekurs umfassend auf eine bestimmte Gesellschaft zu einer gegebenen Zeit noch platziert sie einen Film in das Kontinuum seines Genres, denn die Singularität von Gesellschaft und von Genre sind hier ja gerade außer Kraft gesetzt. Als spezieller Zugriff lässt sich diese Interpretation vielmehr auf den Zerfall der Welt in Fragmente von Kultur ein, auf verwirrende Veränderungs- und Begegnungsprozesse und Sprachen, auf kulturelle „Wanderungen" und Interpenetrationen von Personen und Wertsystemen.

Beispiel: BABEL

Die transkulturelle Interpretation soll hier exemplarisch nur an einem Film verdeutlicht werden: BABEL (2006) von Alejandro Gonzáles Iñárritu. Dabei wird zunächst wie gewohnt auf die Handlungsanalyse, die Figurenanalyse und die Analyse der Bauformen zurückgegriffen, die jedoch allesamt nur mit Bezug auf hybride kulturelle Normen und Werte und die Welt als Prozess und Geschichte als bedeutungsgenerierend für die Message des Films berücksichtigt werden können.

Handlungsanalyse

Die *Handlung* von BABEL lässt sich charakteristischerweise nicht leicht nacherzählen. Der Film bietet drei verschiedene Handlungsstränge bzw. Handlungsorte (USA/Mexiko, Marokko, Tokio), eine Haupt- und zwei Nebenhandlungen, die vielfältig miteinander verschachtelt sind. In der Haupthandlung befinden sich die Protagonisten Richard und Susan, ein amerikanisches Ehepaar, auf einer Touristenreise in Marokko. Sie umfasst fast die Hälfte aller Sequenzen. In der ersten Nebenhandlung reist die Kinderfrau Amelia mit den Kindern Mike und Debbie über die Grenze nach Mexiko. Selbst noch in der zweiten Nebenhandlung, die ausschließlich in Tokio spielt, wird auf die Reise eines Großwildjägers nach Marokko verwiesen, wo er sein Gewehr an seinen marokkanischen Führer Hassan verschenkt hatte. In regelmäßigen, ungleichgewichtigen Sprüngen von einem Handlungsort zum andern werden die Bezüge der zunächst scheinbar eigenständigen Geschichten allmählich deutlicher, wobei immer wieder spannungserregende Unterbrechungen cliff-hanger-Funktion wahrnehmen. Schließlich wird offensichtlich: Die zunächst voneinander isolierten Geschichten hängen kausal, logisch miteinander zusammen. Aber eine bedeutungsgenerierende Strukturierung des Films allein auf der Handlungsebene, etwa in Gestalt von Phasen oder größeren Abschnitten, lässt sich nicht erkennen.

Figurenanalyse

Die *Figuren* des Films sind „normal", ihr Handeln plausibel und erwartbar. Es gibt keine Helden, wohl aber Protagonisten und Sympathieträger: Richard und Susan in Marokko, Amelia in Mexiko und Chieko in Tokio.

Als eher „böse" Antagonisten werden nur der marokkanische Hauptmann, die US-Grenzpolizei und die US-Touristen im Bus

Abb. 95: Chieko lebt in Tokio, isoliert durch die Anonymität der Millionenstadt, ihre Behinderung als Taubstumme und ihre Pubertätsprobleme.

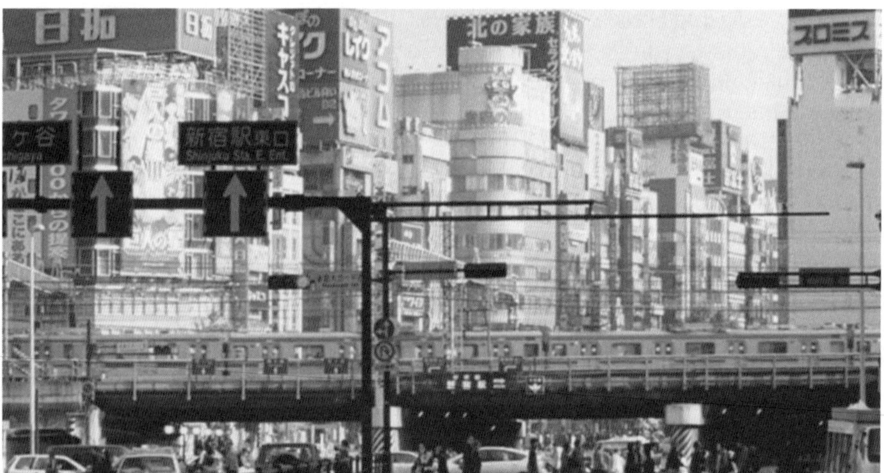

eingeführt. In allen drei Handlungssträngen spielen Kinder eine wichtige Rolle: Yussuf, Zhora und vor allem Ahmed in Marokko, Mike und Debbie in Mexiko und die pubertierende Chieko in Tokio. Entsprechend stehen nicht singuläre Personen, sondern Personengruppen und Beziehungen im Vordergrund: Abdullah und seine Familie, Susan und Richard (miteinander und zu ihren Kindern), Richard und der marokkanische Führer der Reisegruppe, Amelia und die zwei Kinder, schließlich Chieko in ihren jeweiligen Beziehungen zu ihrer Freundin, zum Vater, zum Polizisten Maniya. Charakteristischerweise werden nur manche dieser Beziehungen zu einem Ende geführt, und selbst da handelt es sich oft nur um Andeutungen oder um ein vorläufiges Ende (z.B. finden Richard und Susan wieder stärker zueinander). Andere Verläufe werden dagegen gezielt offen gehalten (z.B. das Schicksal der nach Mexiko ausgewiesenen Amelia). Die Welt des transkulturellen Films befindet sich in ständigem Wandel – ein kontinuierlicher Prozess der Veränderung, der nur zeitlich begrenzte Schlaglichter und Einblicke zulässt.

Analyse der Bauformen

Bei den *Bauformen* von Babel verwirrt die Vielfalt. So sind verschiedene Einzelsequenzen szenisch multipel gehalten, es gibt Parallelhandlungen oder auch kleine Zeitsprünge und eine Rückblende. Prägend ist eine partiell versetzte Chronologie, die zunächst wie ein unzuverlässiges filmisches Erzählen erscheint: Ahmed schießt auf den Touristenbus in Marokko (Sequenz 3), aber erst später erfahren wir, dass er Susan im Bus getroffen hat (Sequenz 7). Mike und Debbie (Sequenz 4) werden sehr spät ex-

Abb. 96: Hassan erklärt den Kindern beim Verkauf die Funktionen des Gewehrs – in der Landessprache, mit deutschen Untertiteln übersetzt.

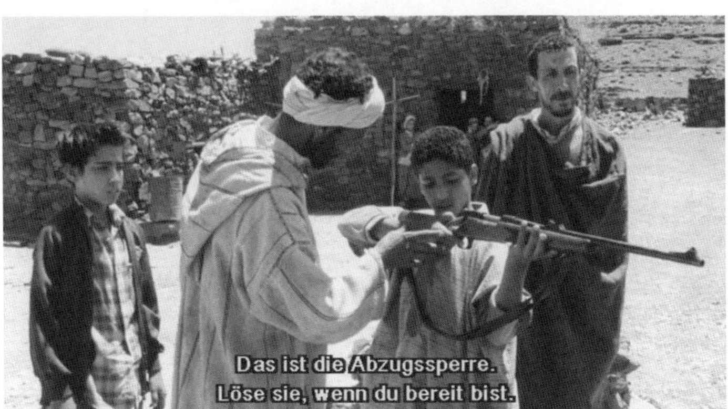

plizit per Foto als Kinder von Richard und Susan ausgewiesen (Sequenz 37). Dass Ahmeds bzw. Hassans Gewehr (Sequenz 1, 3) von Chiekos Vater stammt, erfahren wir erst im letzten Fünftel des Films (Sequenz 38). Vor allem wird das Telefonat, das Richard mit seinem Sohn Mike führt, in markanter Verletzung der chronologischen Kontinuität zweimal gezeigt: zunächst mit Mike am Hörer, in den USA (Sequenz 4), dann mit Richard am Telefon, in Marokko (Sequenz 47). Die Gegenläufigkeit von Story und Plot reicht bis zum Gewehr als zentralem Verbindungsmoment aller Ereignisse: Hassan verkauft es in Marokko, so dass Ahmed es erhält (Sequenz 1); er hat es von Chiekos Vater geschenkt bekommen, der es weggegeben hat, weil sich seine Frau damit selbst getötet hat (Schlusssequenz 49). Auch Bauformen wie die Musik aus unterschiedlichen Kulturen und vor allem die vielen verschiedenen Sprachen, die teils per Übersetzer übersetzt, teils aufgeschrieben, teils per Telefon oder Handy übermittelt, teils mit Untertiteln oder teils auch mit Gebärden verständlich gemacht werden, prägen Babel zentral. Und Kommunikation geschieht keineswegs nur verbal und gestisch, sondern auch durch Berührung, durch Schläge und Gewalt, durch Stille, durch Nacktheit, durch kahle Landschaften, anonyme Großstadtstraßen und räumliche Isolation. Sie sind jedoch ausnahmslos funktionalisiert im Hinblick auf die Message und entfalten erst auf der transkulturellen Ebene ihre Bedeutung.

Abb. 97: Amelia mit Debbie und Mike einsam in der Wüste des mexikanisch-amerikanischen Grenzgebiets

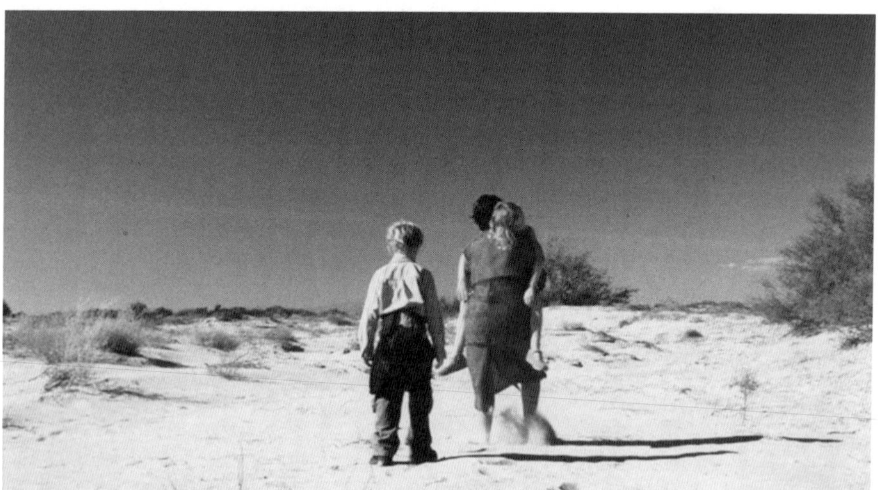

Analyse der Message

Die zentrale *Message* des Films nimmt im Titel deutlich Bezug auf die biblische Metapher des „Turmbaus zu Babel", den die Menschen bauten, um so zu sein wie Gott – worauf der zornige Gott des Alten Testaments seinen Anspruch auf Alleinherrschaft bekanntlich mit Gewalt und Zerstörung durchsetzte: „´Wohlan, lasst uns hinabsteigen! Wir wollen dort ihre Sprache verwirren, dass keiner mehr die Rede des anderen versteht!´ Und der Herr zerstreute sie von da aus über die ganze Erde hin" (Gen 11, 7-8). Freilich bestätigt der Film nicht, wie in vielen Interpretationen einer religiös gefärbten Filmkritik postuliert wurde, diese Sprachenverwirrung und Kommunikationsblockaden gemäß einem globalen Blick auf die heutige Weltgesellschaft. Es geht keineswegs um die angebliche Schwierigkeit der (Völker-)Verständigung, um eine unterstellte Sprachlosigkeit der Menschen, um das vermeintliche Scheitern der Kommunikation, geschweige denn um Schicksal oder Sünde. Ganz im Gegenteil zeigt BABEL vielmehr,

- dass alle Kontinente, Nationen und Kulturen (handlungsmäßig) miteinander vernetzt sind;
- dass die Menschen, speziell Kinder, als Individuen (figurenmäßig) und in ihren Beziehungen über alle kulturellen Schranken und Umstände hinweg miteinander vergleichbar sind, „menschlich";
- dass (formenmäßig) die Ungleichzeitigkeit des Gleichzeitigen nur ein Aspekt der Wahrnehmung sein kann und deshalb eigentlich keine Rolle spielt, dass die Verschiedenheit der Sprachen selbst für Taubstumme überhaupt kein ernsthaftes Kommunikationshindernis darstellt;
- und dass kulturelle Differenzen (so die Message) letztlich nicht ausschlaggebend sind: Die Gefahr der individuellen Isolation und Einsamkeit des einzelnen kann über alle Länder und Kontinente, über alle Kulturen, Altersgruppen, Orte und soziale Schichten hinweg durch personale Beziehungen, speziell in Gestalt der Familie, überwunden werden.

BABEL ist ein ebenso kunstvoller wie in seiner zentralen Aussage positiver Film. Der Film konstituiert die Interdependenz der involvierten Kulturen, ein Netzwerk, dessen Dynamik unbekannt sein und stören mag, aber uns selbst hautnah betrifft. BABEL verändert die Struktur der Welt und damit unseren Blick auf die Welt. Dass deshalb überall auch die Verständigung der Menschen quer zu den Kulturen zunehmen kann, wird als Appell plausibel.

Literaturhinweise

Adair, Gilbert: Hollywood's Vietnam. From „The Green Berets" to „Apocalypse Now". New York 1981.

Albersmeier, Franz-Josef (Hrsg.): Texte zur Theorie des Films. Stuttgart 1979.

Albersmeier, Franz-Josef und Volker Roloff (Hrsg.): Literaturverfilmungen. Frankfurt/Main 1989.

Altman, Rick: Film/Genre. London 2000.

Altmann, Rick: The American Film Musical. Bloomington 1987.

Altman, Rick (Hrsg.): Genre: The Musical. London 1980.

Annan, David: Catastrophe: The End of the Cinema? New York 1975.

Auty, Martin (Hrsg.): Melodrama in the Cinema. Glasgow 1977.

Bächlin, Peter: Der Film als Ware (orig. 1945). Frankfurt/Main 1975.

Baier, Robert und Burghardt Heer: Der Horrorfilm. Aachen 1976.

Ballbausen, Thomas; Krenn, Günter und Lydia Marinelli (Hrsg.): Siegmund Freud und der Film. Wien 2006.

Barg, Werner C. und Thomas Plöger: Kino der Grausamkeit. Frankfurt/Main 1996.

Bauer, Wolfgang, Dümotz, Irmtraud und Sergius Golowin: Lexikon der Symbole. Wiesbaden, 5. Aufl. 1984.

Baum, Helmar: Entscheidungsparameter bei der Filmauswahl von Kinogängern in Deutschland. Kommunikationsstrukturen und Meinungsführerschaft bei Kinofilmrezipienten. Eine Pilotstudie im Kommunikationsraum Berlin. Diss. Berlin 2003 (Online-Publikation).

Baumann, Hans D.: Horror. Die Lust am Grauen. München 1989.

Baxter, John: John Ford, der legendäre Hollywoodregisseur. München 1980.

Baxter, John: Science Fiction in the Cinema. New York 1970.

Baxter, John: The Gangster Film. New York 1970.

Bayertz, Kurt; Frölich, Margit und Kurt W. Schmidt (Hrsg.): I´m the law. Recht, Ethik und Ästhetik im Western. Frankfurt/Main 2004.

Beer, Carolin: Die Kinogeher. Eine Untersuchung des Kinopublikums in Deutschland. Berlin 2000.

Beinzger, Dagmar: Filmerfahrung im biographischen Rückblick – Über den Zusammenhang zwischen Filmrezeption und Geschlechtsidentität. Eine erziehungs- und medienwissenschaftliche Studie. Diss. Frankfurt/Main 2004 (Online-Publikation).

Berg, Jan und Knut Hickethier: Filmproduktion, Filmförderung, Filmfinanzierung. Berlin 1994.

Bernhard, Manfred: Die Tarzanfilme. München 1983.

Beutelschmidt, Thomas und Franziska Widmer: Zwischen den Stühlen. Die Geschichte der Literaturverfilmung „Ursula" von Egon Günther. Leipzig 2005 (mit DVD).

Bienk, Alice: Filmsprache. Einführung in die interaktive Filmanalyse. Marburg 2008, 3. Aufl. 2010.

Bingham, Denis: Whose lives are they anyway? The Biopic as Contemporary Film Genre. New Brunswick 2010.

Bluestone, George: Novels into Film: The Metamorphosis of Fiction into Cinema. Baltimore 1957.

Bock, Hans-Michael und Michael Töteberg (Hrsg.): Das Ufa-Buch. Frankfurt/Main 1992.

Böcking, Saskia: Grenzen der Fiktion? Von Suspension of Disbelief zu einer Toleranztheorie für die Filmrezeption. Köln 2008.

Bonfadelli, Heinz: Was ist (Massen-)Kommunikation? In: Otfried Jarren und Heinz Bonfadelli (Hrsg.), Einführung in die Publizistikwissenschaft. Bern u. a. 2001, S. 17–45.

Bordwell, David: Narration in the Fiction Film. London 1985.

Bornemann, Katrin: Carneval der Affekte. Eine Genre-Theorie des Amour-fou-Films. Marburg 2010.

Braidt, Andrea B.: Film-Genus. Gender und Genre in der Filmwahrnehmung. Marburg 2008.

Brandlmeier, Thomas: Die Errettung des Grotesken. Franfurt/Main 1983.

Branigan, Edward: Point of View in the Cinema. A Theory of Narration and Subjectivity in Classical Film. Berlin 1984.

Brosnan, John: James Bond in the Cinema. London 1981.

Brosnan, John: Future Tense. The Cinema of Science Fiction. New York 1978.

Bruckner, Ulrich P.: Für ein paar Leichen mehr. Der Italo-Western von seinen Anfängen bis heute. Berlin 2002, Neubearb. 2006.

Buchloh, Paul G. et al.: Literatur und Film. Kiel 1985.

Bürger, Peter: Bildermaschine für den Krieg. Das Kino und die Militarisierung der Weltgesellschaft. Hannover 2007.

Bürger, Peter: Napalm am Morgen. Vietnam und der kritische Kriegsfilm aus Hollywood. Düsseldorf 2003.

Calder, Jenny: There must be a lone Ranger. The American West in Film and Reality. New York 1975.

Cameron, Ian (Hrsg.): The Book of Film Noir. New York 1993.

Cawelti, John G.: Adventure, Mystery and Romance. Formula Stories as Art and Popular Culture. Chicago, London 1976.

Cawelti, John G.: The Six-Gun Mystique. Bowling Green/Ohio 1971.

Charlot, Alain: Die 100 besten Kriminalfilme. München 1991.

Chaudhuri, Shohini: Feminist film theorists: Laura Mulvey, Kaja Silverman, Teresa de Lauretis, Barbara Creed. London 2006.

Chiari, Bernd; Rogg, Matthias und Wolfgang Schmidt: Krieg und Militär im Film des 20. Jahrhunderts. München 2003.

Clevé, Bastian: Gib niemals auf. Filmökonomie in der Praxis. Konstanz 2004.

Cohen, Daniel: Musicals. Greenwich, Conn. 1984.

Cooper, J. C.: Illustriertes Lexikon der traditionellen Symbole. Leipzig 1986.

Cordes, Stefan: Filmerzählung und Filmerlebnis. Zur rezeptionsorientierten Analyse narrativer Konstruktionsformen im Spielfilm. Münster 1997.

Cressey, Paul G.: Der soziale und psychische Hintergrund der Filmerfahrung. In: Dieter Prokop (Hrsg.): Materialien zur Theorie des Films. München 1971, S. 382–388.

Croce, Arlene: The Fred Astaire and Ginger Rogers Book. New York 1972.

Cronlund Anderson, Mark: Cowboy imperialism and Hollywood film. New York u.a. 2007.

Dablé, Nadine: Leerstellen transmedial. Auslassungsphänomene als narrative Strategie in Film und Fernsehen. Bielefeld 2012.

Dadek, Walter: Die Filmwirtschaft. Grundriß einer Theorie der Filmökonomik. Freiburg 1957.

Davies, Brian: The Thriller. The Suspense Film from 1946. London 1973.

de la Motte-Haber, Helga und Hans Emons: Filmmusik. Eine systematische Beschreibung. München 1980.

Denny, Oliver: Sex & Subversion. Pornofilme jenseits des Mainstreams. Berlin 2010.

Derry, Charles: The Supense Thriller. Films in the Shadow of Alfred Hitchcock. Jefferson, NC 1988.

Derry, Charles: Dark Dreams. A psychological History of the Modern Horror Film. South Brunswick NY, London 1977.

Desinger, Bernd: Der Schatz im Silbersee. Der Mythos des amerikanischen Westens in Deutschland. Düsseldorf 2011.

Dichter, Ernest International Ltd.: Bericht zu einer motiv-psychologischen Studie über die Einstellung des deutschen Publikums gegenüber dem Kino bzw. Filmtheater in seiner derzeitigen Erscheinungsform. Berlin 1969. Teilw. abgedruckt in Dieter Prokop (Hrsg.): Materialien zur Theorie des Films. München 1971, S. 339–382.

Diederichs, Helmut H. (Hrsg.): Geschichte der Filmtheorie. Kunsttheoretische Texte von Méliès bis Arnheim. Frankfurt/Main 2005.

Distelmeyer, Jan: Das flexible Kino. Ästhetik und Dispositiv der DVD & Blue-ray. Berlin 2012.

Dixon, Wheeler Winston: Film Genre 2000. New Critical Essays. Albany 2000.

Dopheide, Arnd: Die Apachen im Film: Mythen und Realitäten und ihre politische Funktion. Hamburg 2004.

Dorn, Margit: Vampirfilme und ihre Funktionen. Frankfurt/Main u. a. 1994.

Dowd, Garin; Stevenson, Lesley und Jeremy Strong (Hrsg.): Genre matters. Essays in theory and criticism. Bristol, Portland/Or. 2006.

Dresner, Lisa M.: The female investigator in literature, film, and popular culture. Jefferson, NC 2007.

Duvvuri, Stefan A.: Öffentliche Filmförderung in Deutschland. Versuch einer ökonomischen Erfolgs- und Legitimationsbeurteilung. München 2007.

Dyer, Richard und Mac Cann: The Silent Comedians. Metuchen 1993.

Edelson, Edward: Visions of Tomorrow. Great Science Fiction from the Movies. New York 1975.

Eder, Jens: Die Figur im Film. Grundlagen der Figurenanalyse. Marburg 2008.

Ehrenspeck, Yvonne und Burkhard Schäffer (Hrsg.): Film- und Fotoanalyse in der Erziehungswissenschaft. Ein Handbuch. Opladen 2003.

Ehrenstein, David und Bill Reed: Rock on Film. New York 1982.

Elley, Derek: The Epic Film. London 1984.

Elsaesser, Thomas: Rainer Werner Fassbinder. Berlin 2001, 2. Aufl. 2011.

Elsaesser, Thomas und Malte Hagener: Filmtheorie. Zur Einführung. Hamburg 2007, 3. Aufl. 2011.

Ertel, Henner: Erotika und Pornographie. München 1990.

Estermann, Alfred: Die Verfilmung literarischer Werke. Bonn 1965.

Everson, William K.: Klassiker des Horrorfilms. München 1980.

Everson, William K.: Classics of the Horror Film. Secaucus 1974.

Everson, William K.: The Detective in Film. Secaucus 1972.

Everson, William K.: The Hollywood Western. 90 years of cowboys and indians, train robbers, sheriffs and gunslingers, and assorted heroes and desperados. New York 1992.

Eyles, Allen: American Comedy Since Sound. New York 1973.

Faulstich, Werner: Grundkurs Fernsehanalyse. München 2008.

Faulstich, Werner: Filmgeschichte. Paderborn 2005.

Faulstich, Werner: Grundwissen Medien. Paderborn, 5., vollst. überarb. und erheblich erw. Aufl. 2004.

Faulstich, Werner: Der Spielfilm als Traum. Interpretationsbeispiel: George A. Romeros „Zombie". In: medien + erziehung, 29. Jg. (1985), H. 4, S. 195–209. Abgedruckt in: Werner Faulstich: Medienkulturen. München 2000, S. 57–72.

Faulstich, Werner: Antichrist, Besessenheit und Satansspuk. Zur Typologie und Funktion des neueren Teufelsfilms. In: Zeitschrift für Literaturwissenschaft und Linguistik, 1987, H. 65, S. 102–117. Abgedruckt in: Werner Faulstich: Medienkulturen. München 2000, S. 73–88.

Faulstich, Werner: Didaktik des Grauens. Eine Interpretation von Francis Ford Coppolas „Apocalypse Now". In: Grimm, Gunter E.; Faulstich, Werner und Peter Kuon (Hrsg.): Apokalypse – Weltuntergangsvisionen in der Literatur des 20. Jahrhunderts. Frankfurt/Main 1986, S. 246–267. Abgedruckt in: Werner Faulstich: Medienkulturen. München 2000, S. 89–102.

Faulstich, Werner: Zwischen Exotik, Heil und Horror. Das Fremdartige als Dramaturgie von Kultur. In: Hess-Lüttich, Ernest W. B.; Siegrist, Christoph und Stefan Bodo Würffel (Hrsg.): Fremdverstehen in Sprache, Literatur und Medien. Frankfurt/Main 1997, S. 413–427. Abgedruckt in: Werner Faulstich: Medienkulturen. München 2000, S. 127–138.

Faulstich, Werner: Latenz als Funktion von Inszenierung. Analyse und Interpretation des Spielfilms „Don't look now"/„Wenn die Gondeln Trauer tragen" (1973). In: Willems, Herbert und Martin Jurga (Hrsg.): Inszenierungsgesellschaft. Ein einführendes Handbuch. Opladen 1998, S. 403–415.

Faulstich, Werner: Der neue Science Fiction-Film: „Blade Runner" (1982). In: Fischer Film Geschichte, Bd. 5. Frankfurt/Main 1995, S. 107–119.

Faulstich, Werner: Der neue Thriller: „Das Schweigen der Lämmer" (1991). In: Faulstich, Werner und Helmut Korte (Hrsg.): Fischer Film Geschichet, Bd. 5: Massenware und Kunst (1977–1995). Frankfurt/Main 1995, S. 270–287.

Faulstich, Werner: Die Kultur der Pornographie. Bardowick 1994.

Faulstich, Werner: Das Absurde als Metapher für Tabu und Emanzipation: „Das Schweigen" (1963). In: Fischer Film Geschichte, Bd. 4. Frankfurt/Main 1992, S. 104–118.

Faulstich, Werner (Hrsg.): Literaturerfolg und Geschichte. Untersuchungen zu Medien-Bestsellern des Jahres 1950. Bardowick 1991.

Faulstich, Werner: „Blue Velvet" (David Lynch, 1986) In: Faulstich, Werner und Andreas Vogel (Hrsg.): Sex und Gewalt im Spielfilm der 70er und 80er Jahre. Bardowick 1991, S. 81–93.

Faulstich, Werner: Individuelle Versagung als gesellschaftlicher Appell: „Vom Winde verweht" (1939). In: Fischer Film Geschichte, Bd. 2. Frankfurt/Main 1991, S. 263–281.

Faulstich, Werner: Invasion und Sex – Der Science Fiction-Film der 50er Jahre: „Das Ding aus einer anderen Welt" (1951). In: Fischer Film Geschichte. Bd. 3. Frankfurt/Main 1990, S. 171–188.

Faulstich, Werner: Das Triebschicksal des Bürgers. Über „Wuthering Heights" (1939) von William Wyler. In: Albersmeier, Franz-Josef und Volker Roloff (Hrsg.): Literaturverfilmungen. Frankfurt/Main 1989, S. 221–244.

Faulstich, Werner: Filmanalyse als Filmgeschichte. Prinzipien einer konstruktivistischen Filmgeschichtsschreibung. In: Knut Hickethier (Hrsg.), Filmgeschichte schreiben. Ansätze, Entwürfe und Methoden. Berlin 1989, S. 153–162.

Faulstich, Werner: Methodologische Überlegungen zur Theorie und Praxis der Filmanalyse. In: Augen-Blick, 1986, H. 3, S. 5–20.

Faulstich, Werner: Film aesthetics and new methods of film analysis. In: Empirical Studies of the Arts, vol. 7 (1989), No. 2, S. 175–190. Dt.: Neue Methoden der Filmanalyse. Voraussetzungen, methodische Praxis, Ergebnisse. In: Werner Faulstich: Was heißt Kultur? Aufsätze 1962–1982. Masch.schr. Manuskript: Tübingen 1983, S. 142–160.

Faulstich, Werner: Neue Methoden der Filmanalyse. In: Ders., Was heißt Kultur? Aufsätze 1972–1982. Tübingen: Selbstverlag, 1983. In engl. Fass.: Film Aesthetics and New Methods of Film Analysis. Empirical Studies of the Art, vol. 7 (1989), no. 2, pp. 175–265.

Faulstich, Werner: Byron Haskin: „Kampf der Welten"/„The War of the Worlds". Ein Filmtranscript. Tübingen 1982.

Faulstich, Werner: Medienästhetik und Mediengeschichte. Mit einer Fallstudie zu „War of the Worlds". Heidelberg 1982.

Faulstich, Werner: Filmästhetik. Untersuchungen zum Science Fiction-Film „Kampf der Welten" (1953/54) von Byron Haskin. Tübingen 1982.

Faulstich, Werner: Einführung in die Filmanalyse. Tübingen 1976, 3., vollst. neu verfaßte Aufl. 1980.

Faulstich, Werner und Joachim Auch: „Der Pate, Teil II"/„The Godfather, Part II". Ein Filmtranskript. Siegen 1987.

Faulstich, Werner und Ingeborg Faulstich: Modelle der Filmanalyse. München 1977.

Faulstich, Werner und Helmut Korte (Hrsg.): Fischer Film Geschichte, 5 Bde. Frankfurt/Main 1990–1995.

Faulstich, Werner und Ricarda Strobel: Struktur, Spannung, Bedeutung. Zum Erfolgsgeheimnis der Filme von John Carpenter. In: Sibylle Bolik et. al. (Hrsg.): Medienfiktionen. Illusion – Inszenierung – Simulation. Festschrift für Helmut Schanze zum 60. Geburtstag. Frankfurt/Main u. a. 1999, S. 267–274.

Faulstich, Werner und Ricarda Strobel: „Verbuchung" als medienästhetisches Problem. Eine Fallstudie zu „Alien". In: Massenmedien und Kommunikation, H. 45. Siegen 1986. Kurzfassung in: Werner, Faulstich: Die Filminterpretation. Göttingen 1988, S. 66–75.

Faulstich, Werner und Ricarda Strobel: Ästhetische Qualitätsveränderungen im Medienwechsel: „Der Pate" in Buch, Zeitung und Film. In: Diess., Innovation und Schema. Wiesbaden 1987, S. 143–180.

Faulstich, Werner und Ricarda Strobel: „James Bond" im Medienproduktverbund. In: Diess., Innovation und Schema. Wiesbaden 1987, S. 11–47.

Faulstich, Werner und Ricarda Strobel: Innovation und Schema am Beispiel von „Airport" – eine strukturalistische Filmanalyse. In: Diess., Innovation und Schema. Wiesbaden 1987, S. 49–91.

Faulstich, Werner und Ricarda Strobel: Innovation und Schema. Medienästhetische Untersuchungen. Wiesbaden 1987.

Faulstich, Werner und Ricarda Strobel: Bestseller als Marktphänomen. Ein quantitativer Befund zur internationalen Literatur 1970 in allen Medien. Wiesbaden 1986.

Faulstich, Werner und Andreas Vogel (Hrsg.): Sex und Gewalt im Spielfilm der 70er und 80er Jahre. Bardowick 1991.

Felten, Uta: Figures du désir. Untersuchungen zur amourösen Rede im Film von Eric Rohmer. München 2004.

Feuer, Jane: The Hollywood Musical. London 1982.

Fischer, Jens Malte: „Citizen Kane“ – eine Filmanalyse. In: Ders., Filmwissenschaft – Filmgeschichte. Tübingen 1983, S. 197–133.
Fischer, Robert und Joe Hembus: Der Neue Deutsche Film, 1960–1980. München 1981.
Flintrop, Michael: Der Action-Cop als populäres Filmgenre. München 2010.
Frank, Alan: The Science Fiction and Fantasy Film Handbook. London 1982.
Frayling, Christopher: Spaghetti Westerns: Cowboys and Europeans from Karl May to Sergio Leone. London 1981.
French, Philip: Westerns. Aspects of a Movie Genre. New York 1974.
Freud, Sigmund: Die Traumdeutung (1900). Frankfurt/Main 2005.
Friedrich, Andreas (Hrsg.): Fantasy- und Märchenfilm. Dietzingen 2003.
Frisch, Simon: Mythos Nouvelle Vague. Marburg 2007, 2. Aufl. 2011.
Frölich, Margit; Loewy Hanno und Heinz Steinert (Hrsg.): Lachen über Hitler – Auschwitz-Gelächter? Filmkomödie, Satire und Holocaust. München 2003.
Fründt, Bodo: Alfred Hitchcock und seine Filme. München 1986.
Gabree, John: Gangsters. From Little Caesar to the Godfather. New York 1973.
Gage, John: Kulturgeschichte der Farbe. Von der Antike bis zur Gegenwart. Ravensburg 1997.
Garrett, Roberta: Postmodern chick flicks: The return of the woman´s film. Basingstoke 2007.
Gast, Wolfgang: Literaturverfilmung. Bamberg 1999.
Gates, Philipa: Detecting Women. Gender and the Hollywood Detective Film. Albany 2011.
Gaube, Uwe: Film und Traum. Zum präsentativen Symbolismus. München 1978.
Gehring, Wes D.: Romantic vs. screwball comedy: Charting the difference. Lanham 2002.
Gehring, Wes D.: Screwball Comedy. A Genre of Madcap Romance. New York 1986.
Geimer, Alexander: Filmrezeption und Filmaneignung. Wiesbaden 2010.
Gerhold, Hans: Kino der Blicke. Der französische Kriminalfilm. Eine Sozialgeschichte. Frankfurt/Main 1989.
Gerould, Daniel (Hrsg.): Melodrama. New York 1980.
Giesen, Rolf: Lexikon des phantastischen Films. 2 Bde. Frankfurt/Main 1984.
Giesen, Rolf: Science Fiction. 50 Klassiker des SF-Kinos. Schondorf/Ammersee 1981.
Giesenfeld, Günter: Film und Musik. Marburg 2004.
Gledhill, Christine (Hrsg.): Home is where the heart is. Studies in melodrama and the woman´s film. London 2002.
Golde, Inga: Der Blick in den Psychopathen. Struktur und Wandel im Hollywood-Psychothriller. Kiel 2002.
Gramann, Karola et al.: Lust und Elend. Das erotische Kino. München, Luzern 1981.
Grant, Barry K.: Film Genre: Theory and Criticism. Metuchen, NJ., London 1977.
Grant, Barry K. (Hrsg.): Film Genre Reader. Austin 1986.
Grant, Barry Keith: The Dread of Difference. Gender and the Horrorfilm. Austin 1996, 7. Aufl. 2008.
Grant, Barry Keith: The Hollywood Film Musical. Chichester 2012.
Graves, Mark A. und F. Bruce Engle: Blockbusters. A reference guide to film genres. Westport/Conn. 2006.
Greenald, Ken: The Lost Adventures of Sherlock Holmes. New York 1993.
Grindon, Leger: The Hollywood Romantic Comedy. Conventions, History, Controversy. Chichester 2011.
Grob, Norbert und Thomas Klein (Hrsg.): Road movies. Mainz 2006.

Grodal, Torben: Moving Pictures. A New Theory of Film, Genres, Feelings, and Cognition. Oxford 1997.
Gründer, Horst: Welteroberung und Christentum. Ein Handbuch zur Geschichte der Neuzeit. Gütersloh 1992.
Hahn, Ronald M. und Volker Jansen: Lexikon des Horrorfilms. Bergisch Gladbach 1985.
Hammond, Laurence: Thriller Movies. Secaucus 1975.
Handel, Leo A.: Hollywood Looks at Its Audience. A Report of Film Audience Research. Urbana, Ill. 1950.
Hanisch, Michael: Western. Die Entwicklung eines Filmgenres. Berlin (Ost) 1984.
Hantke, Steffen (Hrsg.): American Horror Film. The Genre at the Turn of the Millenium. Jackson 2010.
Hardy, Phil: Science Fiction. The Complete Film Sourcebook. New York 1984.
Hasenberg, Peter et al.: Religion im Film. Köln 1993.
Hedinger, Vinzenz und Patrick Vonderau: Demnächst in ihrem Kino. Grundlagen der Filmwerbung und Filmvermarktung. Marburg 2005.
Heer, Burckhardt: Der Abenteuerfilm. Eine Untersuchung. Aachen 1981.
Heinrichs, Sonja: Erschreckende Augenblicke. Die Dramaturgie des Psychothrillers. München 2011.
Heinzlmeier, Adolf et al.: Die Unsterblichen des Kinos. 3 Bde. Frankfurt/Main 1980, 1982.
Heinzlmeier, Adolf und Tilo Knops: Thriller. Hamburg 1991.
Heiß, Nina: Erzähltheorie des Films. Würzburg 2011.
Helbig, Jörg (Hrsg.): Camera doesn´t lie. Spielarten erzählerischer Unzuverlässigkeit im Film. Trier 2006.
Heller, Eva: Wie Farben wirken. Farbpsychologie, Farbsymbolik, Kreative Farbgestaltung. Reinbek 1994.
Heller, Heinz-Bernd (Hrsg.): All Quiet on the Genre Front? Zur Praxis und Theorie des Spielfilms. Marburg 2007.
Heller, Heinz B.: Komödie. Stuttgart 2005.
Hembus, Joe: Western-Geschichte. München 1979.
Henseler, Stephanie: Soziologie des Kinopublikums. Eine sozialempirische Studie unter besonderer Berücksichtigung der Stadt Köln. Frankfurt/Main 1987.
Herman, Holger: Francis F. Coppola: ‚Apocalypse Now'. Tübingen 1985.
Herzogenrath, Carola: „Samson und Dalilah" – eine historische Analyse. In: Werner Faulstich (Hrsg.): Literaturerfolg und Geschichte. Bardowick 1991, S. 236–260.
Hesse, Sebastian: Kamera-Auge und Spürnase. Der Detektiv im frühen deutschen Kino. Basel 2003.
Hickethier, Knut (Hrsg.): Kriminalfilm. Stuttgart 2005.
Hickethier, Knut: Film- und Fernsehanalyse. Stuttgart 1993, 3. Aufl. 2001.
Hickethier, Knut: Filmkunst und Filmklassik: „Citizen Kane" (1941). In: Faulstich, Werner und Helmut Korte (Hrsg.): Fischer Filmgeschichte, Bd. 2: Der Film als gesellschaftliche Kraft (1925–1944). Frankfurt/Main 1991, S. 293–309.
Hickethier, Knut und Hartmut Winkler (Hrsg.): Filmwahrnehmung. Berlin 1990.
Hirschhorn, Clive: The Columbia Story. New York 1989.
Hitzler, Ronald und Daniel Barth: Die Ripley-Saga. Eine lebensweltliche Perspektive zur „Alien"-Trilogie. In: Wilhelm Hofmann (Hrsg.): Sinnwelt Film. Beiträge zur interdisziplinären Filmanalyse. Baden-Baden 1996, S. 57–68.

Hobsch, Manfred: Liebe, Tanz und 1000 Schlager. Ein illustriertes Lexikon – mit allen Kinohits des deutschen Schlagerfilms von 1930 bis heute. Berlin 1998.
Hölzer, Henrike: Geblendet. Psychoanalyse und Kino. Wien 2005.
Hoffstadt, Stephan: Black Cinema: Afroamerikanische Filmemacher der Gegenwart. Marburg 1995.
Holland, Norman N.: The Dynamics of Literary Response. New York 1968.
Horben, Andre S. (Hrsg.): Comedy, Cinema, Theory. Berkeley 1991.
Hortig, Nina: Der blanke Horror. Wie Schüler gewalthaltige Filme rezipieren. Saarbrücken 2007.
Hross, Gerhard: Escape to Fear. Der Horror des John Carpenter. München 2000.
Huang, Han-yu: Horror and evil in the name of enjoyment. A psychoanalytic critique of ideology. Bern u.a. 2007.
Hunold, Günter: Der Sexfilm. Rastatt 1985.
Hunter, Ian Q. und Larcaine Porter (Hrsg.): British Comedy Cinema. Abington 2012.
Janssen, Angelika: Deconstructing Woody Allen. Ein amerikanischer Filmemacher zwischen Kunst und Kommerz. Frankfurt/Main u.a. 2002.
Jasper, Dirk: Die heißesten Erotikfilme. München 1994.
Jeier, Thomas: Der Western-Film. München 1987.
Johnston, Keith: Science Fiction Film. A Critical Introduction. Oxford 2011.
Joslin, Lyndon W.: Count Dracula goes to the movies. Stoker´s novel adapted, 1922-2003. Jefferson, NC 2006.
Jubin, Olaf: Die unterschätzte Filmgattung. Aufbereitung und Rezeption des Hollywood Musicals in Deutschland. Bochum 1995.
Kaminsky, Stuart M.: American Film Genres. Chicago 1984.
Kamp, Werner und Michael Braun: Filmperspektiven. Filmanalyse für Schule und Studium. Haan-Gruiten 2011.
Kang, Yunju: Politische Filme in der Postmoderne: Filmanalyse und alternative Filmproduktionsweisen in der Dritten Welt. Diss. Univ. Münster 2003.
Kanzog, Klaus (Hrsg.): Einführung in die Filmphilologie. München 1991.
Kanzog, Klaus (Hrsg.): Erzählstrukturen – Filmstrukturen. Erzählungen Heinrich von Kleists und ihre filmische Realisation. Berlin 1981.
Kappelhoff, Hermann: Matrix der Gefühle: Das Kino, das Melodrama und das Theater der Empfindsamkeit. Berlin 2004.
Kaufmann, Anette: Der Liebesfilm. Spielregeln eines Genres. Konstanz 2007.
Keil, Klaus und Felicitas Mile (Hrsg.): Demografie und Filmwirtschaft. Studie zum demografischen Wandel und seinen Auswirkungen auf Kinopublikum und Filminhalte in Deutschland. Berlin 2007.
Kelleter, Frank: Melodrama! The Mode of Excess from early America to Hollywood. Heidelberg 2007.
Keppler, Stefan und Michael Will: Der Vampirfilm. Klassiker des Genres in Einzelinterpretationen. Würzburg 2006.
Kerr, Walter: The Silent Clowns. New York 1975.
Kersting, Rudolf: Wie die Sinne auf Montage gehen. Zur ästhetischen Theorie des Kinos/Films. Basel, Frankfurt/Main 1989.
Kessler, Kelly: Destabilizing the Hollywood Musical. Music, Masculinity and Mayhem. Basingstoke 2010.
Kiefer, Bernd (Hrsg.): Western. Stuttgart 2003.

Kiefer, Bernd und Marcus Stiglegger (Hrsg.): Pop & Kino. Von Elvis zu Eminem. Mainz 2004.

Kirsner, Inge und Michael Wermke: Religion im Kino. Religionspädagogische Arbeiten mit Filmen. Jena 2005.

Kitses, Jim: Horizons – West: Anthony Mann, Budd Boetticher, Sam Peckinpah. Studies of Authorship within the Western. Bloomington 1969.

Klein, Michael und Gillian Parker (Hrsg.): The English Novel and the Movies. New York 1981.

Klein, Thomas; Stiglegger, Marcus und Bodo Traber (Hrsg.): Kriegsfilm. Stuttgart 2006.

Klöckner, Beate: Die wilde Ekstase des Paradieses. Der pornographische Film. Frankfurt/Main 1984.

Klopenburg, Josef: Die dramaturgische Funktion der Musik in den Filmen Alfred Hitchcocks. München 1986.

Kobal, John: Gotta Sing, Gotta Dance. A Pictorial History of Film Musicals. New York 1970.

Kobal, John: Romance in the Cinema. London 1973.

Koch, Krischan: Die Bedeutung des „Oberhausener Manifestes" für die Filmentwicklung in der BRD. Frankfurt/Main 1985.

Koebner, Thomas (Hrsg.): Science Fiction. Stuttgart 2003.

Koebner, Thomas und Jürgen Felix (Hrsg.): Melodram und Liebeskomödie. Stuttgart 2007.

Koebner, Thomas und Fabienne Liptay (Hrsg.): Komödiantinnen. München 2006.

Köhne, Juli; Kuschke, Ralph und Arno Meteling (Hrsg.): Splatter Movies. Essays zum modernen Horrorfilm. Berlin 2006.

Kölbl, Andrea: Fiktionen der Liebe. Europäische Volksmärchen und populäre Spielfilme im Vergleich. München 2006.

Kötz, Michael: Der Traum, die Sehnsucht und das Kino. Film und die Wirklichkeit des Imaginären. Frankfurt/Main 1986.

Korte, Helmut: Einführung in die Systematische Filmanalyse. Berlin 2000, 2. Aufl. 2001.

Korte, Helmut: Hollywoodästhetik und die deutsche Geschichte: „Schindlers Liste" (Spielberg 1993). In: Ders., Einführung in die systematische Filmanalyse. Berlin 2000, 2. Aufl. 2001, S. 147–194.

Korte, Helmut: Der Spielfilm und das Ende der Weimarer Republik. Göttingen 1998.

Korte, Helmut und Werner Faulstich (Hrsg.): Filmanalyse interdisziplinär. Göttingen 1988.

Korte, Helmut und Werner Faulstich (Hrsg.): Action und Erzählkunst. Die Filme von Steven Spielberg. Frankfurt/Main 1987.

Kramp, Joachim: Hallo – hier spricht Edgar Wallace. Die Geschichte der deutschen Kriminalfilmserie von 1959–1972. Berlin 1998.

Kreimeier, Klaus: Die Ufa-Story. München 1992.

Kreuger, Miles (Hrsg.): The Movie Musical from Vitaphone to 42nd Street. New York 1975.

Kreuzer, Helmut: Medienwissenschaftliche Überlegungen zur Umsetzung fiktionaler Literatur. Motive und Arten der filmischen Adaption. In: Eduard Schäfer (Hrsg.): Medien und Deutschunterricht. Tübingen 1981, S. 23–46.

Kuchenbuch, Thomas: Filmanalyse. Theorien – Methoden – Kritik. 2. Aufl. Wien u.a. 2005.

Kühnel, Jürgen: Einführung in die Filmanalyse, Teil 1: Die Zeichen des Films. Teil 2: Dramaturgie des Spielfilms. Siegen 2004.

Kuhn, Markus: Filmnarratologie. Ein erzähltheoretisches Analysemodell. Berlin 2011.
Laderman, David: Driving visions: Exploring the road movie. Austin, Texas 2002.
Lang, Joachim: Episches Theater als Film: Bühnenstücke Bertolt Brechts in den audiovisuellen Medien. Würzburg 2006.
Langford, Barry: Film Genre. Hollywood and beyond. Edinburgh 2007.
Larcher, Gerhard et al. (Hrsg.): Visible Violence. Sichtbare und verschleierte Gewalt im Film. Münster 1998.
Lehmann, Peter (Hrsg.): Pornography: Film and culture. New Brunswick, NJ 2006.
Lenk, Sabine: Vom Tanzsaal zum Filmtheater. Eine Kinogeschichte Düsseldorfs. Düsseldorf 2009.
Lenne, Gerard: Der erotische Film. München 1981.
Lerch-Stumpf, Monika (Hrsg.): Für ein Zehnerl ins Paradies. Münchner Kinogeschichte 1896 bis 1945. München 2004.
Liebrand, Claudia und Ines Steiner (Hrsg.): Hollywood hybrid. Genre und Gender im zeitgenössischen Mainstream-Film. Marburg 2004.
Liptay, Fabienne: WunderWelten. Märchen im Film. Remscheid 2004.
Lissa, Zofia: Estetyka muzyki filmowey. Krakau 1963 (dt. Ästhetik der Filmmusik. Berlin 1965).
Lorenz, Matthias (Hrsg.): DOGMA 95 im Kontext. Wiesbaden 2003.
Loskant, Alexander: Der neue europäische Großfilm. Ökonomie und Ästhetik europäischer Großfilmproduktionen der 90er Jahre. Frankfurt/Main u.a. 2005.
Lott, M. Ray: Police on screen. Hollywood cops, detectives, marshals and rangers. Jefferson, NC 2006.
Lowenstein, Adam: Shocking representation. Historical trauma, national cinema, and the modern horror film. New York 2005.
Lowry, Stephen und Helmut Korte: Der Filmstar. Stuttgart 2000.
Ludewig, Alexandra: Screening Nostalgia. 100 Years of German Heimatfilm. Bielefeld 2011.
Lukasz-Aden, Gudrun und Christel Strobel: Der Frauenfilm. Filme von und für Frauen. München 1985.
Magill, Frank N. (Hrsg.): Cinema. The Novel Into Film. Pasadena/Calif. 1980.
Maltin, Leonard: The Great Movie Comedians. New York 1982.
Manville, Roger: Films and the Second World War. New York 1976.
Marx, Julia: Erotik. Marburg 2006.
Mason, Fran: American gangster cinema. From „Little Caesar“ to „Pulp Fiction“. Basingstoke 2002.
Mast, Gerald: The Comic Mind. Comedy and the Movies. 2. Aufl. Chicago 1979.
Mather, Nigel: Tears of laughter: Comedy-drama in 1990s British cinema. Manchester 2006.
McAlary, Nick: Buddy Boy. When Good Cops Turn Bad. New York 1987.
McCaffrey, Donald W.: The Golden Age of Sound Comedy. Comic Films and Comedians of the Thirties. South Brunswick, NJ 1973.
McCarthy, John: Seven Decades of Classic Film Suspense. New York 1992.
McCarthy, John: The Modern Horror-Film. 50 Contemporary Classics. New York 1990.
McCarthy, John: Splatter Movies. Breaking the Last Taboo. New York 1984.
Mercer, John und Martin Shingler: Melodrama: Genre, style and sensibility. London 2004.
Mekunda, Christian: Kino spüren. Strategien der emotionalen Filmgestaltung. München 1986.

Meteling, Arno: Monster. Zu Körperlichkeit und Medialität im modernen Horrorfilm. Bielefeld 2006.
Miersch, Annette: Schulmädchen-Report. Der deutsche Sexfilm der 70er Jahre. Berlin 2003.
Mikos, Lothar: Film- und Fernsehanalyse. Konstanz 2003.
Moss, Robert: Der klassische Horror-Film. München 1982.
Münsterberg, Hugo: The Film. A Psychological Study (orig. 1916). New York 1970.
Nama, Adilifu: Black Space. Imagining Race in Science Fiction Film. Austin 2008.
Neale, Stephen: Genre and Hollywood. London 2000.
Neale, Stephen: Genre. London 1980.
Neckermann, Gerhard: Filmwirtschaft und Filmförderung. Strukturveränderungen – Daten. Berlin 1991.
Neckermann, Gerhard: Kinobesuch. Demographisch bedingte Rückgänge und neue Zuschauergruppen. In: Media Perspektiven 3/1997, S. 124–132.
Nollen, Allen Scott: Sir Arthur Conan Doyle at the Cinema. Jefferson 1996.
Öhding, Britta Karolin: Thriller der neunziger Jahre. Über den Zusammenhang von Struktur, Spannung und Bedeutung an ausgewählten Spielfilmen. Bardowick 1998.
Packer, Jeremy: Secret Agents. Popular Icons beyond James Bond. New York 2009.
Paech, Anne: Kino zwischen Stadt und Land. Geschichte des Kinos in der Provinz: Osnabrück. Marburg 1985.
Paech, Joachim: Literatur und Film. Zur Geschichte ihrer Beziehungen. Stuttgart 1988.
Parish, James Robert und Michael R. Pitts: The Great Detective Pictures. Metuchen 1990.
Parish, James Robert und Michael R. Pitts: The Great Spy Pictures. Metuchen, NJ 1974.
Park, Andrea: Schlöndorff/von Trotta: Die verlorene Ehre der Katharina Blum. Tübingen 1981.
Pastötter, Jakob: Erotic Home Entertainment und Zivilisationsprozess. Analyse des postindustriellen Phänomens Hardcore-Pornographie. Wiesbaden 2003.
Paula, Tom und Rob King (Hrsg.): Slapstick Comedy. New York 2010.
Peary, Gerald und Roger Shatzkin (Hrsg.): The Modern American Novel and the Movies. New York 1978.
Pidduck, Julianne: Contemporary Costume Film. Space, Place and the Past. London 2004.
Pirie, David: The Vampire Cinema. New York 1977.
Pitts, Michael R.: Famous Movie Detectives II. Metuchen, London 1991.
Plinke, Manfred (Hrsg.): Skript-Markt. Mit allen wichtigen Anschriften von Drehbuchagenturen, Filmproduktionen, Sendern und der Filmförderung. Berlin 2003.
Pollach, Andrea: Singen und Tanzen im Film. Wien 2003.
Pollnick, Yvonne: Der Terminator als Messias. Amerikanisches Actionkino als moderner Kulturträger. Taunusstein 2000.
Powell, Ann: Deleuze and horror film. Edinburgh 2005.
Prokop, Dieter: Medien-Macht und Massen-Wirkung. Ein geschichtlicher Überblick. Freiburg 1995.
Prokop, Dieter (Hrsg.): Materialien zur Theorie des Films. Ästhetik, Soziologie, Politik. München 1971.
Prokop, Dieter: Soziologie des Films. Darmstadt, Neuwied 1970.
Protze, Judith: Oldenburger Lichtspiele. Film- und Kinogeschichte(n) der Stadt Oldenburg. Oldenburg 2004.
Prüßmann, Carsten: Die Drakula-Filme. Von Friedrich Wilhelm Murnau bis Francis Ford Coppola. München 1993.

Purse, Lisa: Contemporary Action Cinema. Edinburgh 2011.
Quirk, Lawrence J.: The Great Romantic Films. Secaucus 1974.
Rabenalt, Arthur Maria: Die perforierte Unzucht. Geschichte des Pornofilms. Bergisch-Gladbach 1982.
Rall, Veronika: Kinoanalyse. Plädoyer für eine Re-Vision von Kino und Psychoanalyse. Marburg 2011.
Reber, Ursula: Ökonomie des digitalen Kinos. Wirtschaftliche Analyse aktueller Marktanbieter. Saarbrücken 2007.
Rebhandl, Bert: Western Genre und Geschichte. Wien 2007.
Reed, Joseph W.: American Scenarios. The Use of Film Genre. Middleown, Conn. 1989.
Reimers, Horst: Von der Kaiserkrone zum ,CinemaxX. Die Geschichte der Kieler Filmtheater. Husum 1999.
Riccardo, Martin V.: Vampires Unearthed. The Vampire and Dracula Bibliography of Books, Articles, Movies, Records, and Other Material. New York 1983.
Ricciardi, Alessia: The ends of mourning: Psychoanalysis, literature, film. Stanford/Calif. 2003.
Richards, Jeffrey: Swordsmen of the Screen. From Douglas Fairbanks to Michael York. London 1980.
Richards, Jeffrey: Hollywood's Ancient Worlds. London 2008.
Richter, Karola: Screwball-Comedies als Produkt ihrer Zeit. Hamburg 2009.
Ritzel, Fred und Jens Thiele: Ansätze einer interdisziplinären Filmanalyse am Beispiel „Lili Marleen“ (R. W. Fassbinder, BRD 1980). In: Faulstich, Werner und Helmut Korte (Hrsg.): Filmanalyse interdisziplinär. Göttingen 1988, 2. Aufl. 1991 (LiLi-Beiheft 15), S. 109–132.
Robinson, David: Chaplin. Sein Leben, seine Kunst. Zürich 1989.
Roeber, Georg und Gerhard Jacoby: Handbuch der filmwirtschaftlichen Medienbereiche. Pullach 1973.
Rosen, Marjorie: Popcorn Venus. Women, Movies and the American Dream. New York 1973.
Rother, Rainer (Hrsg.): Die Lust am Genre. Verbrechergeschichten aus Deutschland. Berlin 2011.
Rotsler, William: The Pirate Movie. New York 1982.
Rubin, Martin: Thrillers. Cambridge 1999.
Rubinstein, Leonard: The Great Spy Films. Secaucus 1981.
Rückert, Corinna: Frauenpornographie. Pornographie von Frauen für Frauen. Eine kulturwissenschaftliche Studie. Frankfurt/Main u.a. 2000.
Ruhe, Cornelia: Cinéma beur. Analysen zu einem neuen Genre des französischen Films. Konstanz 2006.
Ruhs, August et al. (Hrsg.): Das Unbewußte sehen. Texte zu Psychoanalyse, Film, Kino. Wien 1989.
Russo, Vito: The Celluloid Closet. Homosexuality in the Movies. New York 1981.
Salber, Wilhelm: Film und Sexualität. Untersuchungen zur Filmpsychologie. Bonn 1970.
Sanders, Steven M.: The Philosophy of Science Fiction Film. Lexington 2008.
Sauer, Hanjo und Monikas Leisch-Kiesl: Religion und Ästhetik bei Ingmar Bergman und Luis Bunuel. Eine interdisziplinäre Auseinandersetzung mit dem Medium Film. Frankfurt/Main 2005.
Saxer, Ulrich: Der Forschungsgegenstand der Medienwissenschaft. In: Joachim-Felix Leonhard et al. (Hrsg.), Medienwissenschaft. Ein Handbuch. 1. Teilb. Berlin, New York 1999, S. 1–14.

Saxer, Ulrich: Medien als problemlösende Systeme. In: SPIEL, Jg. 10 (1991), H. 1, S. 45–79.

Saxer, Ulrich: Literatur in der Medienkonkurrenz. In: Media Perspektiven 12 (1977), S. 673–685.

Scheugl, Hans: Sexualität und Neurose im Film. Die Kinomythen von Griffith bis Warhol. München 1978.

Schmidt, Hans Christian: Musik als Einflußgröße bei der filmischen Wahrnehmung. In: Ders. (Hrsg.): Musik in den Massenmedien Rundfunk und Fernsehen. Mainz 1976, S. 126–169.

Schmidt, Hans Christian: Wesensmerkmale und dramaturgische Funktion der Musik in Roman Polanskis Film „Rosemaries Baby" (1968). In: Ders. (Hrsg.): Musik in den Massenmedien Rundfunk und Fernsehen. Mainz 1976, S. 250–275.

Schneider, Irmela: Der verwandelte Text. Wege zu einer Theorie der Literaturverfilmung. Tübingen 1981.

Schneider, Norbert Jürgen: Handbuch Filmmusik I. Musikdramaturgie im Neuen Deutschen Film. München 1986, 2. überarb. Aufl. 1990.

Schneider, Steven Jay: 101 Science Fiction Filme. Zürich 2012.

Schönfeld, Christine: Processes of transposition. German literature and film. Amsterdam 2007.

Scholl, Sabine: „Der dritte Mann" als internationaler und multimedialer Bestseller: Eine analytische Fallstudie. In: Werner Faulstich (Hrsg.): Literaturerfolg und Geschichte. Untersuchungen zu Medien-Bestsellern des Jahres 1950. Bardowick 1991, S. 288–312.

Schröder, Ralf J.: Vom Drama zum Film. Außersprachliche Zeichen in Tennesee Williams' „A Streetcar Named Desire". Würzburg 1983.

Schulz, Berndt: Lexikon der Road Movies. Von "Easy Rider" bis "Rain Man", von "Thelma & Louise" bis "Zugvögel", von "Bonny and Clyde" bis "Natural Born Killers". Berlin 2001.

Schulz, Berndt: Die Geschichte des erotischen Films. Hamburg 1990.

Schulz, Daniela: Wenn die Musik spielt… Der deutsche Schlagerfilm der 1950er bis 1970er Jahre. Bielefeld 2012.

Schulze, Anne-Katrin: Spannung in Film und Fernsehen. Berlin 2006.

Schwan, Stephan: Filmverstehen und Alltagserfahrung. Grundzüge einer kognitiven Psychologie des Mediums Film. Wiesbaden 2001.

Schwartz, Roland: Neo-noir. The new film noir style from Psycho to Collateral. Lanham, Md. 2005.

Schweiger, Wolfgang: Der Polizeifilm. München 1989.

Scott, Benjamin: On the Notion of Genre in Cinema. Paris 1996.

Seeßlen, Georg: Die Matrix entschlüsselt. Berlin 2003.

Seeßlen, Georg: Copland. Geschichte und Mythologie des Polizeifilms. Marburg 1999.

Seeßlen, Georg: Ästhetik des erotischen Films. 3. Aufl. Marburg 1996.

Seeßlen, Georg: Thriller: Kino der Angst. Marburg 1995.

Seeßlen, Georg: Der pornographische Film. Frankfurt/Main 1990.

Seeßlen, Georg: Klassiker der Filmkomik. Reinbek 1981.

Seeßlen, Georg: Kino der Gefühle. Geschichte und Mythologie des Film-Melodrams. Reinbek 1980.

Seeßlen, Georg: Kino des Utopischen. Geschichte und Mythologie des Science Fiction Films. Reinbek 1980.

Seeßlen, Georg und Fernand Jung: Horror. Geschichte und Mythologie des Horrorfilms. Marburg 2006.
Seeßlen, Georg und Fernand Jung: Science Fiction. Geschichte und Mythologie des Science-Fiction-Films, 2 Bde. Marburg 2003.
Seeßlen, Georg: Filmwissen. Abenteuer. Marburg 2011.
Seeßlen, Georg: Filmwissen. Detektive. Marburg 2011.
Seeßlen, Georg: Filmwissen. Western. Marburg 2011.
Seidman, Steve: Comedian Comedy. A Tradition in the Hollywood Film. Ann Arbor 1981.
Seitz, Gabriele: Film als Rezeptionsform von Literatur. München 1979.
Selby, Spencer: Dark City: The Film Noir. Jefferson City, NC 1984.
Sellmann, Michael: Hollywoods moderner „film noir“. Tendenzen, Motive, Ästhetik. Würzburg 2001.
Sennett, Ted: Lunatics and Lovers. A Tribute to the Giddy and Glittering Era of the Screen's Screwball and Romantic Comedies. New Rochelle 1973.
Sennett, Ted: Lunatics and Lovers. The Golden Age of Hollywood Comedy. New York 1985.
Shindler, Colin: Hollywood Goes to War. Films and American Society, 1939–1952. London 1979.
Sieprath, Maud E.: Der Mensch als Schöpfer künstlicher Intelligenz. Implizite Religion im Science Fiction Film. Berlin 2010.
Sipos, Thomas M.: Horror Film Aesthetics. Creating the Visual Language of Fear. Jefferson 2010.
Solomon, Jon: The Ancient World in the Cinema. Cranbury, London 1978.
Solomon, Stanley: Beyond Formula. American Film Genres. New York 1976.
Sontag, Susan: The Imagination of Disaster (org. 1961). In: Dies., Against Interpretation. New York 1966, S. 209–225.
Soyka, Amelie: Raum und Geschlecht. Frauen im Road-Movie der 90er Jahre. Frankfurt/Main 2002.
Spoto, Donald: Alfred Hitchcock. Die dunkle Seite des Genies. Hamburg 1984.
Stam, Robert: Film Theory. An Introduction. Malden, Mass. 2000, 17. Aufl. 2010.
Stangenberger, Rolf: Vom Kinematographen zum Farbfilm. Ein halbes Jahrhundert Arnstädter Kinogeschichte, 1900 bis 1945. Arnstadt 2005.
Steffen, Joachim et al. (Hrsg.): Spurensuche. Film und Kino in der Region. Oldenburg 1993.
Steinmetz, Rüdiger (Hrsg.): Das digitale Dispositif Cinéma. Untersuchungen zur Veränderung des Kinos. Leipzig 2011.
Stern, Lee E.: The Movie Musical. New York 1974.
Stiglegger, Marcus: Splitter im Gewebe. Filmemacher zwischen Autorenfilm und Mainstreamkino. Mainz 2000.
Stratyner, Leslie und James R. Keller (Hrsg.): Fantasy fiction into film. Essays. Jefferson, NC 2007.
Stresau, Norbert: Der Horror-Film. Von Drakula zum Zombie-Schocker. München 1987.
Stresau, Norbert: Der Fantasy-Film. München 1984.
Stresau, Norbert und Heinrich Wimmer (Hrsg.): Enzyklopädie des Phantastischen Films. Loseblattsammlung, Bd. 1–10. Meitlingen 1986 ff.
Strobel, Ricarda: Alfred Hitchcock: „Lifeboat“/„Das Rettungsboot“. Ein Transkript. Tübingen 1983.

Strobel, Ricarda: Propagandafilm und Melodrama. Untersuchungen zu Alfred Hitchcocks „Lifeboat“ und Orson Welles „The Stranger“. Rottenburg-Oberndorf 1984.
Strobel, Ricarda und Klaus Schmitt: „Airport“. Ein Filmtranskript. Rottenburg-Oberndorf 1986.
Strobel, Ricarda: Der Pakt mit dem Teufel: Faust im Film. In: Zeitschrift für Literaturwissenschaft und Linguistik, Jg. 17 (1987), H. 66, S. 42–60.
Strobel, Ricarda: „Something Evil“ (1972) und „Poltergeist“ (1982). Eine vergleichende Interpretation. In: Helmut Korte und Werner Faulstich (Hrsg.): Action und Erzählkunst. Frankfurt/Main 1987, S. 52–72.
Strobel, Ricarda: Heimat, Liebe und Glück: „Scharzwaldmädel“. In: Fischer Film Geschichte, Bd. 3: Auf der Suche nach Werten. Frankfurt/Main 1990, S. 148–170.
Strobel, Ricarda (Hrsg.): Film- und Kinokultur in Lüneburg (1896–1993). Bardowick 1993.
Strobel, Ricarda und Andreas Jahn-Sudmann (Hrsg.): Film transnational und transkulturell. Europäische und amerikanische Perspektiven. München 2009.
Struck, Jürgen: Rock Around the Cinema. Reinbek 1985.
Strübe, Katrin: After nightfall. Zur Geschichte des Vampirs in Literatur und Film. Marburg 2006.
Strübel, Michael: Film und Krieg: Die Inszenierung von Politik zwischen Apologetik und Apokalypse. Opladen 2002.
Sückfüll, Monika: Rezeptionsmodalitäten: Ein integratives Konstrukt für die Medienwirkungsforschung. Jena 2003.
Taylor, Henry McKean: Rolle des Lebens. Die Filmbiographie als narratives System. Marburg 2002.
Taylor, John Russel und Arthur Jackson: The Hollywood Musical. New York 1971.
The University of Connecticut Film Society (Hrsg.): Douglas Sirk. The Complete American Period. 1974.
Thiel, Wolfgang: Filmmusik in Geschichte und Gegenwart. (Ost-)Berlin 1981.
Thomas, Tony: The Great Adventure Films. Secaucus, London 1980.
Traber, Bodo und Hans. J. Wulff (Hrsg.): Abenteuerfilm. Stuttgart 2004.
Trimborn, Jürgen: Der deutsche Heimatfilm der fünfziger Jahre. Motive, Symbole und Handlungsmuster. Köln 1998.
Tudor, Andrew: Film-Theorien (orig. 1974). Frankfurt/Main 1977.
Vermilye, Jerry: Bette Davis. Ihr Leben – ihre Filme. München 1979.
Vineberg, Steve: High comedy in American movies: Class and humor from the 1920s to the present. Lanham 2005.
Völker, Klaus: Von Werwölfen und anderen Tiermenschen. München 1972.
Volk, Stefan: Filmanalyse im Unterricht. Zur Theorie und Praxis von Literaturverfilmungen. Paderborn 2006.
von Keeken, Nadja: Kinokultur in der Provinz: am Beispiel von Bad Hersfeld. Frankfurft/Main 1993.
Vossen, Ursula (Hrsg.): Horrorfilm. Stuttgart 2004.
Wacker, Holger (Hrsg.): Enzyklopädie des Kriminalfilms. Meitlingen 1996.
Waltje, Jörg: Blood obsession: Vampires, serial murder, and the popular imagination. New York 2005.
Wedel, Michael: Der deutsche Musikfilm. Archäologie eines Genres 1914-1945. München 2007.
Weidinger, Martin: Nationale Mythen – männliche Helden. Politik und Geschlecht im amerikanischen Western. Frankfurt/Main 2006.

Weil, Claudius und Georg Seeßlen: Kino des Phantastischen. München 1976.
Weiss, Andrea: Vampires & Violets. Frauenliebe und Kino. Dortmund 1995.
Wendling, Eckhard: Recoup! Filmfinanzierung – Filmverwertung. Konstanz 2012.
Werner, Paul: Film noir. Die Schattenspiele der „schwarzen Serie". Frankfurt/Main 1985.
Wernet, Simone: „Leben ohne Liebe bleibt Imitation." Melodramatische Leinwandheldinnen. Sankt Augustin 2003.
Wilhelm, Hofmann, (Hrsg.): Sinnwelt Film. Beiträge zur interdisziplinären Filmanalyse. Baden-Baden 1996.
Williams, Linda Ruth: The erotic thriller in contemporary cinema. Edinburgh 2005.
Winter, Rainer: Filmanalyse in der Perspektive der Cultural Studies. In: Ehrenspeck, Yvonne und Burkhard Schäffer (Hrsg.), Film- und Fotoanalyse in der Erziehungswissenschaft. Ein Handbuch. Opladen 2003, S. 151-164.
Witte, Karsten (Hrsg.): Theorie des Kinos. Ideologiekritik der Traumfabrik. Frankfurt/Main 1972.
Witte, Karsten: Lachende Erben, Toller Tag. Filmkomödie im Dritten Reich. Berlin 1995.
Wolf, Christof: Zwischen Illusion und Wirklichkeit. Wachowskis „Matrix" als filmische Auseinandersetzung mit der digitalen Welt. Münster 2002.
Wolf, Enrico: Bewegte Körper – bewegte Bilder. Der pornografische Film. Genrediskussion, Geschichte, Narrativik. München 2008.
Wolfenstein, Martha und Nathan Leites: Movies. A Psychological Study. Glencoe 1950, New York 1970.
Worland, Rick: The horror film. An introduction. Malden, Mass. 2007.
Wright, Will: Sixguns and Society: A Structural Study of the Western. Berkely 1975.
Wuss, Peter: Filmanalyse und Psychologie. Strukturen des Films im Wahrnehmungsprozeß. Berlin 1993.
Wuss, Peter: Die Tiefenstruktur des Filmkunstwerks. Berlin 1986.
Wuss, Peter: Cinematic Narration and its Psychological Impact. Newcastle 2009.
Yang, Huy: Auf dem Weg zur Emanzipation. Studie der Filme von Margarethe von Trotta unter frauenspezifischer Perspektive. Frankfurt/Main 2003.
Yenne, Bill: Zorro. Rastatt 1992.
Zeul, Mechthild: Das Höhlenhaus der Träume: Filme, Kino & Psychoanalyse. Frankfurt/Main 2007.

Begriffs- und Filmregister

12 UHR MITTAGS 118, 119, 124
A. I. KÜNSTLICHE INTELLIGENZ 194
Abblende 127
Abenteuerfilm 31, 33, 42ff., 49, 171
Achsenverhältnis 117, 127, 139
Actionfilm 42, 84
Adäquatheit 63, 66
Agententhriller 49
Agogik 143
AIRPORT 83, 84
ALIEN 86, 167, 168, 169, 170
ALIEN 3 170
ALIEN RESURRECTION 170
ALIENS – DIE RÜCKKEHR 170
Alter ego 99, 115
Amerikanische Einstellung 119
ANGEL HEART 86
Angstlust 48
Animationsfilm 13
Anti-Held 99, 181
APOCALYPSE NOW 72, 74ff., 99, 163, 183ff.,
APRILKINDER 164
Arsenal 17
ASPHALT DSCHUNGEL 151
ASSAULT – ANSCHLAG BEI NACHT 196
Aufbau 86, 156
Aufblende 127
Aufklärungsfilm 58
Aufsicht 123ff.
Aufzugsfahrt 125
Ausstattung 105
BAAL 145
BABEL 163, 213, 213, 215ff.
BAHNWÄRTER THIEL 104
Bauchsicht 122f.
Bauformenanalyse 28, 117ff., 212, 213
BEGIERDE 86, 203ff.
BEN HUR 152
BERLIN – ALEXANDERPLATZ 145
BETTGEFLÜSTER 84
Bibelfilm 44
Bildhintergrund 127
BLACK RAIN 164
BLADE 210
BLADE RUNNER 122
DIE BLECHTROMMEL 62, 145, 146
BLUE VELVET 188
Bollywood 12
DAS BOOT 146
Boxoffice value 16
BRAM STOKER'S DRACULA 203, 209
Broadway 54
BROT UND TULPEN 164
BURN 104
CABARET 56
Camera movement 125
CASABLANCA 69f., 154, 163, 179ff.
Casting 104
Charakterisierung 101ff., 125, 136, 148
CHRISTINE 197
Cinéma d'auteurs 15
CITIZEN KANE 148ff.
Close shot 119
Close-up 119
COPYKILL 106
Cross cutting 156
Cross dressing 59
Cross-cultural movie 210
Cutterin 15
DAME IM SEE 125f., 151
DARK STAR 196
Detailaufnahme 113, 118
Detektivfilm 32, 35ff., 87, 113
Dialog 73, 135ff., 148, 180
Digitale Bildgestaltung 135
DAS DING 197
Director's cut 73

DIRTY DANCING 103
Distributionsanalyse 18
DIVA 87, 90ff., 108ff., 155., 170
Dogma-Filmer 15
Dokumentarfilm 13
Dolby-Surround 135
DON'T LOOK NOW 156, 177, 221
DRACULA 203ff.
DRACULA BRAUCHT FRISCHES BLUT 204
DRACULAS EROTISCHE ABENTEUER 204
DRACULAS LÜSTERNE VAMPIRE 204
Drehbuch 15, 66f.
Drehplan 15, 67
DER DRITTE MANN 87ff., 144, 150
DUELL 86, 190ff.
Dynamik 143, 147
E. T. DER AUSSERIRDISCHE 166, 194
Eastern 35
DIE EHE DER MARIA BRAUN 146
EIN AMERIKANER IN PARIS 56
Einstellung 72f., 117ff.
Einstellungsgröße 102, 117ff., 132ff.
Einstellungskonjunktionen 127
Einstellungslänge 125
Einstellungsperspektive 102, 123, 148
EKSTASE 59
ELVIS 196
Epischer Film 30
Erotikfilm 31, 56ff., 148
Erotikthriller 49
Erwartungshorizont 18
Erzähler 148, 172
Erzählercharakterisierung 102
Erzählstrategie 148
Erzählstruktur 87
Erzählte Zeit 85
Erzählzeit 85
EVITA 56
DER EXORZIST 197
Experimentalfim 13
Exposé 14
Extreme Aufsicht 123
Extreme close-up 119
Extreme high shot 123
Extreme long shot 121
Extreme low camera 123
Fantasy 32
Fantasyfilm 60
Farbe 151ff.
DIE FARBE LILA 190, 192f.
Farbsymbolik 152, 158
Femme fatale 58, 101
Fernrohrblende 127
Fernsehdramaturgie 72
Fernsehen 18, 20f.
Fettblende 127
Figuren 143, 148, 154
Figurenanalyse 28, 99ff., 213ff.
Figurencharakterisierung 148
Figurenentwicklung 108
Figurenfilm 99
Figurenkonstellation 82, 100
Figurentyp 100
Film noir 150f., 197
Filmdistribution 17
Filmerlebnis 25f.
Filmgenuss 18
Filmgeschichte 17, 51, 175
Filmhandel 17
Filminterpretation 22, 163, 178ff.
Filmkritik 17, 66, 217
Filmmusik 73, 142ff., 161
Filmproduktion 14
Filmprotokoll 65ff., 117
Filmpsychologie 18
Filmrezeption 18, 26
Filmscript 69
Filmstar 16
Filmstil 17
Filmstudio 17
Filmwissenschaftler 22f.
Filmzensur 18
FINAL FANTASY 135
Flashback 177
Flat character 103
Folk-Musical 56

Formalspannung 130ff., 156
Frauenfilm 60
Fremdcharakterisierung 102, 136
DER FREMDE 133
Frequenzanalyse 134
Frontalsicht 139, 141
Froschperspektive 123
Full shot 120
FÜR EINE HANDVOLL DOLLAR 119
DIE FÜRSTEN DER DUNKELHEIT 197
Gangsterfilm 32ff., 197
Gefängnisfilm 60
GEGEN DIE WAND 164
Gegenschuss 102
DIE GELIEBTE DES FRANZÖSISCHEN LEUTNANTS 86
Gender switch 59
Genre 30ff., 198ff.
Genre-Mix 30
Geräusche 73, 135ff., 161
GLADIATOR 122
Global film 210
Großaufnahme 47, 113, 118f., 136, 139, 141, 156
Grundmodell 28
DIE GRÜNEN TEUFEL 104
Halbnahaufnahme 120
Halbtotale 121f., 156
Handkamera 125
Handlung 73, 144
Handlungsachse 127
Handlungsanalyse 28, 65ff., 212f.
Handlungsaufbau 84, 96, 199
Handlungsphase 85ff., 129
Handlungsstrang 83, 155
Happy End 86
Harmonie 143, 147
HARRY UND SALLY 128, 139, 140
Hauptfigur 99ff., 144
Haupthandlung 81, 94, 213
Heimatfilm 32, 60
Held 99ff., 136f., 181ff., 214
HELLER WAHN 145
HEXENJÄGER 197
High shot 123
Hindi-Film 12, 212
Hintergrund 148
Historienfilm 171
Hollywood 25, 72, 163
Horrorfilm 11, 28ff., 42, 45ff., 141, 148
Horrorkomödie 54
HURRA, DIE SCHULE BRENNT 202
Identifikation 18, 23, 126ff., 134
Ideologie 29, 163ff.
IM GEHEIMDIENST IHRER MAJESTÄT 132ff., 199, 202
INDIANA-JONES-Film 42, 67, 194
Instrumentierung 73, 141
Inszenierung 139
Interpretation 21ff.
Introjektion 18
Italo-Western 35
JAGDSZENEN IN NIEDERBAYERN 145
JÄGER DES VERLORENEN SCHATZES 43
Jalousieblende 127
JAMES-BOND-Film 103, 132
JONATHAN, VAMPIRE STERBEN NICHT 203, 206
Junger deutscher Film 15
JURASSIC PARK 135, 194
Justizthriller 49
DAS KABINET DES DR. CALIGARI 150
KAMPF DER WELTEN 41, 129ff., 153, 156, 166
Katastrophe 84, 86, 97
Katastrophenfilm 32, 197
Key light 151
Kinderfilm 60
Kino 23ff.
Kinoanalyse 17
Kinobesuch 17ff.
Klangliche Formel 143
Klangteppich 143
Klappblende 127
DER KOCH, DER DIEB, SEINE FRAU UND IHR LIEBHABER 153

Kommunales Kino 17
Kommunikationsprozess 21f.
Komödie 51ff.
Komposition 86
KÖNIG DER LÖWEN 55
Kontingenzanalyse 134
Kontrastmontage 158
Kriegsfilm 30, 60, 183
Kriminalfilm 32, 35ff., 90, 165
Kriminalkomödie 54
Kultfilm 90
Kulturanalyse 11
Kung-Fu-Film 60
Latent 24ff., 87, 167ff., 198ff.
LE FRISSON DES VAMPIRS 204
Lehrfilm 13
Leitmotivtechnik 144, 153
LETZTER TANGO VON PARIS 104
Licht 148ff.
Liebesfilm 30, 40f., 90f., 106
LIFEBOAT 132ff., 171
LILI MARLEEN 142
Literarischer Code 20
Literatur 20ff., 26
Literaturverfilmung 11, 21, 62ff.
Long shot 120
LOST IN TRANSLATION 164
LOVE STORY 39, 163, 199f.
Low key style 150
Low shot 122
M – EINE STADT SUCHT EINEN MÖRDER 144
MACH'S NOCH EINMAL, SAM 163, 179ff.
DER MALTESER FALKE 151
Manifest 24, 167ff.
Manipulation 175
MANN IM SCHILF 146
Mantel-und-Degen-Film 42
Märchen 32, 42, 60, 92ff., 109ff., 152, 155
Märchen-Musical 56
Marktanalyse 16
DIE MARQUISE VON O. 104, 137f.
Maske 135
Maskierung 176
MATRIX 166
Medienanalyse 13
Medientransfer 63
Medium 13f., 20f.
Medium long shot 120
Medium shot 120
Mehrfachbelichtung 150
Melodie 143
Melodrama 31, 38ff., 86, 178
Message 29, 87ff., 94, 106ff., 136, 153ff., 163ff., 178ff., 187ff., 202, 216ff.
Metrische Montage 130ff., 153
MEUTEREI AUF DER BOUNTY 104
Mickey mousing 145
Migrantenkino 210
Mise-en-scène 40, 127, 148
MISSION 171ff.
Mittelgrund 148
Modulation 143
Monolog 138f.
Montage 80, 117, 127f., 155f.
Monumentalfilm 44
Mood technique 144
Morphing-Verfahren 135
Motiv 143ff.
Multiplex-Kino 18
Musicalfilm 54
Musical-Verfilmung 56
Musik 73, 102, 142ff., 161
Musikfilm 54ff., 142
Musiktheater 54
NACHT DER LEBENDEN TOTEN 204
Nahaufnahme 118, 132, 139
Nebenfigur 99ff.
Nebenhandlung 81, 213f.
DER NEGER ERWIN 145
NORA 104
Normal camera height 123
Normalsicht 123
Normenanalyse 29, 163ff.
NOSFERATU 146
Notenblatt 54

Notenheft 54
Nouvelle vague 15
Oberhausener Manifest 15
Objektbewegung 126
Oedipus Rex 121
Off 138f.
Oliver's Story 200
Omega-Mann 164
Das Omen 197
On 138f.
On The Waterfront 104
Operettenfilm 56
Opernfilm 56
Ornamentik 143
Outland – Planet der Verdammten 119
Parallele 85
Parallelfahrt 125
Parallelhandlung 90ff., 136, 156f., 215
Parallelisierung 212
Parallelmontage 155
Parallelsequenz 81
Der Pate 99, 101f., 188f., 199f.
Der Pate, Teil II 72, 188
Peripetie 86
Personeninventar 99
Personenkonstellation 125, 149
Perspektive 117, 123ff.
Phase 88ff., 130ff.
Piratenfilm 42
Plot 85, 216
Pokahontas 56
Politthriller 49
Polizeifilm 32ff.
Poltergeist 194ff.
Popmusikfilm 56
Pornofilm 11, 57ff.
Postcolonial film 210
Pretty Woman 123
PR-Film 13
Problemfilm 60
Produktanalyse 22, 28
Produktionsanalyse 16
Produktionsgeschichte 17
Produzent 15
Programmusik 144
Projektion 18, 23
Propaganda 171
Propagandafilm 163f., 171, 176, 178
Protagonist 99ff., 109, 115, 125, 136ff.
Psycho 121
Rambo II 136
Rauchblende 127
Raum 10, 148ff.
Regieanalyse 15
Regisseur 15, 21ff., 67f., 187ff.
Regressionsanalyse 132
Religiöser Film 60, 106, 177
Rezeption 18f., 65f., 127, 141f.
Rhythmus 143f.
Ritterfilm 30, 42
Rockkonzertfilm 56
Rocky-Film 103
Rolle 100ff., 212
Roman 63ff., 203
Romanze 38
Rosemary's Baby 142, 197
Round character 103
Rückblende 85, 148, 215
Running gag 53
Sammy und Rosie tun es 164
Samson und Delilah 106f.
Sandalenfilm 42, 106
Satansfilm 204
Schachtelkino 18
Schallplatte 54
Schauspieler 104
Schindlers Liste 195
Schlagerfilm 56
Schlüssellochblende 127
Schnittfrequenz 130ff.
Schulmädchen-Report 199f.
Schuss 102
Schuss-Gegenschuss 127, 139
Schwarzwaldmädel 105
Das Schweigen 58

DAS SCHWEIGEN DER LÄMMER 79f., 124f., 144, 164
Schwenk 125
Science-Fiction-Film 31f., 40ff., 129, 148, 197
Science-Fiction-Parodie 54
Screwball-Komödie 51ff.
Selbstanalyse 26
Selbstcharakterisierung 102
Selbstgespräch 138
Sequenz 78ff., 90ff., 117, 128ff.
Sequenzprotokoll 78ff., 89ff., 127ff., 171, 194
Setting 105, 116, 132, 143
Sexfilm 56
Sexgöttinnen 58
Shooting Transcript 69, 117
Show-Musical 56
SIEBEN 100, 141, 170
SIEBEN JAHRE IN TIBET 164
Sinn 21ff., 89, 164ff.
Skript 66
Slapstick-Komödie 50ff.
Slow motion 85
DER SOLDAT JAMES RYAN 194
SOMETHING EVIL 194f.
Spannung 130ff., 141f., 153ff., 214
Spannungskurve 132
Special Effect 135
SPIEL MIR DAS LIED VOM TOD 34,122,144, 153
Spielfilm 13, 20ff., 135
Splatterfilm 48
Splitting 25
DIE SPUR DES FREMDEN 171
STAR WARS 152
Startypologie 100
Stimmungstechnik 144
Stöhnfilmindustrie 60
Story 85, 216
Storyboard 67
Struktur 84ff., 131f., 156, 183, 188ff.
Studioanalyse 16
STÜRMISCHE HÖHEN 105, 131f.
Subject movement 126
Subjektive Kamera 125f., 141
Subsequenz 80
Substitution 18
Superheld 136
Suspense 45
Symbol 72, 111f., 135, 152ff., 164f., 170ff., 184ff., 207ff.
Symbolisierung 25, 157, 165, 171, 213
Szene 117
TANZ DER VAMPIRE 203ff.
Tarzan-Film 42
Teenagerfilm 60
Teenager-Sexkomödie 58
Telling names 116
Tempo 143
TERMINATOR I 104
TERMINATOR II 104, 135
Teufelsfilm 60, 197f.
DAS TEXAS KETTENSÄGENMASSAKER 141
THE FOG – NEBEL DES GRAUENS 196
Thriller 31f., 48ff., 130
Tiefenschärfe 148f.
TOD IN VENDIG 142
DER TOD STEHT IHR GUT 55, 135
DER TOD UND DAS MÄDCHEN 90
Tonfilmkomödie 53
Totale 121
TOTE SCHLAFEN FEST 150ff.
Touristenfilm 13
Tragödie 86
Transkulturalität 210f.
Transkulturelle Filminterpretation 11
Traum 23ff., 45, 135
Traumarbeit 24f.
Traumfabrik 25
Treatment 14
TRON 135
Typ 100
Überbelichtung 150
Überblende 127
DIE ÜBLICHEN VERDÄCHTIGEN 153f.

DIE UNBESTECHLICHEN 37
UND JIMMY GING ZUM REGENBOGEN 90, 163, 199ff.
Underscoring 144
UNHEIMLICHE BEGEGNUNG DER DRITTEN ART 81f., 193
Universal appeal 16
Unschärfeblende 127
Unterbelichtung 150
Untersicht 122f.
Vampirfilm 203ff.
VERDACHT 147
Verdichtung 25
DAS VERFLIXTE 7. JAHR 120
Verfolgungsfahrt 125
Verleihsystem 17
DIE VERLORENE EHRE DER KATHARINA BLUM 71f.
Verrätselung 110, 114
Verschachtelung 82ff., 200
Verschiebung 25
Videothek 18
Vietnamfilm 60, 104, 183
VIVA ZAPATA 104
Vogelperspektive 123
Vorausdeutung 85
Vordergrund 148
Vorzeithandlung 81
Wahrnehmungsachse 127
Weichzeichner 151
DER WEISSE HAI 67f., 118, 142, 190ff.
Weitaufnahme 122
DIE WENDELTREPPE 151
WENN DIE GONDELN TRAUER TRAGEN 87, 94ff., 106, 112ff., 153, 156, 176ff., 213
Western 28ff., 104, 144, 148
Westernkomödie 54
WESTSIDE STORY 55f.
WILD AT HEART 50, 188
Wirkungsgeschichte 18
WO DIE GRÜNEN AMEISEN TRÄUMEN 146
Wodunit 37
World Cinema 210
WOYZECK 146
Zeit 73ff., 85f., 177
Zeitdehnung 85
Zeitraffung 85, 148
Zeitsprung 85, 215
Zeitübergang 85
Zerreißblende 127
ZOMBIE 26, 100
Zombiefilm 204
Zoom 125
Zuschauer 21f., 25f., 48ff., 82, 96, 99ff., 125f., 141, 154ff., 178, 191, 206ff.
Zuschaueranalyse 17